长三角

港口群协同发展
战略和路径

周桂琴　张廷龙 ◎ 著

中国财经出版传媒集团

经济科学出版社
Economic Science Press

·北京·

图书在版编目（CIP）数据

长三角港口群协同发展战略和路径／周桂琴，张廷龙著．--北京：经济科学出版社，2024.8

ISBN 978 - 7 - 5218 - 5255 - 4

Ⅰ.①长⋯　Ⅱ.①周⋯ ②张⋯　Ⅲ.①长江三角洲 -港口经济 - 区域经济发展 - 研究　Ⅳ.①F552.75

中国国家版本馆 CIP 数据核字（2023）第 194600 号

责任编辑：侯晓霞
责任校对：蒋子明
责任印制：张佳裕

长三角港口群协同发展战略和路径

周桂琴　张廷龙　著

经济科学出版社出版、发行　新华书店经销
社址：北京市海淀区阜成路甲 28 号　邮编：100142
教材分社电话：010 - 88191345　发行部电话：010 - 88191522
网址：www. esp. com. cn
电子邮箱：houxiaoxia@ esp. com. cn
天猫网店：经济科学出版社旗舰店
网址：http://jjkxcbs. tmall. com
北京季蜂印刷有限公司印装
710 × 1000　16 开　15.75 印张　260000 字
2024 年 8 月第 1 版　2024 年 8 月第 1 次印刷
ISBN 978 - 7 - 5218 - 5255 - 4　定价：68.00 元
（图书出现印装问题，本社负责调换。电话：010 - 88191545）
（版权所有　侵权必究　打击盗版　举报热线：010 - 88191661
QQ：2242791300　营销中心电话：010 - 88191537
电子邮箱：dbts@ esp. com. cn）

前　　言

2018 年 11 月 5 日，中央宣布支持长江三角洲区域一体化发展并上升为国家战略，为新时代的长三角区域一体化发展按下了"快进键"，有关推动长三角区域一体化高质量发展的问题引起了政府的高度重视和社会的广泛讨论，上海、浙江、江苏、安徽一市三省多次召开专门会议，积极酝酿出台相关政策以推动长三角区域一体化高质量发展。同时，长三角区域承载"一带一路"、长江经济带、上海国际航运中心等多项国家战略任务。这为长三角港口群发展带来了新的发展机遇，也提出了新的更高要求。

长三角交通一体化是推动长三角区域一体化的重要抓手，港口作为交通强国战略中资源配置的重要枢纽，是国际贸易交流和区域物流协作的重要连接点。2019 年 12 月 1 日，中共中央、国务院正式发布的《长江三角洲区域一体化发展规划纲要》中明确提出要加强沿海沿江港口江海联运合作与联动发展，鼓励各港口集团采用交叉持股等方式强化合作，推动长三角港口的协同发展。

长三角港口群处于海上丝绸之路与长江经济带交接的枢纽地带，是我国联通世界最大的门户区域，与全球的世界级港口群竞争的重要节点，在促进长三角一体化中具有重要的战略支点地位。由于受到行政区划的制约，目前长三角各港口间仍存在层次关系和功能定位混淆、盲目性竞争较为激烈、港口资源浪费等问题，在此背景下，港口间协同发展策略的提出尤为重要。实现长三角区域港口间全方位的互联互通，不仅关乎资源的优化配置和整合，而且对推动长三角区域一体化发挥着重要作用，成为区域一体化的重要内容和抓手。

本书运用定性与定量分析相结合的方法从理论研究、实证研究和对策研究等角度针对长三角区域港口间的协同发展开展了研究。针对区域港口横向协同发展问题，本书首先从理论上梳理分析了港口分工、港城关系、竞合理论与模式等；其次从实证角度对长三角港口资源整合情况进行分析，并进行了港口整合的评估及效率评价；再次，分析了国内外港口群协同发展典型案例并借鉴其发展经验；最后，分析了长三角港口群协同发展的模式及其影响因素，在此基础上探讨港口群的层次布局及功能定位，提出推动长三角港口群横向协同发展的措施。针对区域港口纵向协同发展问题，主要界定了港口服务供应链体系，基于供应链角度进行了港口协作的分析，构建了港口服务供应链协同模型。

本书主要内容由周桂琴完成，在开展研究过程中，得到了安徽师范大学博士生导师张廷龙教授的专业指导和大力支持，在此表示衷心的感谢！此外，还要感谢刘玲老师，参与了本书部分章节的撰写。在本书的写作过程中，引用和借鉴了大量国内外研究文献资料，在著作中已列出，有的可能因疏漏未能注明，在此对本书所引用到和疏于引用的文献作者们表示衷心的感谢！

由于能力和时间限制，本书还存在许多不足之处，不妥之处敬请专家读者批评指正！

笔者

2024 年 6 月

目　　录

第一章　绪论 ……………………………………………………… 1

　第一节　研究背景 ………………………………………………… 1

　第二节　区域港口发展情况 …………………………………… 24

　第三节　政策演变 ……………………………………………… 28

　第四节　文献综述 ……………………………………………… 33

　第五节　研究意义 ……………………………………………… 49

第二章　长三角港口群协同发展现状 ……………………… 52

　第一节　长三角港口基本情况 ……………………………… 52

　第二节　长三角港口协同发展现状 ………………………… 73

　第三节　长三角港口群整合评估 …………………………… 96

　第四节　长三角港口群协同发展存在的问题分析 …………… 123

第三章　国内外港口群协同发展的典型案例与经验借鉴 …… 129

　第一节　国外典型案例——美国、日本和欧洲 …………… 129

　第二节　国内典型案例 ……………………………………… 137

第四章　长三角港口群的区域协同发展 ·········· 158

　第一节　长三角港口群协同发展的模式及其影响因素 ·········· 158

　第二节　长三角港口群层次布局及功能定位 ·········· 171

　第三节　促进长三角港口群协同发展战略举措 ·········· 184

第五章　长三角港口群服务供应链协调发展 ·········· 193

　第一节　港口服务供应链理论 ·········· 193

　第二节　基于服务供应链角度的长三角港口协作案例研究 ·········· 206

　第三节　长三角港口群服务供应链协同模式 ·········· 212

参考文献 ·········· 223

第一章

绪　论

第一节　研究背景

一、国际背景

（一）国际经济格局

从世界经济发展层面看，经济增速放缓，全球经济结构仍在深度调整中，国际贸易与国际直接投资仍处于低速增长时期，跨国并购活跃，区域合作取得进展。受全球贸易壁垒增加、国际关系紧张等影响，根据联合国统计司数据显示，2018 年，全球 GDP 增长率同比下降 0.46 个百分点，其中主要经济体美国实体经济下行压力加大，中美经贸摩擦的负面冲击持续显现。根据美国商务部发布的初读数据显示，2019 年，美国 GDP 增长 2.3%，低于2018 年的 2.9% 和 2017 年的 2.4%。自 2008 年金融危机及后两年的欧债危机以来，欧洲经济暴露出的结构性问题至今仍未调整到位，经济复苏始终缺乏动力。亚洲国家仍然是全球经济增长引擎，主要新兴市场国家在不确定性加剧的国际环境下艰难地调整。

2019 ~ 2020 年，全球经济进入自 2008 年金融危机以来增长最缓慢的时期。全球商品贸易未能延续之前几年的稳定增长态势，进入严峻下行通道，联合国发布的《2020 年世界经济形势与展望》指出，2019 年世界经济增长2.3%，是十年来最低水平。2019 年，全球主要经济体的实际 GDP、名义

GDP 和购买力平价 GDP 均实现正增长，但增速均呈下滑趋势。其中，新兴市场和发展中经济体这三类 GDP 增速表现好于发达经济体，成为全球经济增长的稳定引擎。进入 2020 年，全球贸易量呈现萎缩的趋势。与此同时，联合国发布的《2021 年世界经济形势与展望》指出，2020 年全球经济下降 4.3%，下降程度远高于 2008 年全球金融危机时期，然而，中国外贸进出口实现了快速回稳、持续向好，成为全球唯一实现货物贸易正增长的主要经济体。据中华人民共和国海关总署统计数据显示，2020 年我国货物贸易进出口总值 32.16 万亿元，比 2019 年增长 1.9%。我国在 2020 年超越美国成为全球新增外商直接投资（FDI）的主要目的地，流入我国的投资总金额达 1 630 亿美元，吸收外资全球占比已经高达 19%，中国市场的重要性日益凸显。根据国际货币基金组织（IMF）在 2023 年 1 月发布的《世界经济展望报告》（WEO）中预计，全球经济增速将从 2022 年的 3.4% 降至 2023 年的 2.9%，然后在 2024 年反弹至 3.1%。其中，2023 年中国经济将增长 5.2%，对世界经济增长的贡献率将达 1/3，中国经济仍然是世界经济增长的主要动力。2022 年，世界各国和地区 GDP 总量前十名分别是美国、中国、日本、德国、印度、英国、法国、俄罗斯、加拿大、意大利，具体数据如表 1 – 1 所示。

表 1 – 1　　　　　IMF 2022 年世界国家和地区 GDP 总量

排名	国家/地区	GDP（亿美元）	占世界比例（%）
	全世界	1 010 030.00	100
1	美国	254 627.00	25.21
2	中国	179 632.00	17.78
3	日本	42 311.40	4.19
4	德国	40 721.90	4.03
5	印度	33 850.90	3.35
6	英国	30 706.70	3.04
7	法国	27 829.10	2.76
8	俄罗斯	22 404.20	2.22
9	加拿大	21 398.40	2.12
10	意大利	20 104.30	1.99

资料来源：根据国际货币基金组织（IMF）2023 年 4 月发布的数据整理。

（二）国际贸易形势

新冠疫情全球暴发之前，在各种贸易摩擦和地缘冲突频发的背景下，世界经济增长乏力，宏观金融风险累积，新冠疫情的暴发使全球经济进一步陷入衰退困境，新冠疫情强化了"三足鼎立"的国际商品贸易结构。如今全球贸易低迷，全球范围贸易摩擦加剧，主要发达经济体货币政策收紧，地缘政治紧张局势升温，各国失业率上升，经济衰退压力加剧，各国政府可能会采取更多贸易保护措施，加剧逆全球化。

根据世界贸易组织 2020 年发布的《全球贸易数据与展望》显示，2019年，受全球贸易紧张局势和经济增长放缓影响，全球货物贸易量比 2018 年下降 0.1%，为国际金融危机以来的首次下跌。全球货物贸易额 18.89 万亿美元，比 2018 年下降 3%。全球商业服务出口额 6.03 万亿美元，较上年增长 2%，与 2018 年 9% 的增幅相比，增速明显放缓。进入 2020 年，随着新冠疫情快速蔓延，大量行业停摆、工厂停产，货物运输不畅，各国为应对疫情陆续采取了贸易限制性措施，服务贸易需求受损，全球贸易往来的活跃度大幅下降。2018～2021 年世界货物贸易量如表 1 - 2 所示。

表 1 - 2　　　　　　　2018～2021 年世界货物贸易量　　　　　单位:%

货物贸易量	历史数据		乐观情景		悲观情景	
	2018 年	2019 年	2020 年	2021 年	2020 年	2021 年
世界货物贸易量	2.9	-0.1	-12.9	21.3	-31.9	24.0
出口：北美洲	3.8	1.0	17.1	23.7	-40.9	19.3
中南美洲	0.1	-2.2	-12.9	18.6	-31.3	14.3
欧洲	2.0	0.1	-12.2	20.5	-32.8	22.7
亚洲	3.7	0.9	-13.5	24.9	-36.2	36.1
进口：北美洲	5.2	-0.4	-14.5	27.3	-33.8	29.5
中南美洲	5.3	-2.1	-22.2	23.2	-43.8	19.5
欧洲	1.5	0.5	-10.3	19.9	-28.9	24.5
亚洲	4.9	-0.6	-11.8	23.1	-31.5	25.1

资料来源：世界贸易组织. 贸易统计与展望 [R]. 2020.

中国在新冠疫情期间发挥了全球抗疫物资最大供应国的作用，外贸持续恢复，2020 年进出口贸易总额达 32.16 万亿元，同比增长 1.9%，出口总值达 17.93 万亿元，① 成为全球外贸唯一正增长的主要经济体。2021 年 1 月，联合国贸易与发展会议组织（UNCTAD）发布的《全球投资趋势监测报告》显示，2020 年全球外国直接投资（FDI）在 2019 年 1.54 万亿美元的基础上下降到 8 590 亿美元，降幅达 42%，达到近 20 年来的最低水平。发达经济体受疫情冲击最为严重，FDI 下降了 69%，其中美国的海外企业新投资在 2020 年下降了 49%，发展中经济体下降幅度为 12%。② 中国 FDI 逆势增长 4%，达 1 630 亿美元，全球占比大幅提高至 19%，③ 全球资本面临重新布局。

（三）国际航运市场

航运市场作为贸易的一种派生需求，其发展趋势和世界经济贸易走势紧密关联。在全球城市群的功能体系中，以港口群为依托是资源配置功能的重要组成部分，它与全球城市群的整体建设相辅相成。从伦敦、纽约、新加坡、中国香港等全球城市和港口群的发展历程看，港口群对提升全球城市群资源配置能力和提升城市群能级起到重要作用。有关调查显示，全球经济发达地区一半以上都是沿海城市。

2019 年，全球航运服务贸易进出口总量、发展中和发达经济体进出口总量均呈下降趋势，而转型经济体的进出口总量也仅小幅上涨，与 2018 年全球航运服务贸易进出口快速增长形成鲜明对比。上海国际航运研究中心发布的《全球现代航运服务业发展报告（2019—2020）》指出，2019 年，全球集装箱海运量达 1.98 亿标准箱，同比增长 2.0%，增速同比下降 2.2 个百分点；全球干散货海运量为 52.81 亿吨，同比增长 1.1%，增速同比继续下降；波罗的海干散货指数整体呈先升后降再升的变化趋势。

2020 年，新冠疫情迅速在全球范围内蔓延，疫情对全球产业链造成严重影响。在产业政策和开放态度上的收缩，全球各国对供应链、产业链进行本

① 国家统计局．中国统计年鉴（2021）［M］．北京：中国统计出版社，2021．
② 联合国贸易和发展会议．2020 年世界投资报告［R］．2020．
③ 联合国贸易和发展会议．全球投资趋势监测报告［R］．2020．

土化夯实、多元化融合、周边化调整，对产业链全球化的负向影响进一步增强，对港口的生产运营造成一定影响。2000~2020 年全球集装箱海运贸易量情况如图 1-1 所示。

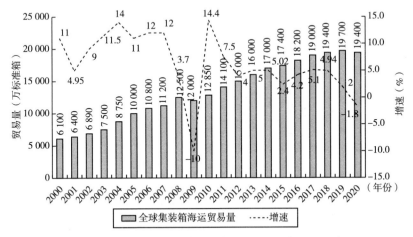

图 1-1 2000~2020 年全球集装箱海运贸易量情况

资料来源：蔡敬伟.2020 年全球集装箱航运市场形势与后市展望［J］.世界海运，2021，44（2）：16-22.

在国际经济形势变化及全球疫情的影响下，航运市场跌宕起伏，但国际航线缺箱问题却掀起了全球航运市场的新一轮繁荣。2020 年，国际集装箱航运市场先抑后扬，并强势反弹，中国出口集装箱运价指数（CCFI）不断攀升，欧洲航线、南美航线以及北美航线的运价指数的平均值同比分别上涨 3.8%、25.2% 和 27.1%。①

在此背景下，港口发现也体现出相应特征。根据 2020 年前瞻研究院发布的《中国港口行业发展前景与市场竞争力分析报告》显示，2019 年全球十大集装箱港口排名显示，上海港 2019 年完成集装箱吞吐量 4 330 万标准箱，同比增长 3%；宁波舟山港 2019 年集装箱吞吐量达 2 753 万标准箱，首次突破 2 700 万标准箱大关。自 2014 年集装箱吞吐量超越韩国釜山港跃居全球第五位以来，宁波舟山港集装箱业务持续保持良好发展态势，在 2019 年

---

① 蔡敬伟.2020 年全球集装箱航运市场形势与后市展望［J］.世界海运，2021，44（2）：16-22.

全球集装箱吞吐量排名中位于第三名,如表1-3所示。

表1-3 　　　　　　2019年全球集装箱吞吐量前十名港口排位

排名	港口	2019年(万标准箱)	增速(%)
1	上海港	4 330	3.07
2	新加坡港	3 720	1.64
3	宁波舟山港	2 753	4.48
4	深圳港	2 577	0.12
5	广州港	2 300	5.17
6	釜山港	2 196	1.36
7	青岛港	2 100	8.70
8	中国香港港	1 836	-6.33
9	天津港	1 730	8.06
10	鹿特丹港	1 492	2.80

资料来源:前瞻研究院. 中国港口行业发展前景与市场竞争力分析报告[R]. 2020.

　　总体上来说,尽管受疫情影响,2020年全球二十大集装箱港口的吞吐量仍比2019年增长了0.7%。[①] 其中,上海港集装箱吞吐量连续11年位列全球第一,如表1-4所示。

表1-4 　　　　　　2020年全球集装箱吞吐量前十名港口排位

排名	港口	2020年(万标准箱)	同比增速(%)
1	上海港	4 350	0.4
2	新加坡港	3 687	-0.9
3	宁波舟山港	2 872	4.3
4	深圳港	2 655	3.0
5	广州港	2 317	1.5
6	青岛港	2 201	4.7
7	釜山港	2 181	-0.8

---

① 上海国际航运研究中心. 全球港口发展报告(2021)[R]. 2022.

排名	港口	2020 年（万标准箱）	同比增速（%）
8	天津港	1 835	6.1
9	中国香港港	1 796	−1.9
10	鹿特丹港	1 434	−3.2

资料来源：上海国际航运研究中心. 全球港口发展报告（2021）〔R〕. 2022.

综上所述，受国际经济形势严峻多变的影响，全球航运市场出现了经营规模化、企业联盟化、船舶大型化等符合远洋运输行业发展的变革趋势。国际航运市场整体形势较为复杂，航运企业尤其是世界航运巨头实施了全球化布局与联盟战略，现有各联盟已经在思考如何扩大合作范围和规模，这使得航运企业有了更大的选择权。同时，港口和码头运营商面临着较强的冲击。世界各大港口通过优化基础设施、提升服务水平或者深化港航合作联盟来提升港口竞争力，如今，港口的发展越来越依赖于港口群内和港口群间的合作，特别是如何围绕核心港，形成支线港和干线港的紧密合作。港口之间和港口群之间如何避免恶性竞争，形成良好的竞合关系是港口群高质量发展的重要议题。港口群协同发展意味着港口群在核心地位、腹地资源、投资额度等方面有共同的发展认识，在基础设施建设、港口功能定位、智慧信息化发展、绿色安全等方面统筹协调，提升港口群整体竞争力，发挥港口群整体优势，进而推动区域经济的快速高效发展。不论是全球经济贸易发展背景、航运企业战略调整，还是港口自身的发展扩张，都无形之中加剧了全球大港之间的竞争。

二、国内背景

（一）我国经济形势

从国内经济层面来看，新一轮科技革命和产业变革深入发展，在世界产业结构转移的推动中，改革开放 40 多年来，我国经济保持着稳定的增速。即使在全球经济危机冲击并且持续影响的条件下，面对复杂严峻的国际形势、不稳定性不确定性明显增加，经济全球化遭遇逆流，世界进入动荡变革期，我国已转向高质量发展阶段，加快构建以国内大循环为主体、国内国际双循环相互促进的新发展格局, 发挥比较优势, 协同推进强大国内市场和贸易强国建设, 以国内大循环吸引全球资源要素, 国民经济稳步复苏。2016 ~ 2020 年国内生产总值趋势如图 1 - 2 所示。

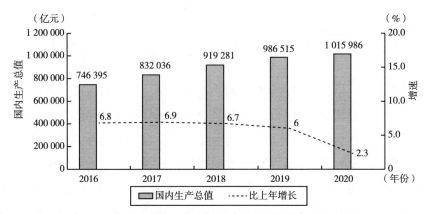

图 1 - 2 2016 ~ 2020 年我国国内生产总值及其增长速度

资料来源: 2017 ~ 2021 年《中国统计年鉴》。

进入 2019 年后, 全球经济增长趋势放缓, 中国经济增长虽呈现阶梯式下滑的态势, 但考虑到全球经济放缓、国内经济转型升级复杂、长期性挑战增多等因素, 中国经济发展韧性逐步增强。2020 年我国 GDP 为 1 015 986 亿元, 比 2019 年增长 2.3%。4 个季度实际 GDP 增速分别为 - 6.8%、3.2%、4.9% 和 6.5%, 除第一季度因受疫情影响致使增速有所下滑, 其他 3 个季度增速稳步提升。2020 年中国 GDP 和分季度 GDP 增长率如图 1 - 3 所示。

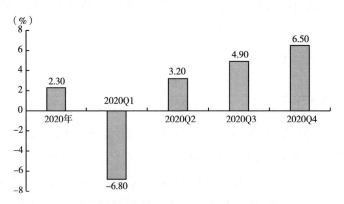

图 1 - 3 2020 年我国 GDP 和分季度 GDP 增长率

资料来源:《中国统计年鉴 (2021)》。

2020 年中国 GDP 首次突破 100 万亿元，增长 2.3%。根据 IMF 预测的数据，新兴市场和发展中经济体 2020 年经济收缩率为 3.3%，其中中国是实现经济正增长的世界主要经济体，2021 年中国经济增速达 8.1%，仍是世界主要经济体中增速最快的国家。

（二）我国贸易发展

面临着后疫情时代和经济"逆全球化"的挑战和机遇，我国对外贸易情况仍然保持较好水准，对传统市场进出口贸易基本稳定，2019 年中国出口总额占国际市场的 13.1%，中国已成为世界第二大外资流入国和对外投资大国，我国货物贸易进出口总值 31.5 万亿元，比 2018 年增长 3.4%。其中，如图 1-4 所示，出口 17.2 万亿元，比 2018 年增长 5%；进口 14.3 万亿元，比 2018 年增长 1.6%。4 个季度货物和服务净出口对 GDP 的拉动分别为 1.5%、1.3%、1.2% 和 0.7%，并且随着我国经济增长动力中来自内需的贡献不断增加，中国经济已经在向以国内大循环为主体转变，2019 年我国出口依存度与进口依存度分别为 17.4%、14.5%，较 2006 年的 35.4%、28.9% 出现了腰斩式变化。

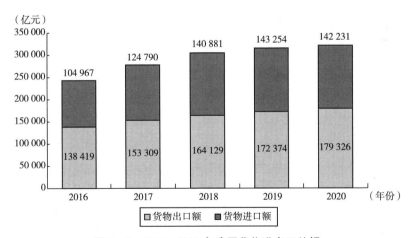

图 1-4 2016～2020 年我国货物进出口总额

资料来源：2017～2021 年《中国统计年鉴》。

2020 年，我国对外投资合作保持平稳健康发展，对外投资总体实现增长。根据商务部、国家外汇管理局统计，2020 年我国对外直接投资 1 329.4

亿美元（折合9 169.7亿元人民币），同比增长3.3%。2020年货物进出口总额321 557亿元，比上年增长1.9%，对"一带一路"共建国家进出口总额93 696亿元，比上年增长1.0%。我国与东盟经贸合作逆势增长，东盟历史性地成为我国第一大对外贸易伙伴，双边贸易同比增长5.6%，而目前世界贸易之中90%左右的货物都是通过海上运输来实现空间的转移。快速增长的进出口贸易额意味着迅速扩展的港航物流市场，我国港口正面对着更大的市场需求与更高的服务水平要求。

（三）我国物流市场

改革开放40多年来，我国物流产业取得了飞速发展。物流产业作为国民经济的基础性和战略性产业，对区域经济增长起着重要的推动作用。随着我国产业结构日益走向规模化和专业化的格局，伴随着信息技术的大量应用、电子商务的兴起以及对成本控制要求的提升，我国物流业以推进供给侧结构性改革为主线，逐步由高速发展向高质量、高水平迈进，新政策、新理念、新模式、新业态和新技术持续涌现。党的十九大报告中指出"加强水利、铁路、公路、水运、航空、管道、电网、信息、物流等基础设施网络建设"，首次把物流纳入国家优先和需要加快发展的基础设施范畴。近年来，在技术、政策、市场等多因素驱动下，物流行业发展进入量质齐升阶段，与此同时，全球化、智能化、绿色化趋势显著。

1. 物流业总体发展。根据2012~2021年《中国统计年鉴》数据整理分析显示，2011~2020年中国社会物流总额持续增长，其中，2013~2018年，我国社会物流总额逐渐增长，增速波动变化。2013~2015年，我国社会物流总额增速放缓，主要是由于我国物流市场结构不断优化所致。2015年起，国家加大了对物流行业的扶持力度，我国社会物流总额增速加快。2018年，我国社会物流总额达283万亿元，较2017年增长12.0%。2019年全年全国社会物流总额达298万亿元，按可比价格计算，累计增长5.9%。2020年，即使在新冠疫情大环境下，物流依然起到了中流砥柱的作用，2020年的社会物流总额300.1万亿元，同比增长3.5%。

同时，中国社会物流费用占国内生产总值比重逐步回落，降物流成本取得实效。2011~2019年，物流发展质量和效益稳步提升。据测算，我国社会物流总费用占GDP比重逐年下降，从2011年的17.22%下降至2018年的

14.80%。截至 2019 年中国社会物流总费用与 GDP 的比率为 14.70%，比上年下降 0.1 个百分点，如图 1 - 5 所示。尽管近年来我国社会物流总费用占GDP 比率呈现逐年下降趋势，但总体来讲物流成本依然偏高，与发达国家相比仍差距明显。

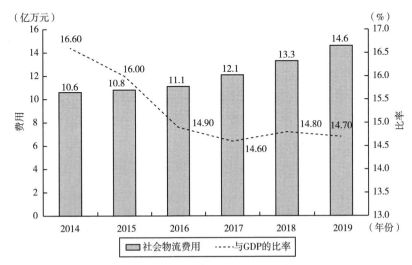

图 1 - 5　2014 ~ 2019 年社会物流总费用

资料来源：海比研究院. 2022 中国企业数智服务市场趋势洞察报告［R］. 2021；华经产业研究院. 2020 - 2025 年中国物流地产及园区行业发展趋势预测及投资战略咨询报告［R］. 2021.

　　未来一段时间，我国将加快构建以国内大循环为主体、国内国际双循环相互促进的新发展格局，宏观经济持续以高质量发展导向，在产业转型、成本倒逼和政策支持的背景下，物流行业的成长性将好于生产性服务业的整体水平，2020 ~ 2025 年复合增长率将达到 20% 以上[1]，预计到 2024年，我国社会物流总额将超过 430 万亿元[2]，物流业继续处于重要战略机遇期。

　　2. 物流基础设施建设。根据世界银行发布的物流绩效指数（logistics performance index，LPI），我国的 LPI 排名已从 2007 年的 30 位上升到 2018

---

①　海比研究院. 2022 中国企业数智服务市场趋势洞察报告［R］. 2021.

②　华经产业研究院. 2020 - 2025 年中国物流地产及园区行业发展趋势预测及投资战略咨询报告［R］. 2021.

年的 26 位，而作为 LPI 关键驱动因素之一的物流基础设施排名已升至 22 位。随着我国经济的飞速发展，物流基础设施作为物流的基本纽带和重要载体正在经济发展中扮演着越来越重要的角色。

第一，物流园区。截至 2018 年，我国包括运营、在建和规划的各类物流园区共计 1 638 家，较 2015 年增长 35.57%。其中，在营的有 1 113 家，占 68%；在建的有 325 家，占 20%；规划的有 200 家，占 12%。① 近年来中国物流园区数量增长幅度虽然有所下降，但依旧保持着高速的增长。

第二，铁路建设。2020 年末，全国铁路营业里程 14.6 万千米，比上年末增长 5.3%，如图 1-6 所示。其中，高铁营业里程 3.8 万千米。铁路复线率为 59.5%，电化率为 72.8%。全国铁路路网密度 152.3 千米/万平方千米，增加 6.8 千米/万平方千米。②

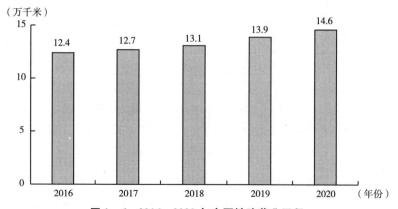

图 1-6　2016~2020 年全国铁路营业里程

资料来源：2017~2021 年《中国交通运输统计年鉴》。

第三，公路建设。2020 年末，全国公路总里程 519.81 万千米，比上年末增加 18.56 万千米，如图 1-7 所示。公路密度 54.15 千米/百平方千米，比 2019 年增加 1.94 千米/百平方千米。公路养护里程 514.40 万千米，占公路总里程的 99.0%。③

---

① 《中国交通运输统计年鉴（2019）》。
②③ 《中国交通运输统计年鉴（2021）》。

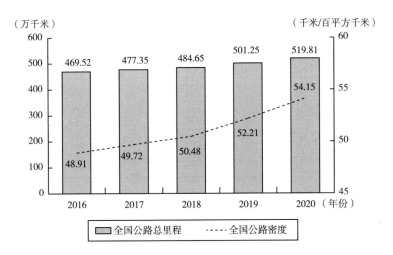

图 1 - 7　2016～2020 年全国公路总里程及公路密度

资料来源：2017～2021 年《中国交通运输统计年鉴》。

第四，水路建设。2020 年末，全国内河航道通航里程 12.77 万千米，比上年末增加 387 千米，如图 1 - 8 所示。其中，等级航道里程 6.73 万千米，占总里程比重为 52.7%，提高 0.2 个百分点。三级及以上航道里程 1.44 万千米，占总里程比重为 11.3%，提高 0.4 个百分点。①

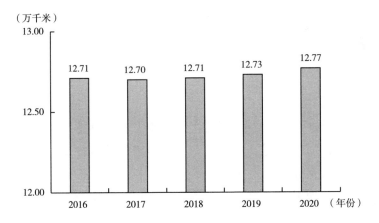

图 1 - 8　2016～2020 年全国内河航道里程

资料来源：2017～2021 年《中国运输交通统计年鉴》。

---

① 《中国交通运输统计年鉴（2021）》。

2020 年末，全国港口生产用码头泊位 22 142 个，比上年末减少 751 个。其中，沿海港口生产用码头泊位 5 461 个，减少 101 个；内河港口生产用码头泊位 16 681 个，减少 650 个。2020 年末，全国港口万吨级及以上泊位 2 592 个，比上年末增加 72 个。其中，沿海港口万吨级及以上泊位 2 138 个，增加 62 个；内河港口万吨级及以上泊位 454 个，增加 10 个，如表 1-5 所示。

表 1-5　　　　2020 年全国港口万吨级及以上泊位数量　　　（单位：个）

泊位吨级	全国港口		沿海港口		内河港口	
	泊位数	比上年增加	泊位数	比上年增加	泊位数	比上年增加
1~3 万吨级（不含 3 万）	865	6	672	2	193	4
3~5 万吨级（不含 5 万）	437	16	313	16	124	0
5~10 万吨级（不含 10 万）	850	28	725	22	125	6
10 万吨级及以上	440	22	428	22	12	0
合计	2592	72	2138	62	454	10

资料来源：2017~2021 年《中国交通运输统计年鉴》。

3. 综合交通运输体系建设。2020 年 4 月，国家发改委首次明确未来要深度应用互联网、大数据、人工智能等技术，支撑传统基础设施转型升级，进而形成融合基础设施。党的十九届五中全会公报明确指出，要"统筹推进基础设施建设，加快建设交通强国"。交通强国的基本特征之一，就是以交通基础设施互联互通为主要标志的交通一体化，我国综合立体交通网 2035年的主要指标值如表 1-6 所示。较单一运输方式基础设施的快速发展而言，我国综合交通枢纽的建设相对滞后，不同运输方式基础设施衔接不畅，交通一体化水平有待提升。

我国综合交通网络体系构建不断完善。高效率交通基础设施比重不断提高。截至 2020 年末，全国高铁营业里程 3.8 万千米，比上年末增加 0.3 万千米，占铁路营业里程比重为 26.0%，提高 0.8 个百分点。高速公路里程

16.10 万千米，增加 1.14 万千米，占公路总里程比重为 3.1%，提高 0.1 个百分点。全国港口万吨级及以上泊位数量增加 72 个。定期航班通航机场、定期航班通航城市分别提高至 240 个和 237 个。普通干线网结构不断优化。截至 2020 年末，全国铁路复线率、电气化率分别为 59.5% 和 72.8%，比上年末分别提高 0.5 个百分点和 0.9 个百分点。二级及以上公路里程增加 3.04 万千米，占公路总里程比重为 13.5%，提高 0.1 个百分点。三级及以上航道里程增加 565 千米，占航道总里程比重为 11.3%，提高 0.4 个百分点。①

表 1-6　　　　　　国家综合立体交通网 2035 年主要指标

序号	指标		目标值
1	便捷顺畅	享受 1 小时内快递交通服务的人口占比	80% 以上
2		中心城区至综合客运枢纽半小时可达率	90% 以上
3	经济高效	多式联运换装 1 小时完成率	90% 以上
4		国家综合立体交通网主骨架能力利用率	60%~85%
5	绿色集约	主要通道新增交通基础设施多方式国土空间综合利用率提高比例	80%
6		交通基础设施绿色化建设比例	95%
7	智能先进	交通基础设施数字化率	90%
8	安全可靠	重点区域多路径连接比率	95% 以上
9		国家综合立体交通网安全设施完好率	95% 以上

资料来源：根据中共中央、国务院印发的《国家综合立体交通网规划纲要》整理。

4. 多式联运发展。2016 年 12 月，经国务院同意，交通运输部等十八个部门《关于进一步鼓励开展多式联运工作的通知》的印发实施，使多式联运上升为国家战略，新时期下我国经济增长进入了新模式状态，多式联运不仅是我国经济新形势下综合交通运输领域的重点发展方向，更是我国经济增长极的新战略重点。2014~2016 年，我国相关政策对多式联运发展的要求或期望如表 1-7 所示。

---

① 《中国交通运输统计年鉴（2021）》。

表 1 - 7   相关政策对多式联运发展的要求或期望

政策	发布年份	要求或期望
《物流业发展中长期规划（2014—2020）》	2014	加快多式联运设施建设，构建能力匹配的集疏运通道，配备现代化的中转设施，建立多式联运信息平台
《交通运输部、国家发改委关于开展多式联运示范工程的通知》	2015	先期开展15个多式联运示范工程建设，形成具有典型示范意义和带动作用的多式联运枢纽场站、组织模式、信息系统以及多式联运承运人；不断完善多式联运设施、装备、信息化、运营组织等方面的技术标准和服务规范；探索托盘集装单元等管理运营模式；逐步充实推进多式联运发展的政策与法规，加快推进多式联运发展
《综合运输服务"十三五"发展规划》	2016	着力构建设施高效衔接，枢纽快速转运，信息互联共享，标准专业，服务一体对接的多式联运组织体系
《关于推进供给侧结构性改革 促进物流业"降本增效"的若干意见》	2016	大力发展多式联运，重点支持多式联运甩挂运输，建立多式联运标准体系
《进一步鼓励开展多式联运工作的通知》	2017	着力解决多式联运发展过程中遇到的突出问题，加快多式联运的发展，构建高效顺畅的多式联运系统

2018 年我国多式联运发展产业实践更加多元化。国家多式联运示范工程继续深入实施，三批 70 个示范项目已覆盖公铁、海铁、国际铁路联运、陆空联运等联运方式。[①] 多式联运经营人服务能力不断提升，业务形态多元化发展，创新服务不断涌现。传统的海铁联运线路正在升级为服务稳定、带动力强的物流通道，与之相适应的多式联运转运设施、信息系统、经营主体趋于稳定，并不断扩大合作网络。

截至 2020 年，我国货运结构调整不断深入。大宗货物"公转铁""公转水"深入推进，全年完成铁路货物总发送量 45.52 亿吨，占全社会货运量比重为 9.8%，比上年提高 0.3 个百分点。完成水路货运量 76.16 亿吨，占全社会货运量比重为 16.4%，提高 0.2 个百分点。完成公路货运量 342.64 亿吨，占全社会货运量比重为 73.8%，下降 0.5 个百分点。同时，多式联运加

---

① 交通运输部. 中国集装箱与多式联运发展报告 [R]. 2019 - 5 - 22.

快推进。全年全国港口完成集装箱铁水联运量 687 万标准箱，比上年增长 29.6%，占港口集装箱吞吐量比重为 2.6%，提高 0.6 个百分点。① 随着 "运贸一体化""仓贸一体化"的模式被应用，物流服务模式不断创新，多式联运服务延展更多，多式联运在存量市场中带来增量需求的效应也将开始显现。

（四）我国航运市场

在全球航运市场的中长期前景仍不明朗的背景下，中国港口集装箱吞吐量稳步上升，在全球排名中占据绝对优势。2016 ~ 2019 年，中国规模以上港口集装箱吞吐量逐年上升，2019 年为 26 107 万标准箱，同比增长 4.5%。其中，沿海港口完成 23 092 万标准箱，增长 4.4%；内河港口完成 3 015 万标准箱，增长 5.26%，如图 1 – 9 所示。

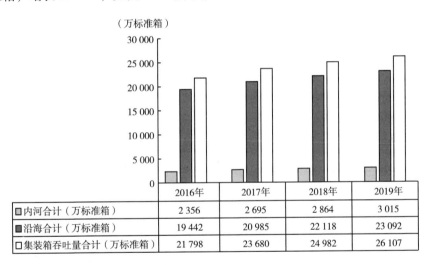

（万标准箱）	2016年	2017年	2018年	2019年
内河合计（万标准箱）	2 356	2 695	2 864	3 015
沿海合计（万标准箱）	19 442	20 985	22 118	23 092
集装箱吞吐量合计（万标准箱）	21 798	23 680	24 982	26 107

图 1 – 9　2016 ~ 2019 年全国港口集装箱吞吐量

资料来源：2017 ~ 2020 年《中国交通运输统计年鉴》。

2020 年货物运输总量 463.4 亿吨，货物运输周转量 196 618.3 亿吨千米，如表 1 – 8 所示。全年港口完成货物吞吐量 145.5 亿吨，比上年增长 4.3%，其中外贸货物吞吐量 45 亿吨，增长 4.0%。其中，内河港口完成

---

① 交通运输部. 2020 年交通运输行业发展统计公报［R］. 2021 – 5 – 19.

50.70 亿吨，增长 6.4%；沿海港口完成 94.80 亿吨，增长 3.2%。完成集装箱铁水联运量 687 万标准箱，增长 29.6%。港口集装箱吞吐量 26 430 万标准箱，增长 1.2%。2020 年中国出口集装箱运价指数（CCFI）均值为 984.42，上半年运价整体表现相对平稳，下半年运价逆势攀升，12 月末攀升至 1 658.58 点。

表 1 - 8　　　　2020 年各种运输方式完成货物运输量及其增长速度

指标	绝对数	比上年增长（%）
货物运输总量	463.4 亿吨	- 0.5
铁路	44.6 亿吨	3.2
公路	342.6 亿吨	- 0.3
水运	76.2 亿吨	- 3.3
民航	676.6 万吨	- 10.2
货物运输周转量	196 618.3 亿吨千米	- 1.0
铁路	30 371.8 亿吨千米	1.0
公路	60 171.8 亿吨千米	0.9
水运	105 834.4 亿吨千米	- 2.5
民航	240.2 亿吨千米	- 8.7

资料来源：国家统计局 [EB/OL]. https：//www.stats.gov.cn/sj/zxfb/202302/t20230203 - 1901004.html.

2015 年 3 月，在国务院授权下，国家发展和改革委员会、外交部和商务部联合发布《推动共建丝绸之路经济带和 21 世纪海上丝绸之路的愿景与行动》，"一带一路"沿线总人口约 44 亿人，经济总量约 21 万亿美元，分别约占全球的 63% 和 29%。① 在全球视野下，对外促进优势资源资本输出，加快我国港口"走出去"参与全球重点港口建设运营步伐。2020 年，党的十九届五中全会提出了"加快构建以国内大循环为主体、国内国际双循环相互促进的新发展格局"的重大战略部署，该战略的基点是扩大内需、形成强大的

① "一带一路"经济总量约 21 万亿美元约占全球 29% [N]. 京华时报，2014 - 10 - 21.

国内市场。交通基础设施互联互通，可以降低运输成本，提高区域可达性，促进区域间相互开放和合作，促使资源配置更加合理、商品要素流动更加自由以及区域发展更加协调。港口群是物流链、供应链上的核心枢纽节点，在配置多种要素、集聚产业资源、辐射腹地经济、推动城市群崛起等方面扮演愈发重要的角色。港口群已经成为一个区域保持经济贸易核心竞争力的重要依托。港口一体化既是经济全球化、区域集团化的宏观大背景下港口转型升级的内在要求，也是对接国家重大战略、应对国际航运低迷时代大潮流下港航发展的必然选择，符合区域形势、发展趋势、历史大势。

三、区域背景

长三角地区包括苏、浙、皖、沪三省一市，土地面积占全国面积的2.2%，人口数量占全国人口数量的10%，[①] 拥江临海，江海交融。长三角地区在自然地理位置上，处于长江水道与东部沿海岸线"T"形交汇处；在经济地理位置上，处于长江经济带和21世纪海上丝绸之路交接的枢纽地带，区位优势十分明显。

从总体经济来看，长三角地区是我国综合经济实力最强的地区之一。2020年，长三角地区GDP总量为244 713.18亿元，比上年增长3.14%，约占全国GDP总量的24.1%；其中有7座城市的GDP超过1万亿元，分别是上海、苏州、杭州、南京、宁波、无锡、南通。从人均GDP来看，长三角地区省际梯度差异明显。2020年，长三角人均GDP约为10.78万元，其中，上海市人均GDP超过15万元，江苏省人均GDP超过12万元，浙江省人均GDP超过11万元，均超过全国平均水平。安徽省人均GDP约6万元，尚低于全国平均水平。[②] 如图1-10所示，从基尼系数来看，2000～2018年，长三角地区内部经济规模差距呈缩小趋势。进一步观察发现，2000～2012年长三角地区基尼系数呈现逐年递减的走势，经济差距持续缩小。但自2013年以来，长三角地区基尼系数总体呈现小幅上扬的走势，地区差距缓慢扩大。

---

① 《长江三角洲区域一体化发展规划纲要》。
② 《中国统计年鉴（2021）》。

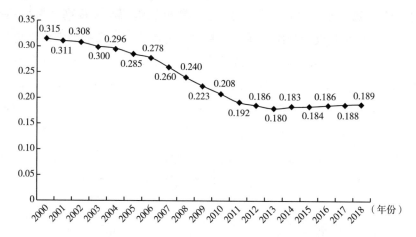

图 1-10　2000~2018 年长三角地区基尼系数的演变趋势

资料来源：根据南京大学长江产业经济研究院发布的《长三角地区高质量一体化发展水平研究报告（2018 年)》整理。

　　从产业布局来看，长三角地区作为"一带一路"与长江经济带的重要交汇点，是我国新型显示产业主要聚集地、高端纺织业集群中心，在我国最具有竞争优势的产业，如汽车、钢铁、石化、电子信息等方面，也呈现了大产业、大集群的格局，致力于形成以高端、服务、创新为发展方向的产业新版图。2020 年长三角地区产业结构呈现稳步优化态势，三省一市均已形成"三二一"型产业结构，第三产业比重显著上升，其增加值在地区生产总值中的比重均超过 50%。但长三角地区省际产业结构及其变化情况存在较大差异，具体来看，2020 年上海市第三产业发展较快，其增加值为 28 307.54 亿元，占全市生产总值的比重为 73.1%。安徽省第二产业和第三产业增加值占比分别为40.5% 和 51.3%，其中第三产业增加值为 19 824.20 亿元，同比增长 2.8%。浙江省三次产业增加值比例为 3.3∶40.9∶55.8。江苏省经济体量最大，第三产业增加值为 53 955.80 亿元，同比增长 3.8%，如表 1-9 和表 1-10 所示。

表 1-9　　　　　　　　　　长三角地区主要指标

指标	上海市	江苏省	浙江省	安徽省
2020 年 GDP（亿元）	38 700.58	102 719.00	64 613.00	38 680.60
其中：第一产业增加值	103.57	4 536.70	2 169.00	3 184.70

续表

指标	上海市	江苏省	浙江省	安徽省
第二产业增加值	10 289.47	44 226.40	26 413.00	15 671.70
第三产业增加值	28 307.54	53 955.80	36 031.00	19 824.20
规模以上工业增加值增速（%）	1.7	6.1	5.4	6
2020 年 GDP 增速（%）	1.7	3.7	3.6	3.9
2021 年 GDP 目标增速（%）	6 以上	6 以上	6.5 以上	8

资料来源：根据中商产业研究院 2021 年发布的《"十四五"时期中国长三角地区战略性新兴产业市场前景及投资机会研究报告》整理。

表 1-10　　　　　2018～2019 年长三角地区生产总值结构及全国比较　　　　单位:%

地区	2018 年			2019 年		
	第一产业	第二产业	第三产业	第一产业	第二产业	第三产业
上海市	0.3	29.8	69.9	0.27↓	26.99↓	72.74↑
江苏省	4.5	44.5	51.0	4.31↓	44.43↓	51.25↑
浙江省	3.5	41.8	54.7	3.36↓	42.61↑	54.03↓
安徽省	8.8	46.1	45.1	7.86↓	41.33↓	50.82↑
长三角地区	4.2	41.8	54.0	3.95↓	38.84↓	57.21↑
全国	7.2	40.6	52.2	7.10↓	39.00↓	53.90↑

资料来源：根据全国及各省市统计公报整理。

从工业来看，2020 年长三角地区规模以上工业增加值均为正增长。如图 1-11 所示，江苏和安徽两地工业增加值增速较快，超过 6%；浙江增速为 5.4%；上海全年工业增加值增速为 1.7%，低于其他三地。长三角地区三省一市的产业优势各异，新动能发展的所选行业类型和统计口径不一，但各地战略性新兴产业增速都快于工业平均增速，表明工业新动能正在加速形成且不断壮大，如表 1-11 所示。2020 年，上海工业战略性新兴产业增长较快，工业战略性新兴产业总产值占规模以上工业总产值比重提高到 40%。江苏战略性新兴产业逆势增长，成为推动经济加速回暖的重要"引擎"，2020 年，江苏战略性新兴产业产值占规模以上工业产值比重达 37.80%，比上年提高 5 个百分点；浙江战略性新兴产业产值占规模以上工业产值比重达 33.41%；安徽战略性新兴产业产值占规模以上工业产值比重超四成，如图 1-12 所示。

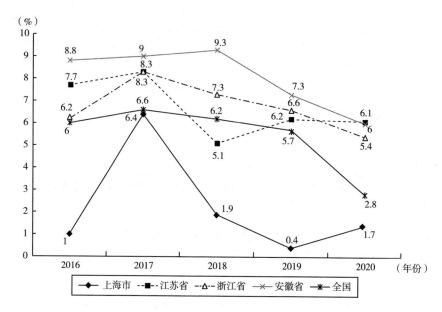

图 1-11　2016~2020 年长三角地区工业增加值增长率情况

注：增加值增长率为扣除价格因素的实际增长率。

资料来源：根据 2016~2020 年城市统计公报、2016~2020 年中国统计公报、2020 年三省一市的统计年鉴整理。

表 1-11　　　　2016~2020 年长三角地区战略性新兴产业发展情况

地区	项目	2016 年	2017 年	2018 年	2019 年	2020 年
上海市	工业增加值（亿元）	1 808	2 263	2 378	2 710	2 766.8
	增加值增速（%）	2.7	8.1	4.2	3.3	8.9
江苏省	产值占比（%）	30.2	31.0	32.0	32.8	37.8
	产值增速（%）	10.5	13.6	8.8	7.6	4.2
浙江省	工业增加值（亿元）	3 206	3 851	4 351	5 024	5 525
	增加值增速（%）	8.6	12.2	11.5	9.8	10.2
安徽省	产值（亿元）	10 616	12 888	14 963	17 192	20 000
	产值增速（%）	16.4	21.4	16.1	14.9	18.0

注：上海战略性新兴产业主要包括新一代信息技术、生物、高端装备、新能源、新能源汽车、新材料；江苏战略性新兴产业主要包括高端装备、数字创意、节能环保、新一代信息技术、生物医药、新能源、新能源汽车、新材料；浙江战略性新兴产业主要包括新一代信息技术和物联网、新能源、新能源汽车、新材料、生物、海洋新兴产业；安徽战略性新兴产业主要包括新一代信息技术、高端装备、新能源、新能源汽车、新材料、生物、节能环保、数字创意。

资料来源：根据中商产业研究院 2021 年发布的《"十四五"时期中国长三角地区战略性新兴产业市场前景及投资机会研究报告》整理。

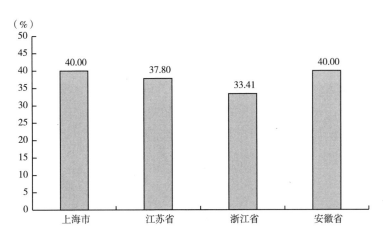

图1-12 2020年长三角地区战略性新兴产业产值占规上工业产值比重情况

资料来源：根据中商产业研究院2021年发布的《"十四五"时期中国长三角地区战略性新兴产业市场前景及投资机会研究报告》整理。

总体而言，2016～2020年，长三角地区经济总量处于稳步增长趋势，对全国经济总量的贡献份额基本保持稳定且在波动中呈上升趋势，见图1-13和图1-14。长三角地区经济保持着领先全国的发展态势，总体实现了平稳较快增长，是我国最富有经济发展活力、极具创新能力和高水平开放潜力的

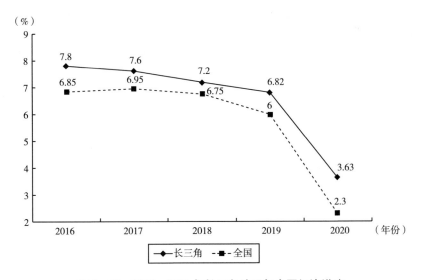

图1-13 2016～2020年长三角地区与全国经济增速

资料来源：2017～2021年《中国统计年鉴》。

区域之一。党中央、国务院高度重视长三角一体化的发展，作出重大决策部署，2019年发布的《长江三角洲区域一体化发展规划纲要》确立了"高水平打造长三角世界级城市群"的战略目标。随着长三角区域一体化发展上升为国家战略，全方位推进和深度融合成为长三角区域一体化发展的必然选择；实现长三角地区经济总量和经济发展质量的稳步提升，对于长三角一体化的发展具有重要的促进作用。

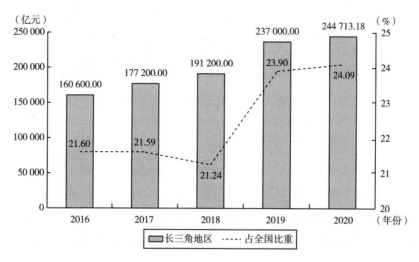

图1-14 2016~2020年长三角地区经济总量及占全国的比重变化

资料来源：2017~2021年《中国统计年鉴》。

第二节 区域港口发展情况

一、长三角港口发展概况

港口是经济社会发展的重要基础、全面扩大开放的重要门户。2022年，全球货物吞吐量位列前十位的港口中，长三角地区占据三席，宁波舟山港、上海港和苏州港分别位于第一位、第三位和第七位。长三角港口群吞吐量雄踞全球大港前列，是我国外贸货物进出口的重要"门户"，在全国港口中地位卓然。"大港云集、通江达海、承东启西、联通南北"是长三角地区的突出优势和战略基础。

（一）港口货物吞吐量稳步增长

长三角地区的港口群是我国目前沿海五大港口群中港口分布最为密集、吞吐量最大的港口群，区域内苏、浙、皖、沪三省一市海岸线长 3 700 千米，占全国的 24%，拥有 8 个沿海主要港口、32 个规模以上内河港口，同时有众多国际航线经过。2012 ~ 2020 年，长三角主要港口货物吞吐量由 32 亿吨攀升至 51.09 亿吨，年均增长 6.02%，占全国规模以上港口货物吞吐量比重达 35.1%；集装箱吞吐量由 6 581 万标准箱跃升至 9 606 万标准箱，年均增长 4.84%，占全国规模以上港口集装箱吞吐量比重达 36.3%。2020 年，全球港口集装箱吞吐量排名中，上海港、宁波舟山港分别位列第一位、第三位，太仓港、南京港、嘉兴港、南通港等港口位列全球前 100 名。

（二）港口错位发展布局逐渐形成

2021 年长三角港口集装箱吞吐量已经超过 1 亿标准箱，上海港集装箱吞吐量亦连续 11 年位居世界第一位，这表明长三角世界级港口群建设已初见成效，上海国际航运中心的服务能级得到进一步提升。宁波舟山港集散并举，如图 1 – 15 所示，2020 年完成货物吞吐量 117 240 万吨，连续 12 年位列全球第一，也是全球第一个突破 11 亿吨的港口。长江沿线的南京、苏州、南通、芜湖等港口的区域性航运枢纽已经初具规模。嘉兴、温州、台州等港口主要从事内陆运输，为临港产业提供服务。

（三）港口基础设施建设正在加速

随着多渠道衔接、一体化通道布局、内陆腹地扩展等多举措发展，长三角一体化的港口集疏运系统日趋完善。首先，加快建立快速的公铁、水力联结的港口集疏运通道。上海以建设国际航运中心为目标，加快推进以现代航运服务为主线的港口集疏运体系建设；浙江依托宁波舟山港，注重"四港"联动，积极发展江海、海铁、海河联运；江苏着力以长江黄金水道为基础构建立体集疏运网络；安徽围绕芜湖港和马鞍山港等沿江港口建设"十"字形的内河集疏运通道，加快提高公铁水的综合联系。其次，加速了集疏运腹地范围的扩展。长三角地区的港口腹地逐渐辐射延伸至长江中上游沿线区域，其中上海港和宁波舟山港等沿海港口在长江经济带的龙头地位较为凸显。最后，高等级航道网已基本形成。长三角地区水网稠密，内河航运发展迅速，其高等级航道网络建设已经处于国内领先水平。

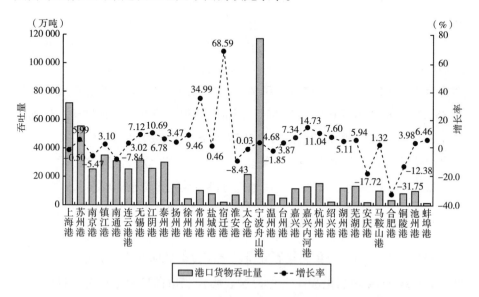

图 1-15　2020 年长三角地区主要港口货物吞吐量及其增长率

资料来源：《中国交通运输统计年鉴（2021）》。

二、区域港口合作发展状况

在政府政策引导和市场发展的推动下，长三角港口群积极开展区域内和区域间的港口合作，逐渐实施一体化发展，促使港口协同发展水平不断提高，主要体现为以下三个方面。

（一）初步建立港口协同发展机制

1997 年，交通部牵头成立了上海组合港管委会，对协调区域内港口群发展起到了积极作用。2006 年 9 月，由上海港口行政主管部门牵头，联合长三角地区 16 个沿江沿海城市的港口管理部门共同建立了长三角港口管理部门合作联席会议制度，意在形成彼此间畅通的工作协商协调渠道，加强港口管理资源的共享、交流与互补，以实现长三角港口群内各港口的互利共赢。该合作联席会议制度自建立以来，在一定程度上加强了长三角各港口管理部门之间的联系与沟通，对推动区域港口的协同发展起到了促进作用。但该合作联席会议制度近年来未能得到长效性的执行与延续。2018 年，三省一市联合组建了长三角区域合作办公室，交通运输部联合三省一市政府印发了《长三角港航一体化发展六大行动方案》，港航一体化进程不断加速，但该行动方案中的上海组合港管委会在港口群发展实践中以行政协调为主，缺乏实质性的港口群行政管理权威和相应的行政职能。

（二）港口资源整合从内部向区域拓展

在各省市政府的大力推动下，长三角地区先后成立了上海港口集团、浙江省海洋港口发展委员会和浙江省海港集团、江苏省港口集团、安徽省港航集团，对各省市的内部港口资源进行了一体化整合。现今协同发展的焦点已从省市内部资源的整合转向了长三角区域间的协作，港口群内省级港口集团间展开了业务合作。如上港集团与浙江省海港集团签订合作协议，联合开发小洋山北侧岸线，不断深化小洋山港区的合作；安徽省依托安徽省港航集团有限公司推进全省港航资源整合，与长三角区域港口企业集团在集装箱水路运输航线开辟、江海联运、智慧港航等方面开展合作。

（三）港口投资运营协作日益紧密

苏浙沪皖三省一市级港口集团不断加大合作力度，通过相互之间签订战略合作协议等，深化推进港口投资运营合作，促进跨区域的港航合作。如上海港率先实施"长江战略"，在长江沿线投资布局了若干港口码头，推进上海港集团与江苏沿江沿海港口的资本合作和业务合作。浙江省以长江经济带港口合作为重点，投资控股长江沿线部分码头；合并宁波港、舟山港，形成宁波舟山组合港，并于 2015 年成立宁波舟山港集团有限公司，促使宁波舟山港以资产为纽带的实质性一体化的实现；宁波舟山港集团以投资建设、收购并购等多种方式，参与江苏省内长江沿线港口的建设运营，并与安徽省港航集团签订战略合作协议。苏州港口群把张家港、太仓港和常熟港整合形成"苏州港"品牌。其中，太仓港与上海港、宁波舟山港进行战略合作，通航太仓港至洋山港水上穿梭巴士，提高沪太通关一体化成效。

第三节 政策演变

为促进长三角港口群的有序发展，我国出台了一系列政策文件指引。

2006 年 9 月，交通部出台的《全国沿海港口布局规划》中，全国沿海港口被划分为长江三角洲港口群、环渤海港口群、东南沿海港口群、珠江三角洲港口群和西南沿海港口群五大港口群体系。

2010 年 5 月，国务院正式批准实施的《长江三角洲地区区域规划》明确了长三角地区发展的战略定位，即作为亚太地区面向国际市场的重要门户，全球经济发展的服务中心和制造中心，根据规划，长三角将形成以上海为核心的"一核九带"空间格局。

2011 年 11 月，交通运输部出台的《关于促进沿海港口健康持续发展的意见》提出，促进大中小港口协调发展。继续强化主要港口在全国港口中的骨干地位，有序推进港口基础设施建设与完善，大力拓展现代物流、现代航运服务功能，着力提升发展水平，充分发挥主要港口在综合运输体系中的枢纽作用和对区域经济发展的支撑作用。积极推进中小港口发展，加强基础设施建设，发挥中小港口对临港产业和地区经济发展的促进作用。推动大中小港口协调发展，形成我国布局合理、层次分明、优势互补、功能完善的现代港口体系。

2014 年 9 月，国务院发布的《关于依托黄金水道推动长江经济带发展的指导意见》提出，优化港口功能布局，促进港口合理布局，加强分工合作，推进专业化、规模化和现代化建设，大力发展现代航运服务业。加快上海国际航运中心、武汉长江中游航运中心、重庆长江上游航运中心和南京区域性航运物流中心建设。提升上海港、宁波舟山港、江苏沿江港口功能，加快芜湖、马鞍山、安庆、九江、黄石、荆州、宜昌、岳阳、泸州、宜宾等港口建设，完善集装箱、大宗散货、汽车滚装及江海中转运输系统。提升长三角城市群国际竞争力，发挥上海对沿江开放的引领带动作用，特别提到要加强与丝绸之路经济带的战略互动，提升江苏、浙江对海上丝绸之路的支撑能力。

2015 年 3 月，国家发展改革委、外交部、商务部联合发布《推动共建丝绸之路经济带和 21 世纪海上丝绸之路的愿景与行动》。根据"一带一路"走向，陆上依托国际大通道，以沿线中心城市为支撑，以重点经贸产业园区为合作平台，共同打造新亚欧大陆桥、中蒙俄、中国—中亚—西亚、中国—中南半岛等国际经济合作走廊；海上以重点港口为节点，共同建设通畅安全高效的运输大通道。

2018 年 6 月，长三角地区主要领导座谈会在上海召开，会议审议并原则同意《长三角地区一体化发展三年行动计划（2018—2020 年）》《长三角地区合作近期工作要点》，为长三角一体化发展明确了任务书、时间表和路线图，提出推进长江南京以下江海联运港区、连云港港区域性国际枢纽港、南京长江区域性航运物流中心和太仓集装箱干线港"一区三港"建设。

2018 年 12 月，交通运输部、上海市、江苏省、浙江省和安徽省政府办公厅联合印发《关于协同推进长三角港航一体化发展六大行动方案》，对内河航道网络化、港口一体化、船舶标准化、绿色航运协同发展、信息资源共享化、航运中心建设联动化六大方面进行了 13 项主要任务的具体部署。

2019 年 6 月，推动长三角一体化发展领导小组会议在上海召开。会议提出，要强化高效协同，合力深化跨区域合作；协同建设一体化综合交通体系，着力优化港口布局；强化生态环境共保联治，紧紧围绕保护生态环境和实现绿色发展这个主题，建设好长三角生态绿色一体化发展示范区。

2019 年 9 月，中共中央、国务院印发的《交通强国建设纲要》指出，依托京津冀、长三角、粤港澳大湾区等世界级城市群，打造具有全球竞争力的国际海港枢纽、航空枢纽和邮政快递核心枢纽，建设一批全国性、区域性交通枢纽，推进综合交通枢纽一体化规划建设，提高换乘换装水平，完善集疏运体系，大力发展枢纽经济。

2019 年 11 月，交通运输部等国家九部门联合出台的《关于建设世界一流港口的指导意见》提出，要打造一流设施、一流技术、一流管理、一流服务，建设安全便捷、智慧绿色、经济高效、支撑有力、世界先进的世界一流港口，着力在港口综合服务能力、绿色港口建设、智慧港口建设、开放融合发展、平安港口建设、推进港口治理体系现代化六大方面下功夫。到 2025 年，世界一流港口建设取得重要进展，主要港口绿色、智慧、安全发展实现重大突破，地区性重要港口和一般港口专业化、规模化水平明显提升。到2035年，全国港口发展水平整体跃升，主要港口总体达到世界一流水平，若干个枢纽港口建成世界一流港口，引领全球港口绿色发展、智慧发展。到2050年，全面建成世界一流港口，形成若干个世界级港口群，发展水平位居世界前列。

2019年12月，中共中央、国务院印发的《长江三角洲区域一体化发展规划纲要》提出，推动港航资源整合，优化港口布局，健全一体化发展体制机制，增强服务全国的能力，形成合理分布的世界级港口群。

2020年4月，国家发改委联合交通运输部发布的《长江三角洲地区交通运输更高质量一体化发展规划》提出，建设世界级港口群，推动港口群更高质量发展，要求优化区域港口布局，协同推进江海联运发展。对于长三角港口群下一步主要发展事项明确了方向。

2021年5月，上海组合港管委办与长三角三省一市交通运输主管部门在长三角地区三省一市交通运输部门主要负责人座谈会上共同签署了《长三角船舶和港口污染防治协同治理战略合作协议》。该协议旨在巩固长江经济带船舶和港口污染突出问题整治工作成效，建立健全长三角船舶和港口污染防治协同治理长效机制，全面提升长三角船舶和港口污染防治能力。

2021年6月，《长三角一体化发展规划"十四五"实施方案》正式印发实施，提出加快构建长三角世界级港口群一体化治理体系，明确了港口建设的任务，为港口发展指明了方向。

根据相关政策文件引领，苏浙沪皖三省一市不断加强港口联动协作，具体内容见表1-12。

表1-12　　　　　　　　长三角港口协同发展重要事件汇总

合作省域	时间	重点内容
沪皖	2014年	芜湖港与上海港成功实现了战略合作，并被列入适用启运港退税政策的启运地口岸
苏沪浙	2015年	太仓港与上海港推出"沪太通"物流模式，将上海港与太仓港合作的太仓港上港正和码头作为上海港的延伸；引进宁波舟山港的资金、政策、人才、管理参与太仓港建设。正是这种以资本为纽带推进港口资源整合，形成了牢固战略联盟的方式，破解了多年来受周边港口制约航运资源要素无法进入太仓港的瓶颈，极大提升了太仓港的实力

合作省域	时间	重点内容
沪苏	2017 年	上港集团与江苏港口集团、中远海运集团三方签署了《战略合作谅解备忘录》，拟助力长三角经济圈协同发展，降低区域物流成本，做强上海国际航运中心北翼，推动上海国际航运中心建设
沪浙苏皖	2017 年 5 月	《安徽省水路建设规划（2017 — 2021 年）》文件提出，围绕国家实施"长江经济带""一带一路"等，按照市场化原则，全面整合港口资源，构建统一的沿江港口营运管理平台，深化与上海港、宁波港、南京港的战略合作
沪浙	2017 年 7 月	沪浙两地签订了《关于深化推进小洋山合作开发的备忘录》，明确小洋山开发将"以资本为纽带，以企业为主体，通过股权合作方式，稳步推进小洋山区域合作开发，实现互利共赢"
苏浙	2018 年 7 月	江苏省港口集团与浙江省海港集团达成相互参股意向
沪浙	2018 年 10 月	浙江海港集团对上港集团全资子公司上海盛东国际集装箱码头有限公司进行增资。完成此次增资后，上港集团与浙江海港集团两家分别持有盛东公司80%和20%股权，沪浙开始联手全面加快推进小洋山北侧开发建设
沪浙皖	2018 年 12 月	安徽省港航集团公司分别与上海组合港管委会办公室、中国远洋海运集团公司、上港集团、浙江省海港集团公司签订了战略合作协议。上海组合港管委会与安徽省港航集团签订战略合作协议，成为又一促进长三角港航高质量一体化发展的实质性举措
沪苏浙	2018 年 12 月	太仓港口管委会分别与上港集团、宁波舟山港集团、江苏省港口集团签署战略合作协议，将在合力做大江海中转平台、深化资本合作、加强口岸合作、加快对接上海自由贸易试验区、加强双向交流联动等方面深化战略合作
沪浙	2018 年底	交通运输部与苏浙沪皖联合印发的《关于协同推进长三角港航一体化发展六大行动方案》对小洋山北侧开发予以明确，上海、浙江要共同加快形成具体规划、开发方案并签署合作协议，同步开展规划编制及项目前期工作，完善锚地布局，2019 年底前，力争小洋山北侧开工建设
沪浙	2019 年 2 月	上海国际港务（集团）股份有限公司（上港集团）与浙江省海港投资运营集团有限公司（浙江海港集团）在上海签署了《小洋山港区综合开发合作协议》。根据合作协议，上港集团和浙江海港集团将通过股权合作，共同推进小洋山综合开发
沪浙	2020 年 3 月	宁波港与上港集团签订战略合作协议，双方商议在港航、交通、能源等领域及相关项目开展投资合作

合作省域	时间	重点内容
沪苏	2020 年 6 月	"太申快航"精品航线首航，实现太仓港与上海港所有港区的"点对点"直航全覆盖，对优化长江航运体系以及促进苏南地区集装箱"陆改水"、推进"沪太同港化"具有重要意义
沪苏	2020 年 6 月	上海市交通委、上海港集团、江苏省交通厅、江苏省港口集团和南通市政府五方共同签订了《通州湾新出海口开发建设战略合作框架协议》，明确支持通州湾新出海口作为上海国际航运中心北翼的重点发展港区，推进长三角区域一体化发展
沪皖	2020 年 8 月	"港航巴士"芜申快线开通运营，有效补齐皖江港口无直达上海港内贸支线短板，极大提升了集装箱中转效率
沪皖	2021 年 9 月	上海港—安徽港航芜湖集装箱联合服务中心揭牌，进一步深化了上港集团和安徽省港航集团的战略合作
沪苏	2021 年 12 月	上港集团、连云港港正式签署战略合作协议，淮安市政府与上海国际港务（集团）股份有限公司、江苏省港口集团有限公司签署《战略合作框架协议》，打开了战略合作新局面

资料来源：根据历年《中国港口年鉴》和各省市政策文件及相关资料整理。

通过对上述政策文件的梳理可知，长三角港口一体化的政策环境不断优化。从长三角三省一市的联动频率和深度来看，无论是从政府层面，还是从港口集团间实质性的业务和股权合作，长三角港口一体化融合发展大势所趋，也正在不断走向深入。不过目前的政策文件要点发生了一定程度的变化，在协同内容上，早期政策较为关注港口资源整合、业务协同、港口贸易的效率方面，现阶段政策对港口安全、生态、绿色、智慧化等方面的重视程度正在逐渐加强。在协同方式上，早期长三角各省市都着重以其自身利益为出发点制定相应的港口发展规划，对于不同省市港口规划之间的衔接考虑较少，现阶段政策对于港口间的战略联盟、产权投资、股权合作等较为关注，鼓励各港口集团采用交叉持股等方式强化合作，政策要点倾向于通过资本合作推动长三角港口一体化的发展，致力于提升长三角港口群的整体实力。长三角港口群在集疏运体系建设、江海河海联运方面一直在进行一体化探索，当前航运一体化建设逐渐从要素合作走向制度合作；制度合作主要体现在服务管理的一体化上，长三角口岸不断完善单一窗口建设，推进长三角单一窗口与交通、铁路、港口、航运等部门的长三角信息平台对接。

第四节 文献综述

一、港口区域研究

港口的发展与区域经济的关联密切,二者相辅相成、相互促进。港口区域研究主要涉及港口与区位研究、港口与腹地城市研究以及港口经济定量的研究等。

(一)港口与区位研究

1. 国外研究。1943 年,德国学者高兹(Kautz)发表《海港区位论》,开创了港口区位理论研究的先河。高兹应用韦伯工业区位论的思想和方法,把港口和腹地联系起来分析,以总体费用最小原则求出海港建设选址的最优区位,决定海港选址区位的有运输费用、劳动力费用和资本投入三个主要因素。到 20 世纪六七十年代,英国学者伯德(Bird)提出著名的"任意港"模型。该模型认为港口发展呈现三个主要阶段,"位置、拓展、专业化"是影响港口发展的关键要素。塔弗(Taaffe,1963)基于发展中国家海港体系的时序过程的研究,提出了海港发展六阶段模型,主要关注港口间的陆向联系。里默(Rimmer,1967)在研究澳大利亚港口的基础上,关注到港口分散与集中化现象,提出了枢纽港发展的五阶段模型。霍伊尔和平德尔(Hoyle & Pinder,1981)提出了六阶段港口发展模型,分析了自由港、自由贸易区、出口加工区的建设对区域发展的重要性,认为港口往往发展成为产业集聚点以及国家和地区经济发展的增长极点。赫思(Hayuth,1988)从海洋空间组织变化的角度,研究集装箱港口体系的发展。

2. 国内研究。随着现代港口功能的逐渐拓展,港口成为集客货运输、工业、金融、法律于一体的综合服务系统,港口成为港口城市的重要组成部分。伴随着港口经济活动的拓展,港口区位分析研究也成为港口地理学的研究热点。港口区位的选择直接体现在港口区位资源的配置能力,通常可以反映港口乃至其腹地区域的经济活力。

陈航（1984）认为港口腹地的经济发展情况对港口区位的形成与发展起着至关重要的作用，同时一定程度上影响着港口的兴衰。港口的发展可以为腹地带来较多的发展机会，而腹地的实力也会影响港口的吸引力，二者相辅相成。管楚度（2000）认为对于任何港口来讲，影响其区位形成与发展变化的因素包括三大类：自然因素、社会经济因素和科学技术因素。董洁霜、范炳全（2006）认为港口的地理位置和自然条件是港口区位形成和发展的基础，码头的水深条件、地形、回淤情况、气温、降水、风等水域条件会影响进出港的船型、通行运载量、运行周期等，一定程度上决定着港口能否扩大规模兴建发展。同时，科学技术的发展为港口发展提供了新的机遇，港口运输的集装箱化，机械设备的自动化、智能化，智慧港口的建设也都会影响港口的区位选择。

（二）港口与腹地城市研究

港口与腹地城市关联研究较多，本书主要涉及港城空间关系研究、港城经济关系研究等。

1. 国外研究。在港口与城市关系研究方面，波洛克（Pollock，1973）通过对比西方发达国家港口与非洲较为落后港口之间的差异，系统指出了港口发展对于城市经济的促进作用。英国学者摩根（Morgan，1978）在《港口与港湾》中，进一步明晰了港口学研究的概念，明确了同运输工具、运输货物一样，陆向腹地、海向腹地、运输空间都是港口研究的重要组成要素。

"建港兴城，港城相长"说明了港城之间和谐互动的机理所在，近年来逐步成为港口城市发展的重要方向之一。国外学者主要从港口对城市经济发展的影响和港城空间互动关系两个方面开展相关研究，为港口和城市经济快速发展提供了重要的参考依据。1981年，霍伊尔和平德尔从工业布局的角度阐述了港口物流对工业发展的影响，并且预测港口发展将成为城市经济发展新的增长点之一。后来，霍伊尔又在对东非海港进行研究的基础上，总结出了东非海港发展的六大阶段，指出了港口集装箱运输业务的发展会带动腹地经济的高速发展。戴维斯（Davis，1983）通过研究指出了港口随着城市经济的发展，其功能布局、发展规划等方面都会随之变动。

2. 国内研究。伴随着改革开放政策的实施，我国沿海港口城市的区位优势逐渐显现。吴松弟（2004）在研究中发现各区域之间的经济联系越来越倾向于港口城市，港口城市在发展国内外贸易方面具有明显的优势。郭建科等（2013）依照港口和城市在发展过程中表现出来的新特点，提出了现代海港城市"港—城空间系统"演化理论，指出了临港化发展程度影响了城市未来的发展方向，影响着港城空间系统的高级化、网络化程度。叶翀等（2021）以厦门港海铁联运带动腹地经济发展为例，通过 SOFM 神经网络对港口经济腹地进行划分研究，指出港口可以充分发挥海铁联运的优势，有效降低成本，提高竞争力。相关研究进一步表明，港口可以通过整合运输、人力等资源，提高城市产业集聚度，促进港城空间结构的优化。

港城发展历来水乳交融。李晶等（2007）运用变参数状态空间模型开展了腹地经济发展对港口吞吐量影响程度的动态研究，表明东北地区产业结构的调整对港口集装箱运输的发展影响深远。徐鑫（2008）利用统计数据和投入产出表，以珠三角港口群及其腹地为例，对两者之间的经济互动发展研究，发现水上运输业对城市经济发展的拉动作用高于其他各产业的平均水平。杨甜甜等（2021）通过建立 VAR 模型，分析环渤海港口群发展的相关数据，发现港口货物吞吐量的增加对腹地经济有着明显的促进作用。同样，腹地经济的发展正向带动着吞吐量的提升。总体而言，应重视港城之间的互动机理研究，推动打造港城融合发展。

21 世纪初期，国内学者陈再齐（2005）选取广州港作为研究对象，通过相关分析和回归分析等方法探寻广州港与广州城市经济发展的互动关系，系统研究港口对腹地城市经济的贡献。朱传耿等（2009）对连云港港口—淮海经济区进行灰色关联度分析，定量评价两者之间的关联程度，发现了港口与城市关联效应的动态变化总趋势不断强化，并且表现出一定的阶段性特征。李谭等（2012）通过对 2002～2009 年辽宁省港口物流与经济发展的协同度进行计算研究，发现各地级市的协同度明显高于省级层面的总体协同度，为港口物流发展应该考虑地区差异提供了一定的依据。沈兆楠等（2017）在国内已有相关文献基础上，将秦皇岛作为研究对象，通过建立 17 项研究指标，深入开展秦皇岛港口与城市经济系统耦合协调度的研究，发现两者整体耦合度呈现向上好转状态。蒋可意（2022）通过采集江苏省 2020 年重点区域港口物流发展和经济发展数据，运用熵权法和耦合协调模型进行分析，研究发现江苏省港口物流与区域经济发展整体处于高水平耦合阶段，但协调度需要进一步提升。

（三）港口经济定量研究

在港口经济的定量研究层面，多数学者的关注重点集中于港口经济发展与城市经济发展之间的相互关系。姜超雁等（2012）使用投入产出乘数模型估算了上海港对区域经济的贡献度。王越等（2020）运用灰色关联分析法，通过对港口货物吞吐量数据和城市各项经济指标进行关联度分析，发现了港口和城市经济发展密切相关，对经济发展的助推作用十分明显。王军等（2020）通过测算天津港等九个海港型国家级物流枢纽其港口与腹地的协调关系，搭建耦合协调度模型，探索港口腹地经济协同发展机制。王景敏（2022）从港口—腹地供应链高效运营的视角，运用系统论等相关理论，通过搭建概念模型对港口—腹地供应链的运营效率进行实证分析，发现规划控制力度、物流整合水平等条件对于供应链运营效率有着一定的正向影响。

港城之间的关系研究亦是国内学者的研究重点之一。郇恒飞等（2012）以连云港为例，通过构建港城协调发展的综合评价指标体系，科学分析了连云港港口与城市协调发展的模式演变。范厚明等（2015）建立港城复合系统协同度模型，深入分析了港城协同发展的必要性，并以上海等9个城市为研究对象开展实证研究，为港城协同发展理论的研究提供了新视角。赵亚洲等（2020）基于相对集中指数，对北部湾港口城市发展态势进行了分析。

随着中国经济发展和港口经济的快速增长，越来越多的学者开始重视对港口竞争力的测评，并将其视为提升港口竞争力的重要途径之一。赵冰（2008）搭建了BP神经网络模型，对港口竞争力进行系统分析和定量化的综合评价。安娜等（2009）通过将服务业中满意度的理念引入港口测评体系，利用结构方程的方法搭建了满意度测评体系，为提升港口竞争力提供了依据。陈辛（2011）运用主成分分析法和聚类分析法开展了对沿海港口竞争力评价的实证研究。总体来看，大多研究者通过搭建以港口竞争力为核心的指标体系，运用结构方程模型、主成分分析法等方法对港口竞争力进行测评。

二、港口演化研究

伴随着港口群的不断发展和港口规模的增加，港口间恶意竞争、功能定位重复等问题日趋严重。为合理优化配置港口资源，促进港口群协同发展，学者们对区域港口演化进行了大量研究。

（一）港口体系演化研究

港口体系是由不同类型、不同规模的港口在一定地域范围内的空间分布与组合。港口体系演化源于体系内不同港口相互作用以及外部环境的作用，港口体系演化具有阶段性和动态性的特征。目前对港口体系演化的研究主要集中于集装箱港口演化模型、港口体系的集散趋势、演变过程及演化机理等方面。

1. 对于集装箱港口，目前主要采用基尼系数、赫希曼－赫芬达尔指数、ArcGIS 空间自相关等方法，针对港口体系集散趋势及空间结构演化进行研究。程佳佳和王成金（2015）选取珠江三角洲的 31 个港口为样本，刻画了珠江三角洲集装箱运输的总体发展与集散趋势，分析了集装箱港口体系的演化过程，重点凝练演绎其演化模型，并揭示其动力机制。赵春芳和匡桂华（2016）采用耗散结构理论构建了区域集装箱港口群体系结构模型。王绍卜（2016）以我国沿海 34 个主要集装箱港口为研究对象，采用赫希曼－赫芬达尔指数、ArcGIS 空间自相关研究方法，研究了沿海港口体系的空间结构及其演化过程。阮蒂燕等（Nguyen Thi-yen et al.，2017）选取东盟地区为研究区域，通过对 1994～2014 年东盟集装箱港口演变规律和当前空间分布形态的探究，揭示了不同阶段集装箱港口体系的集散度变迁和各国港口之间的竞争趋势。蒋自然和曹有挥（2017）、郭政等（2018）均以长三角集装箱港口为研究对象，采用基尼系数分析了长三角集装箱港口体系的总体集散趋势和演化过程。何瑶（2019）运用位序－规模法则分析了中国沿海集装箱港口体系的演化过程，揭示了港口的外在区域特征。

2. 关于港口体系的空间布局演化过程及演化机理的研究，董晓菲和韩增林（2015）运用赫希曼－赫芬达尔指数和灰色关联度计算了辽宁港口体系 2000～2010 年的空间格局演化过程，并探究了港口体系时空演化的驱动机制。周巧琳（2017）、赵旭等（2018）均利用种群生态理论，建立种群增长演化模型来研究港口体系的空间布局演化过程。

（二）港城关系演化研究

1. 关于港口陆域演化规律的研究。宋向群等（2015）针对港城用地相互制约引起的港口陆域演化问题，利用 CA-Markov 模型定量分析和模拟预测了港口陆域的发展格局。刘俊舒（2016）建立了 CA-BPNN 港口陆域演化模型探究港口陆域时空演化规律。刘沛和穆东（2016）基于复杂系统演化理论，分析了港口陆路集疏运系统在基础设施投资政策下的演化机理和政策效果。李云华（2016）在分析陆港发展演化动因的基础上，运用集成场理论及系统演化的自组织理论对陆港演化机理进行分析，从功能、空间、经济等三维立体角度分析了中国陆港演化路径。

2. 关于港口腹地演化过程的研究。王杰等（2017）在 Huff 模型的基础上，结合地理信息系统（GIS）技术，分析了山东省沿海主要港口腹地格局的动态演化过程、特征及机制，指出自 2000 年以来，在区域内各港口腹地交相扩张的相互作用下，山东省沿海主要港口腹地格局经历了"北上—南下"的动态演化过程。金琳（2018）以泰国六大主要港口为例，深入剖析了港口经济腹地范围的时空演化特征及其形成机制。

3. 另有研究基于协同理论，对陆港与海港的协同演化规律进行分析。如杨扬和袁媛（2017）基于国际陆港与海港协同演化视角，以云南国际陆港与北部湾地区港口为例，运用演化博弈论的方法，对国际陆港与海港协同演化过程进行分析，提出协同演化模型，揭示国际陆港与海港演化规律。

（三）港口群系统演化研究

1. 根据系统动力学思想，对港口群演化过程进行分析。韩丹丹和陈家举（2016）基于系统动力学建立了港口供应链风险演化的模型，利用软件 Vensim 对其演化过程进行仿真，揭示了港口供应链风险的演化规律。李君（2018）以粤港澳大湾区下的三大港口（广州港、深圳港、香港港）为主要研究对象，建立了粤港澳湾区三大港口竞争的港城系统动力学模型，以观测粤港澳大湾区港口未来的演化趋势。韩震等（2019）采用演化博弈对港口危险品管理问题进行分析，构建了由政府、资源提供商和物流服务商三方组成的演化博弈模型，结合系统动力学仿真，探究不同参数变化下三个主体之间策略选择的演化过程。

2. 基于协同理论和自组织理论，构建港口群演化模型。袁旭梅等（2017）以京津冀港口群为例，构建了港口群自组织演化模型并进行仿真分析，归纳了港口群系统演化的五个阶段。王东磊（2019）在分析津冀港口群系统协同发展的内外动因的基础上，阐述了港口群系统自组织演化的三个阶段，建立了津冀港口群系统自组织演化模型和自组织与它组织复合演化模型，并进行了数值模拟和仿真分析。

3. 结合博弈论方法，建立演化博弈模型对港口群竞合策略进行研究。鲁渤和王辉坡（2017）建立了政府—港口演化博弈模型，提出了政府促进绿色港口建设的模式。赖成寿等（2018）运用竞合博弈和演化博弈理论，构造了港口竞合博弈双层规划模型，建立演化博弈模型，并对港口竞合演化路径进行仿真，探究了港口竞合行为策略选择的内在机理和长期演变规律。

4. 港口群演化的定量分析方式，多以赫希曼－赫芬达尔指数、位序－规模法则、基尼系数或者结合两个或多个指数分析为主。陈春芳等（2016）、董岗和陈心怡（2017）应用了赫希曼－赫芬达尔指数（HHI）对长三角港口群的演变过程及演变趋势进行定量分析。陈园月和郭建科（2017）、宋向群等（2018）、魏群易（2018）均运用了位序－规模法则对港口群规模发展特征和演化规律进行研究。

综上可知，目前学者们对港口演化的研究已取得比较丰硕的成果，尤其是对集装箱港口体系的演变过程和规律的研究较为丰富，但不同区域港口群的发展演化有其独特的发展环境和背景，而目前研究大多集中于大型港口和发达地区的港口群。因此，其适用性具有一定的局限性。

三、港口治理研究

自 1989 年世界银行在讨论非洲发展问题时，在报告《撒哈拉以南非洲：从危机到可持续增长》中首次提出"治理危机"。"治理"一词很快在社会科学领域流行开来。港口资源属于非再生资源，且具有一定的外部性，20 世纪 80 年代以来，在政府管理去中心化、中央权力下放、规制放松、私有化的背景下，港口治理成为中外对港口管理模式发展和港口改革实践的有效分析工具。特别是在我国改革开放之后，港口管理体制经过几次重大变革，呈现港口管理行政权力下放的趋势，学术界关注港口治理模式的改变与港口绩效的提升的关联机制，研究港口治理的主体和治理结构。本书主要从以下三个方面进行文献阐述。

（一）治理理论研究

治理理论的概念比较广泛，不同学者对此概念的理解也不一样。1995 年全球治理委员会在《我们的全球伙伴关系》的研究报告中对治理作出了如下界定：治理是各种公共的或私人的个人和机构管理其共同事务的诸多方式的总和。它是使相互冲突的或不同的利益得以调和并且采取联合行动的持续过程。这既包括有权迫使人们服从的正式制度和规则，也包括各种人们同意或以为符合其利益的非正式的制度安排。治理理论的主要创始人之一詹姆斯·罗西瑙（2001）在其代表作《没有政府的治理》中明确指出：治理与政府统治不是同义语，它们之间有重大区别。他将治理定义为一系列活动领域里的管理机制，它们虽未得到正式授权，却能有效发挥作用。与政府统治相比，治理的内涵更加丰富。它既包括政府机制，也包括非正式的、非政府的机制。将治理理论率先引入我国的学者俞可平（2002）认为"治理"一词的基本含义是指官方的或民间的公共管理组织在一个既定的范围内运用公共权威维持秩序，满足公众的需要。治理的目的是在各种不同的制度关系中运用权力去引导、控制和规范公民的各种活动，以最大限度地增进公共利益。所以，治理是一种公共管理活动和公共管理过程，它包括必要的公共权威、管理规则、治理机制和治理方式。当前研究理论主要关注治理主体、治理结构、治理模式、治理绩效等方向。

（二）港口治理理论研究

国内外学术界关于港口治理的研究兴起于 21 世纪初，以分析港口治理主体和治理结构为主的港口治理模式和港口治理绩效是研究的热点，郑士源（2016）认为现有研究重点聚焦在两大问题上：一是港口是由中央政府还是地方政府管理；二是港口的各项职能由政府提供还是私人企业提供。

国外学者关于港口治理模式的研究一方面专注于不同港口治理模式的功能架构。港口治理研究领域中知名专家布鲁克斯（Brooks）与合作学者从功能划分视角将港口相关功能分为规制者功能、拥有者功能和经营者功能，不同的港口治理模式下港口功能的归属者不同；从组织要素与发展导向视角认为港口治理模式的实质是组织环境、战略、结构的组合，可分为效率导向型和效益导向型；从港口行政管理权力的纵向配置视角将港口治理模式分为中央集权式和地方分权式两种。世界银行从公私关系视角基于港口所有权和经营权的分属，将港口治理模式划分为四种类型：公共服务港口模式、工具港模式、地主港模式、私营港口模式。费拉里（Ferrari，2015）等根据欧洲港口治理实践的发展，将世界银行提出的地主港模式进一步细分为中央集权性质的拉丁模式和地方分权的汉莎模式。另一方面集中于港口治理模式与港口效率的关系。刘（Liu，1995）、诺特伯姆（Notteboom，2000）认为不同港口治理模式与港口效率没有明显关联，科洛·米兰（Colo-Millan，2000）得出集权化的港口治理模式有助于港口效率的提高，巴罗斯（Barros，2003）、佟宗和吴恒（2005）则提出相反看法，佟宗（2001）、卡利南（Cullinane，2002）、特鲁希略（Trujillo，2003）、特纳（Turner，2004）、王文耀和诺克斯（Wang & Knox，2011）的研究表明民营化占主体的港口治理模式更能提高港口效率。

国内研究多集中于国外典型港口治理模式对比研究、我国港口行政体制改革历程、港口治理模式发展等。高惠君和孙峻岩（2002）对日本、新加坡、德国等水运发达国家的港口管理体制模式进行了比较，并联系我国港口发展实际，分析了我国应如何借鉴国外经验推进本国港口管理体制改革。丁永健（2012）从港口的经济性质出发，探讨了港口治理机制所涉及的基本内容，影响港口治理机制选择的因素。他分析了国外港口治理的三种典型模式：公共码头经营者模式、公共法人主导的地主港模式、私营模式；以及国内港口治理的两种典型模式：企业主导开发模式和政企协同模式等。刘遵峰（2014）基于社会学分析的过程多层次视角，通过建立转型期港口资源优化配置效应分析框架，重点从资源配置、治理结构、制度环境三个层面进行探讨，从港口治理结构演变的角度考察了转型期中国港口资源配置效率偏低的原因，认为转型期港口资源配置效率低的主要根源就是"利益冲突"。马建章（2015）认为我国现行港口行政管理体制仍是一种"分级管理"的体制。章强和王学锋（2015）对改革开放以来我国港口行政管理体制改革进行了回溯性研究，"政企分开、职能转变、权力下放"是我国港口改革的成果。姜宝和李剑（2015）提出在我国港口发展与改革进程中各地方港口形成了各自的管理模式，其本质的差异性突出反映在港口公司的治理结构上。章强、马彦勇和王学锋（2016）依据经典治理理论，认为政府港口管理部门、港口经营企业、港口社会组织构成了港口多元治理主体，提出我国港口治理应注重提升港口多元治理主体间的协作能力，完成从强势模式到稳定模式的转变。郑士源（2017）以委托代理理论和方法为基础，对中国港口的多层级治理模式的构建和实施政策进行了深入的研究。章强和殷明（2018）认为港口治理空间的扩大化、治理主体的多元化、治理行为的协同化、治理目标的统一化、治理绩效的共享化共同构成了区域港口一体化的具体内涵。

（三）港口治理实践研究

港口治理实践主要体现在学者对国内外港口、港口群或者港口公司治理实践的研究。汪德荣（2010）研究广西北部湾经济区港口产业集群的培育、发展和政府治理，讨论分析北部湾经济区港口产业集群与政府治理之间的关系。孙珍洪（2011）通过重点介绍地主港模式的内涵、运行形式和有代表性的实例，阐述了在南通港口建设应用地主港模式的必要性和可行性，并提出相关建议。禹良昊、金万红、金相九（2012）分析了韩国近年来施行的港湾公社制度、分析现状和存在问题，介绍韩国主要港口城市和港口区域的"港口治理制度"与"港湾公社制度"的施行。李广芹和李剑（2014）基于2012年我国港口上市公司的数据，以港口管理模式的效果为研究对象，针对我国港口上市公司治理结构对港口绩效的影响进行理论分析和实证研究。吴瑟致（2014）认为政府政策、政府权力等在港口群区域治理中发挥了主要作用。姜宝和李剑（2015）选取我国港口上市公司相关数据，实证分析治理结构对港口绩效的影响，以探讨我国港口企业管理模式的现实选择取向及其经营效果。探究地主港模式在我国的适用性，最后提出我国港口上市公司管理模式的优化建议。张澍宁（2015）提出在港口转型升级研究中，政府应在宏观和微观政策下共同发挥影响力，宏观上强调政府统筹全局、合理利用和有序开发。微观层面，强调市场在资源配置中发挥主导作用。马建章（2015）认为提高现代港口竞争力就必须进行管理体制改革和管理创新，针对性地提出六大策略以深化河北省港口管理体制改革，提升港口群区域竞争力。刘雅奇（2015）运用港口治理理论，以虎口港为研究对象，透过港口治理角度考察虎口港发展有待解决的问题，从港口治理主体系统、港口治理方式、港口治理体系、港口治理能力四个方面提出发展策略。佟继英（2016）认为京津冀的港口群治理也侧重于传统改革主义的范式，以政府间合作为主。田贵良和许长新（2017）通过分析江苏沿海港口资源发展现状及趋势，提出沿海港口的"县级"治理主体层级偏低不适应转型发展需求。刘怡然（2018）以秦皇岛市港口转型面临的现状为切入点，运用文献研究法、调查法和定性分析法，分析了秦皇岛市在港口转型中政府职能缺失的问题和原因，并从三个角度提出了对策建议。王启凤、钟坚、汪行东（2020）提出粤港澳大湾区的港口治理仍处于起步阶段，并未形成较为系统全面的治理策略体系，湾区港口间存在着激烈竞争且缺乏有效的协调机制，并提出发展策略以完善湾区港口群的治理。王列辉、苏晗、张圣（2021）以汉堡和上海两个重要港口城市的建设历史为研究对象，从产业转型和空间治理出发，通过解析城市发展问题和应对策略，总结城市发展经验。王丹等（2022）在分析对比国内外港口群一体化治理模式的基础上，提出长三角港口群一体化治理应在充分尊重现实的基础上开拓创新，按照"三结合"的指导思想，根据规划、投资、运营、服务、管理一体化的要求，着力实现"四统一"的目标。

四、港口竞合理论

随着经济全球化的发展和港口业务范围的不断拓展，港口之间的关系也逐渐由单纯的竞争或合作转变为"竞合""双赢"的多元化关系模式，港口之间为竞争而合作、以合作求竞争是未来港口关系发展的新趋势。近年来，港口竞合成为学者们进行港口领域研究的热点问题，主要研究成果归纳如下。

（一）港口竞合的必要性研究

港口竞合指在一定时期内不同港口之间竞争与合作关系并存，既追求港口自身竞争力的提升，又强调港口间进行合作以实现资源优势互补，从而增强整体港口系统的竞争实力。目前学者们多是根据我国相关发展战略规划，结合港口群实例，在分析港口竞争与合作现状的基础上，论证港口竞合的必要性和可行性。如佟继英（2016）研究了在京津冀协同发展战略背景下，港口群竞合发展的必要性。陈佳（2016）运用竞合理论与博弈论，对泸州港与宜宾港的发展及竞争现状进行分析，得出泸州港与宜宾港竞合发展的必要性。王彩娜（2016）从经济学和现实条件的角度对津冀两省港口进行竞合发展的必要性进行了阐述，并基于现实性、需求性等方面进行了可行性的研究。滑娜（2016）运用博弈论对港口竞争、合作、竞合行为进行分析，指出竞合是港口群的发展趋势。王景敏（2017）在概述钦州港、防城港、湛江港、海口港等北部湾主要港口情况的基础上，对"一带一路"倡议下北部湾港口群竞合发展的必要性和北部湾港口群竞合参与"一带一路"建设的优势进行了分析。

（二）港口竞合关系研究

目前，业界对港口竞合关系的研究主要集中于竞合现状、类型及其影响因素方面。关于竞合关系的现状及类型研究，如吴瑟致（2016）以长三角港口群为研究对象，认为其竞合关系表现为"传统改革主义—政府主导下的竞合关系"。李珊珊（2017）提出港口竞合分为横向竞合与纵向竞合两种类型，其中，横向竞合最直接的体现是港口对交叉腹地竞争关系，纵向竞合主要表现为港口之间的货物喂给和货物集散关系。关于港口竞合的影响因素研究，毕一力（2015）界定了港口竞合的主要研究因素为经济腹地和货类货源。滑娜（2016）指出促使港口采取竞合策略的主要动机有财务动机、营销动机、运营动机、经济动机、战略动机。蔡书文（2018）从港口供给因素、需求因素以及竞争力影响因素三个方面对港口群内竞合关系影响因素进行分析，将港口群内竞合关系的影响因素分为主观因素和客观因素两大类，其中主观因素包括港口服务价格、服务水平、投资规模和功能定位，客观因素包括港口地理位置、自然条件、腹地经济。

（三）港口竞合的研究方法

1. 根据博弈论思想进行港口竞合策略的研究。在港口竞合关系的研究中，博弈论是目前应用最广泛的一种方法。目前学者们多是在介绍港口竞争及发展现状的基础上，运用博弈论思想，采用斯塔科尔伯格（Stackelberg）模型、伯特兰德（Bertrand）模型、豪泰林（Hotelling）模型等构建港口竞合博弈模型，而后根据博弈结果，提出相应的竞合发展策略。毕一力（2015）运用斯塔科尔伯格博弈模型，以竞合博弈为主要方式，构建模型验证了山东半岛三大港口竞合的必要性，选择了港口的竞合方向，并根据问题提出竞合的具体策略。周利蓥等（2017）在港口区域竞争模型的基础上，通过对青岛港、日照港和连云港港口三港之间的竞争关系描述，建立同一区域内三港口竞合模型，运用伯特兰德博弈模型研究三港口之间最优的定价策略。陈宁等（2018）采用伯特兰德博弈方法构建了港口集装箱海铁联运竞合模型，运用纳什均衡算法进行求解，在此基础上对 Z 港和 F 港的海铁联运竞合策略进行了实证分析。蔡书文（2018）以港口群为研究对象，运用豪泰林博弈模型构建了港口群内竞合关系博弈模型，并从演化博弈的视角对港口群竞合关系的长期演化规律进行深入的研究。吕靖等（2020）以港航企业和4PL 集成商组成的港口供应链为研究对象，分别建立集中和分散决策下的竞合与协调模型，以分析集成商对港口供应链运作效率与绿色化的改善程度对各成员决策以及供应链利益的影响。

2. 应用生态位和种群生态理论进行港口竞合关系的研究。高素英等（2016）、滑娜（2016）运用生态位理论构建了京津冀港口群竞合关系判断框架，对港口间的生态位重叠值进行了测评。陈健威（2016）在利用物元模型对广州港各港区进行可持续竞争力评价的基础上，利用种群生态理论对各港区的竞合策略进行了分析和演化仿真，研究了各港区及广州港在不同竞合策略下的演化发展。陈丽玲等（2018）借鉴自然界生态种群竞争合作关系，对 Lotka-Volterra 模型进行了改进，提出了适合分析多港口多货种的 Lotka-Volterra 模型，分析了福建省4个港口不同货种的竞合关系。

3. 基于社会网络分析法进行港口竞合网络的研究。贾红雨等（2012）基于社会网络分析对港口规模进行合理分类，并以此制定了港口竞合关系发展战略。李珊珊等（2017）引入了可拓学中的基元理论，运用社会网络分析方法，构建了基于基元的区域港口群竞合网络模型，运用 Ward 聚类、网络密度分析、网络中心性分析及结构洞分析等方法，研究了区域港口群竞合网络的结构特征及社会属性特征。

4. 运用耦合度模型、复合系统法、灰色综合关联理论与距离协同模型、数据包络分析法（DEA）等方法开展港口协同度的研究。吉姆和马克（Jim & Mark，2010）利用极效率 DEA 模型对7个发达国家和15个发展中国家的集装箱港口数据展开港口运营效率的比较分析。高立娜（2011）构建一个包含投入层、过程层、产出层在内的港口群耦合性评价体系，并应用共生模型证明了港口耦合发展的必要性，将信息熵的概念、粗糙集算法与耦合理论相结合计算出山东半岛港口群的耦合度，提出促进耦合系统发展的对策与建议。李海东等（2014）结合 TOPSIS 思想和灰色关联理论对距离协同模型进行改进，构建了新的区域协同发展程度评价方法，并以皖江城市带为例进行了实证研究。刘超和陈祺弘（2016）构建了由贡献指数、耦合度函数构成的港口群交互耦合协调度评价模型，以山东半岛港口群为例，结合变异系数法和熵权法确定权重，以耦合协同理论模型测算山东半岛港口群协同度。黄昶生和王丽（2018）应用灰色综合关联理论与距离协同模型平均区域的协同发展的方法对山东半岛区域港口的发展度、协同度、综合发展协同度进行了评价和分析。周杏和杨家其（2020）基于耦合理论构建港口群耦合协调评价指标体系，通过对长江中游港口群的耦合协调模型进行实例检验，证实该评价模型推广应用至其他港口群的有效性。刘芳余等（2021）把效率和协同结合起来，利用 DEA 对长三角的 11 个港口进行效率评价，并构建耦合协同度模型。郭晓玲（2021）通过构建复合系统协同度模型测量环渤海港口群协同发展程度。

综上可知，目前学者们对港口竞合的研究成果较为丰富，但仍存在以下不足：一是对港口间竞合关系变化的长期动态规律研究较少；二是基于完全理性、充分信息、有限参与者假设的博弈方法，难以刻画出港口相互学习、模仿、竞合策略行为选择的过程，对解释港口间合作机制具有一定局限性。

五、服务供应链理论

随着服务经济的快速发展，服务业的产值在 GDP 中的比重值不断上升，全球经济服务化的趋势越发突出，为服务供应链的产生与发展奠定了坚实的基础。目前国内外学者关于服务供应链的研究主要集中于服务供应链的内涵、概念模型以及协同管理等方面。

（一）关于服务供应链的内涵

目前国内外学者进行了诸多研究，但并未形成统一的定义，主要可概括为三类：一是基于产品服务化视角，认为服务供应链主要是传统供应链中与服务相关联的环节和活动。德克·德·瓦特和史蒂夫·克伦佩尔（Dirk de Waart & Steve Kremper，2004）提出服务供应链是为了支持企业产品的售后服务而涉及的供求关系，如物料的计划、移动与修理的全部过程和活动。阿美尼亚（Aminia，2005）认为维修服务比制造供应链复杂，探析了维修服务供应链的价值和设计有效的逆向物流的重要性。二是基于服务传递过程视角，认为服务供应链是指服务产品从供应商到客户整个传递过程中所涉及的服务以及各个成员企业之间形成的网络结构。埃拉姆（Ellram，2004）认为服务供应链涵盖了从始端的供应商到末端的客户这整个过程中所涉及的专业服务，如服务信息、服务流程、服务能力、服务绩效和资金管理等。邵万清（2013）认为服务供应链是指服务集成商通过对服务供应链中的成员企业的能力流、资金流、信息流等进行控制来实现服务增值的网络链状结构。三是基于供应链视角，认为服务供应链主要是将供应链管理的思想在服务行业中的应用。刘伟华（2007）分析了服务供应链与产品供应链在供需内容、发展模式、牛鞭效应、核心企业等多个方面的相似点和不同点。杨再静（2009）认为服务供应链是供应链思想在服务领域的应用，其延续了现代供应链管理中以客户为中心的理念，强调用服务拉动整条供应链的管理和运作，将服务供应链按物流、旅游、餐饮、医疗等不同的行业特征划分了不同的服务供应链；邵万清（2013）指出服务供应链虽属于供应链的范畴，但在组织结构、管理目标、运营模式、系统稳定性等方面与产品供应链具有一定的区别。

（二）关于服务供应链的模型

学者们根据其概念构建了不同的模型，如埃拉姆（2004）通过对 Hewlett-Packard（惠普）供应链模型和供应链运作参考模型（SCOR）进行比较，基于能力管理、需求管理、供应商关系、服务传递、客户关系、现金流动等构建了服务供应链的模型。德克和史蒂夫（2004）通过对完成产品服务的过程，如服务供应链的计划、资源分配、配送以及回收、分解、修理恢复等管理活动进行描述，提出了服务供应链模型。巴尔塔乔格鲁等（Baltacioglu et al.，2007）通过增加订单流程管理、服务表现管理和管理要素等，在供应链运作参考模型和埃拉姆构建的模型基础上提出了 IUE SSCM（软件配置管理模型）。德米尔坎和郑（Demirkan & Cheng，2008）探讨了服务供应链协调策略的绩效问题，搭建了一个由 ASP（应用服务提供商）和一个 AIP（应用设施提供商）组成的服务供应链应用模型。单泪源和吴宇婷（2011）在 Ellram 模型和 IUE-SSCM 模型的基础上，增加服务质量链管理、顾客双元性和内部服务供应要素，构造了涵盖服务供应链的结构及其拓展模型的管理要素两部分内容的服务供应链拓展模型。

（三）关于服务供应链的协同方面

目前的研究主要以港口、物流、旅游等具体的服务行业为研究对象，聚焦于对服务供应链的服务能力协调以及协调方法等，其中协调方法主要以契约协调、激励机制、利润分配机制、信息共享协调等为主。

1. 在服务能力协调方面。安德森等（Anderson et al.，2000）认为服务供应链中虽然也存在牛鞭效应，但它是通过服务能力而不是借助库存来解决订单堆积问题。刘伟华（2007）和崔爱平（2008）主要基于服务能力的互补与合作探究了服务供应链的协调问题。在服务供应链的契约协调方面，田宇（2005）基于物流服务供应链的结构模型，针对第三方物流提供者和分包商的有效合作问题，构建了一个三阶段物流服务数量折扣与回购分包合同模型。斯宾勒等（Spinler et al.，2006）、崔爱平和刘伟（2009）等引入期权契约，针对服务集成商与分包商物流能力的订购与投资决策问题设计协调机制。桂云苗等（2012）设计了一种补偿契约机制，实现对供应能力不确定条件下的物流服务供应链的系统协调。登克塔什·萨卡尔（Denktas-Sakar，2012）通过收益补偿契约对港口国际物流服务供应链进行协调研究。杨波峰（2018）分析了港口服务供应链中收益共享契约的参数设定。林贵华等（2019）将收益共享与成本共担两种契约相结合分析了港口服务供应链的协调关系。崔安迪（2020）以辽宁省港口为研究对象，基于供应链理论，运用收益共享契约方法，构建了双层规划模型，探讨了国际物流服务供应链的契约协调。

2. 在服务供应链的激励机制方面。樊琦（2008）采用收益分享理论针对物流服务供应链中的激励问题进行研究，提出基于收益最佳配置的变权激励模型及变权激励策略。李新明等（Li et al.，2011）分析了免费试用策略在服务供应链中的激励问题，同时指出成本分担策略对决策绩效的改善。克里斯多夫等（Christopher et al.，2016）通过对供应链上的利益相关者进行契约激励，探讨了国际物流服务供应链的协调问题。卢安华和杨东华（2018）认为设定和调整收益共享系数可以促进供应链的稳定，提高供应链的经济效益。倪蒋军（2018）指出收益共享契约能够对港口服务供应链产生良性协调作用。

3. 在服务供应链的利润分配方面。朱敏茹（2008）指出利用公平熵可以有效地进行利润分配，还能用来有效测量利润分配的公平性。刘伟华（2010）构建以物流服务集成商为主导的 Stackdberg 博弈模型，并在收益共享契约机制中引入了公平熵函数来进行利润的公平分配。杨丛璐（2017）、陈炜和吴宇（2019）为了更合理地分配港口供应链的利润，运用改进的 Shapley 值法对港口服务供应链的利润进行分配。朱夏雨（2019）在建立港口服务供应链博弈模型的基础上，将 Shapley 值法与 AHP 法相结合，提出了新的港口服务供应链利润分配方案。

4. 在服务供应链的信息共享协调方面。瓦特等（Vaart et al.，2008）针对港口服务供应链的信息协调问题，构建了特定的集成能力测试体系，促进了集装箱业务的信息共享和供应链的协调。赵泉午等（2008）针对在不对称信息条件下的物流服务供应链的质量协调问题，探讨了关于 TPL 成本存在信息不对称时的供应链协调机制。白世贞（2010）基于对称信息条件下的质量监督与协调模型，建立不对称信息条件下的贝叶斯—纳什均衡模型，并对模型进行运算求得均衡解。高洁等（2012）对信息集成模式下的港口服务供应链运行效果进行研究，构建了协调企业间业务衔接的协作机制。

第五节　研究意义

一、理论意义

一是对港口已有研究的必要拓展。本书基于港口整合效率评价的视角，针对长三角港口协同水平进行研究，充分利用协同理论、资源整合理论、供应链管理、博弈论、竞争力和社会网络等理论方法，从港口间区域协调和港口供应链微观协调机制两个方面开展研究，提供了一个推进港口一体化高质量发展的研究思路和框架，丰富了对港口群协调研究的方法和视角。以协同理论和资源整合理论等为指导，理论研究和案例研究相结合，定性和定量分析相结合，进一步推动该研究的学科交叉和方法创新。要解决港口协同发展中存在的诸多问题，形成高度一体化的港口群，为长三角港口的高质量发展提供基础性、战略性支撑，就要积极整合港口资源，优化资源配置，完善协调港口功能，充分发挥港口优势。因此，本书研究不仅具有深刻的现实意义，而且具有战略意义。

二是应对港口发展新形势的必然选择。2018 年 11 月 5 日，长江三角洲区域一体化发展上升为国家战略，为新时代的长三角区域一体化发展按下了"快进键"。有关推动长三角区域一体化高质量发展的问题引起了政府的高度重视和社会的广泛讨论，浙江、江苏、安徽、上海三省一市多次召开专门会议，积极酝酿出台相关政策以推动长三角区域一体化高质量发展。同时，长三角区域承载"一带一路"倡议、长江经济带、上海国际航运中心等多项国家战略任务。这为长三角港口群发展带来了新的发展机遇，也提出了新的更高要求。此外，国际上，新加坡不断提高集装箱吞吐量形成资源集聚效应，对上海国际航运中心建设发出了强有力的挑战。在此背景下，长三角港口群的协同发展研究亟须加快进程。

三是推动长三角区域一体化的重要支撑。长三角交通一体化是推动长三角区域一体化的重要抓手，港口作为交通强国战略中的资源配置的重要枢纽，是国际贸易交流和区域物流协作的重要连接点，实现区域港口间全方位的互联互通有利于促进区域一体化发展。长三角港口群是我国面向世界最重要的门户，长三角港口群涵盖产业和区域双重转型的特征。以上海为中心的长三角地区作为"海上丝绸之路"的核心，处于我国长江战略的核心位置，港口群和其腹地之间的经济影响十分突出，2019 年 12 月 1 日，中共中央、国务院正式发布的《长江三角洲区域一体化发展规划纲要》中明确提出要加强沿海沿江港口江海联运合作与联动发展，鼓励各港口集团采用交叉持股等方式强化合作，推动长三角港口的协同发展。

由于受到行政区划的制约，目前长三角各港口间仍存在层次关系和功能定位重叠、盲目性竞争较为激烈、港口资源浪费等问题，港口间协同发展策略的提出尤为重要。推动长三角区域港口间在业务、资本、基础设施等方面的充分合作，不仅关乎资源的优化配置和整合，而且对长三角区域一体化发挥着重要作用，成为区域一体化的重要内容和抓手。

二、实践意义

一是有利于化解港口同质化竞争。港口行政管理权下放地方政府之后，各省市政府纷纷出台促进本省市港口发展的港口战略规划文件，大力发展港口以促进本省市经济发展。致使港口投资过度、港口群岸线重复建设、因港口功能相似而造成的港口间结构性冲突和恶性竞争时有发生，特别是港口大都着力发展集装箱，造成港口同质化现象明显，不利于港口群资源的合理配置，容易引起港口吞吐能力的空置和投资资金的回报率下降。因此，本书通过港口群协同发展的研究，进行港口内外部资源的合理规划与协调，具有重要的现实意义。

二是提升港口群整体竞争力。在"一带一路"倡议、长三角一体化和长江经济带发展等国家战略背景下，长三角港口群处于多个战略叠加区，正迎来协同发展的重要机遇，同时给长三角港口一体化带来了新挑战、新使命、新任务。需要系统性地考虑长三角港口群如何代表国家，更好地参与全球合作竞争，提升港口群竞争力的问题。研究长三角港口群的协同发展是推动长江流域梯度开发、促进区域经济和谐发展的重要举措。若实现港口群内外共同协同发展，将形成航运整体优势，辐射长江流域、面向全世界，充分发挥出长三角区域的优势。本书研究对于避免港口间重复建设和恶性竞争，优化港口布局，集约利用港口资源，促进港口群良性、协调发展具有重要意义，可有效提升港口群的内在协作水平，增强长三角港口群整体竞争力。

三是为港口建设决策提供积极参考。本书针对长三角港口协同现状进行研究，构建长三角港口协同发展的评价指标体系和评价模型，并从高质量发展的角度提出建设性的对策和建议，可以有效地指导长三角港口群的资源整合，并为我国其他沿海港口群资源整合提供一定的参考和借鉴。长三角港口群的协同发展研究，也是对多重国家战略的积极回应，具有较强的实践意义和可操作性。

第二章

长三角港口群协同发展现状

第一节 长三角港口基本情况

一、上海港

上海港地处长江经济带与沿海经济带交汇点，具有内外双向辐射的优势，是我国国际物流的重要枢纽。上海港在国际航运中心建设的契机下迅猛发展，目前上海港的区域范围包括市辖长江口南岸、黄浦江两岸和杭州湾北岸，崇明岛、长兴岛、横沙岛沿岸，洋山深水港区，以及上海内河港区；共有内河航道210条，通航里程2 086.3千米，内河运力80多万吨，其中有8条干线航道通外省市。2017年底洋山深水港区四期工程开港试运行，成为目前全球最大的集装箱自动化码头。

港口所在地上海市进出口的物资有60%～70%通过港口运输。上海港每年完成的货物吞吐量中的一半为上海市以外的经济腹地物资中转，经上海港中转货物的腹地省市包括苏、浙、皖、赣、湘、鄂、川7个省（市）。（1）公路方面，上海港各主要作业区都与市内道路衔接，并经204、312、318、320四条国道连通全国公路网。上海高速公路网全面覆盖本市郊区及主要开发区、工业园区和航空港、深水港。上海与苏、浙两省衔接的高速公路已增加到8条，共48条车道。（2）铁路方面，京沪高速铁路的投入使用将我国长江三角洲与渤海两大经济区连接得更为紧密。华东地区已形成了京沪、京九、沪昆、陇海四大干线区段，诸多铁路支线密布于上海、安徽、江苏、浙江等地。（3）航空方面，上海是闻名世界的国际空港，市区有虹桥和浦东2个国际机场，国内航线遍及全国主要城市，国际航线上与美国、加拿大、日本、法国、意大利等国家的主要城市有固定航班。（4）航道方面，上海市共有内河航道210条，通航里程达2 086.3千米，拥有80余万吨内河运力，其中通往外省市的干线航道8条，主要有苏申外港线、平申线、苏州河、温藻浜、长湖申线等。①

上海港与美国、加拿大、德国、荷兰、西班牙、意大利、比利时、日本、韩国、新加坡等200多个国家或地区的500多个港口有贸易运输往来，已吸引国内外70多家船公司加盟国际集装箱班轮航班的营运。2019年，每月运行集装箱航班超过3 000班，航运网络遍及世界200多个国家和地区的500多个港口。国际航区主要涵盖西北欧线、地中海线、美西/东线、东南亚线、日本线、波斯湾线、南美线、非洲线、澳洲线、韩国线、远东线。上海港先后与美国的西雅图、新奥尔良，日本的大阪、横滨，比利时的安特卫普等港口结成了友好港。2017年，上海港共靠泊邮轮512艘次，邮轮旅客吞吐量297.29万人次，成为全球第四大邮轮母港。② 货类方面，货类主要包括集装箱、煤炭、金属矿石、石油及其制品、钢材、矿建材料、机械设备等。2016～2020年，上海港货物吞吐量具体如表2－1所示。

表2－1 2016～2020年上海港货物吞吐量情况

年份	货物吞吐量（万吨）	集装箱吞吐量（万标准箱）
2016	70 176.6	3 713.3
2017	75 050.8	4 023.3
2018	73 047.9	4 021.0
2019	72 031.3	4 330.3
2020	71 669.9	4 350.3

资料来源：2017～2021年《中国港口年鉴》。

---

① 上海市交通行业发展报告（2021）［R］. 上海市交通港航发展研究中心，2021.
② 《上海国际航运中心建设三年行动计划（2018—2020）》。

二、江苏省主要港口

江苏省是港口大省，港口资源丰富，江海河湖兼备，拥有 10 个沿江沿海港口和 13 个内河港口，其港口数量、货物吞吐量、亿吨大港数、万吨级以上泊位数等多项指标均居国内首位。目前港口已基本形成以苏州港、连云港港、南京港、太仓港、镇江港、南通港为主要港口，扬州港、无锡港、江阴港、泰州港、常州港、盐城港等为地区性重要港口，其他港口为补充的分层次港口发展格局。

2020 年，江苏省拥有 5 684 个港口泊位数，泊位长度为 480 368 米，全省港口完成货物吞吐量 29.7 亿吨，集装箱吞吐量 1 895.1 万标准箱。其中，苏州港作为上海国际航运中心的重要组成部分，承担着长三角区域大宗散货中转运输服务，其 2020 年货物吞吐量超 5 亿吨；南通港、镇江港、无锡港、泰州港等港口的货物吞吐量超 3 亿吨。

（一）苏州港

苏州港位于长江下游的南岸河段，西起长山（张家港与江阴交界处），东至浏河口南（太仓与上海交界处），东南紧邻上海，西南为经济发达的苏、锡、常地区。由原中国国家一类开放口岸张家港、常熟港和太仓港三港合一组建成的新兴港口。苏州港是上海国际航运中心集装箱枢纽港的重要组成部分，是江苏省最重要的集装箱干线港之一，是长江三角洲对外开放的重要依托，是长江中上游地区和西部大开发的重要平台。经济腹地方面，直接腹地为苏州地区及长江中上游地区，间接腹地为长江流域的六省一市。集疏运体系方面，公路有沪宁高速公路、沿江高速公路、苏嘉杭高速公路、沿江高等级公路、312 国道、204 国道构成苏州港快捷通畅的公路疏运通道。沪宁铁路、沪通铁路构成了苏州港快捷通畅的铁路疏运通道。太仓港疏港铁路自沪通铁路一期太仓港站上海端引出东行，在浪港南侧设港前浮桥站，铁路向北经沪通铁路一期、宁启线、新长线沟通陇海铁路，向南经沪通铁路一期连接上海铁路枢纽联络京沪线、沪杭线，并通过沪宁线与全国铁路网相通。货物种类包含煤炭、金属矿石、石油及其制品、钢材、矿建材料、水泥、木材、非金矿、化学肥料及农药、盐、粮食、化工原料等。2016～2020 年，苏州港货物吞吐量具体如表 2-2 所示。

表 2-2　　　　　　　2016～2020 年苏州港货物吞吐量情况

年份	货物吞吐量（万吨）	集装箱吞吐量（万标准箱）
2016	57 936.6	547.92
2017	60 455.9	587.5
2018	53 266.9	635.5
2019	52 274.7	626.7
2020	55 408.0	629.0

资料来源：2017～2021 年《中国港口年鉴》。

（二）南京港

南京港是我国华东地区及长江流域地区江海换装、水陆中转、货物集散和对外开放的多功能的江海型港口，航道水深 5～10 米，岸线约 44 千米，其中深水岸线约 14 千米。经济腹地方面，直接腹地是南京市和江苏省及长江中上游沿江省份；间接腹地为重庆市、四川省和湖南省等地区。集疏运体系方面，铁路已形成"一环两跨八线，客贸分线"格局，并开设多条国内外航线，以及鲁宁、甬沪宁输油管道的管道运输。货物种类包含石油、煤炭、金属矿石、钢铁、非金属矿石。2016～2020 年，南京港货物吞吐量具体如表 2-3 所示。

表 2-3　　　　　　　2016～2020 年南京港货物吞吐量情况

年份	货物吞吐量（万吨）	集装箱吞吐量（万标准箱）
2016	22 800	308
2017	24 215	317
2018	25 411	321
2019	26 566	331
2020	25 112	302

资料来源：2017～2021 年《中国港口年鉴》。

（三）连云港港

连云港港地处中国沿海中部的海州湾西南岸、江苏省的东北端，新亚欧大陆桥东桥头堡和新丝绸之路东端起点。连云港港主港区由马腰港区、庙岭港区、墟沟港区、旗台港区组成，是江苏省最大海港、长三角港口群三大主体港区之一。港域岸线总长 40.6 千米，预留及其他岸线 8.6 千米。经济腹地主要为连云港市和江苏省东北部地区，并已辐射到河南、陕西、甘肃、青海、宁夏等省（区）。集疏运体系方面，公路分为南、东、北三条疏港专用通道，开辟了广州、上海、沈阳等地航线，并开设国外航线 44 条，杂货班轮航线 9 条。货物种类包含能源和原材料以及煤炭、集装箱、石油、散杂货和化工品等。2016～2020 年，连云港港货物吞吐量具体如表 2－4 所示。

表 2－4 　　　　　　　　2016～2020 年连云港港货物吞吐量情况

年份	货物吞吐量（万吨）	集装箱吞吐量（万标准箱）
2016	22 134.9	470.3
2017	22 840.5	471.0
2018	23 560.3	474.0
2019	24 432.0	478.0
2020	25 169.0	480.3

资料来源：2017～2021 年《中国港口年鉴》。

（四）南通港

南通港位于长江下游北岸，东濒黄海南临长江，是长江下游处于苏中、苏北地区的大型港，是上海国际航运中心组合港的主要成员。主要分为南通港区、狼山港区和通海港区，港口前沿水深 4～10.8 米，新港前沿水深 3.5 米。港口沿长江上溯至南京 253.7 千米；下行至吴淞口 96.3 千米，长江入海口 195.5 千米。泊位长度为 18 399 米。经济腹地方面，直接腹地为南通市和苏中部分地区；间接腹地为江苏省和长江中上游的安徽、江西、湖北等省（市）。集疏运体系方面，陆路与国 204、宁通、通盐、通启和 G15、G40 高速公路连接。南通兴东国际机场距港区仅 20 千米，目前已开辟了至北京、广州、深圳、大连、厦门、南京等地的定期航班。可联系苏、皖、赣、鄂、湘、川 6 省内河，通过港口引河与通扬、通吕运河等苏北水系和京杭大运河贯通。宁启铁路于 2019 年全线建成通车，港区铁路全线开通运营在即。海、陆、空立体交通运输的新体系已经形成。航道方面，南通主要航道联线总共为 98.8 千米，最大通航船舶在 3 万吨级，一般吃水不超过 10.5 米。货物种类包含煤炭、金属矿石、矿建材料、石油等。2016 ~ 2020 年，南通港货物吞吐量具体如表 2 - 5 所示。

表 2 - 5　　　　　　　　　**2016 ~ 2020 年南通港货物吞吐量情况**

年份	货物吞吐量（万吨）	集装箱吞吐量（万标准箱）
2016	22 613.8	82.7
2017	23 572.0	100.7
2018	26 702.1	96.8
2019	33 639.3	154.2
2020	31 003.3	191.1

资料来源：2017 ~ 2021 年《中国港口年鉴》。

（五）太仓港

太仓港地处长江和沿海开放交汇处，拥有 38.8 千米长江岸线，其中可建万吨级以上泊位的优良深水岸线 25.7 千米。码头长度为 10 570 米。经济腹地方面，直接腹地为苏州地区，同时辐射至上海、浙江一带。集疏运体系方面，依托直达码头的苏昆太高速、太仓港疏港高速、锡太一级公路、338 省道、339 省道、新港公路，与沿江高速、沪宁高速、苏嘉杭高速、沿海高速、204 国道、312 国道相连，构成辐射长三角地区密布的高等级公路网。航线航班方面，截至 2018 年，太仓港已开通集装箱航线 200 条（班），其中外贸直达航线 25 条（班），外贸内支线 40 条（班）。货物种类包含铁矿石、煤炭、肉类、水果、粮食等。2016 ~ 2020 年，太仓港货物吞吐量具体如表 2 - 6 所示。

表 2-6　　　　　　　　　　2016~2020 年太仓港货物吞吐量情况

年份	货物吞吐量（万吨）	集装箱吞吐量（万标准箱）
2016	23 204	408.1
2017	25 000	451.0
2018	22 900	507.1
2019	21 600	515.2
2020	21 606	521.2

资料来源：2017~2021 年《中国港口年鉴》。

（六）镇江港

镇江港位于长江和京杭大运河十字交汇处，是长江三角洲重要的江海河、铁公水联运综合性对外开放港口。泊位长度为 22 622.7 米。经济腹地方面，直接腹地为镇江市及江苏省京杭大运河沿岸的常州、扬州、泰州、淮安、盐城（西部）地区；间接腹地的范围则包括淮河流域以及长江沿岸各省和铁路通达的苏皖赣地区、西南川黔地区。集疏运体系方面，水运有长江和京杭大运河，公路干线密布，有润扬长江大桥、沪宁高速公路，港前道路由中线、东线接入 218 省道、贯穿 312 省道和沪宁高速。镇江港后面有铁路经过，镇大铁路贯通沪宁铁路和大港港区。航道方面，主要航道有长江航道、京杭大运河航道。货物种类包含铁矿石、煤炭、集装箱、元明粉、硫磺、化肥、木薯干等。2016~2020 年，镇江港货物吞吐量具体如表 2-7 所示。

表 2-7　　　　　　　　　　2016~2020 年镇江港货物吞吐量情况

年份	货物吞吐量（万吨）	集装箱吞吐量（万标准箱）
2016	13 136.9	37.3
2017	14 203.0	40.5
2018	15 331.0	43.2
2019	34 009.3	41.5
2020	35 064.0	37.3

资料来源：2017~2021 年《中国港口年鉴》。

（七）无锡港

无锡港地处长江三角洲腹地和沿海经济开发带与长江经济发展带的交汇处，位于苏、锡、常都市圈中间。无锡港主要承担无锡市及周边地区经济建设所需各类物资中转、储存、流通服务，主要作为上海港衔接转运港。其泊位长度为 79 900 米，口岸岸线长 519 米，有 12 000 平方米的硬面化场地。无锡港主要经济腹地为宜兴、武进、漂阳、金坛等 30 个邻近市县。集疏运体系方面，港区面依京杭大运河，东临运河东路，与沪宁高速公路及 312 国道相通。航道方面，从无锡到上海的航道由京杭大运河与苏申外（内）港线组成，已达到四级航道的水平，桥梁净空均在 5.5 米以上。货物种类包含金属矿石、矿建材料、煤炭、天然气及制品、钢材、化工材料等。2016 ~ 2020年，无锡港货物吞吐量具体如表 2 - 8 所示。

表 2 - 8 　　　　　　　2016 ~ 2020 年无锡港货物吞吐量情况

年份	货物吞吐量（万吨）	集装箱吞吐量（万标准箱）
2016	18 815.1	50.22
2017	21 300.0	57.09
2018	23 240.1	61.55
2019	29 500.0	58.61
2020	31 599.5	55.72

资料来源：2017 ~ 2021 年《中国港口年鉴》。

（八）江阴港

江阴港位于江苏省最大海湾——兴化湾北岸中部。江阴港岸线长达 8.37千米，码头长度 14 341 米，港区水域宽达 9 ~ 15 千米，10 米以上深水区域宽度达 1 ~ 3 千米，最大天然水深达 19 米，可满足 20 万吨级以上大型船舶的靠泊和调头需要。该港由五个港区组成，分别是石庄港区、利港港区、申夏港区、黄天港港区、长衫港区。经济腹地方面，直接腹地为苏州、无锡、常州三市及所属各市；间接腹地为上海市部分县市、浙江省杭嘉湖等经济发达地区。集疏运体系方面，江阴港位于长江 A、B 级航段分界处，水域范围上界为江阴水道南岸桃花港与北岸靖江界河口连线，下界为南岸的大河港与北岸十五螃蜞港连线，全长 35 千米。货物种类包含石油产品、液体化工产品、煤炭、粮食、矿石、废钢等。2016~2020 年，江阴港货物吞吐量具体如表 2-9 所示。

表 2-9　　　　　　　　　2016~2020 年江阴港货物吞吐量情况

年份	货物吞吐量（万吨）	集装箱吞吐量（万标准箱）
2016	13 197. 3	47. 65
2017	15 970. 5	54. 07
2018	17 600. 0	57. 39
2019	23 128. 5	53. 93
2020	25 600. 0	50. 61

资料来源：2017~2021 年《中国港口年鉴》。

（九）泰州港

泰州港位于苏北沿江的中部，是长江下游北岸的海、江、河换装良港。主要分为三个港区，分别是杨湾港区、高港港区、永安港区。泊位长度为 21 489 米。经济腹地方面，直接腹地为泰州市，交叉腹地为苏中、苏北广大地区和苏南部分市县，中转腹地为长江中上游的皖、赣、湘、鄂、川等。集疏运体系方面，通扬线、姜东线、姜十线、兴东线等干线航道在此交汇，京沪高速公路、宁通高速公路、宁靖盐高速公路、宁启铁路贯穿全市，新长铁路、江阴长江公路大桥连接南北，公、铁、水路。货物种类包含煤炭、石油、金属矿石、钢铁、矿建材料、木材、粮食等。2016~2020 年，泰州港货物吞吐量具体如表 2-10 所示。

表 2-10　　　　　　　　2016~2020 年泰州港货物吞吐量情况

年份	货物吞吐量（万吨）	集装箱吞吐量（万标准箱）
2016	17 000. 1	25. 32
2017	19 222. 1	30. 03
2018	24 509. 1	35. 60
2019	28 200. 0	35. 08
2020	30 111. 0	31. 93

资料来源：2017~2021 年《中国港口年鉴》。

（十）扬州港

扬州港位于长江下游北岸，江苏省中部的扬州市境内，地处京杭大运河与长江中北岸交汇处。泊位长度为 27 378 米。经济腹地方面，直接腹地辖邗江区、广陵区、江都区 3 个市辖区，高邮市、仪征市两个县级市，宝应县 1 个县；间接腹地辐射苏、鲁、皖、川、鄂、赣、沪等省（市），通达世界十多个国家和地区。扬州港分为扬州港区、仪征港区和江都港区三个港区，共规划港口岸线 42.59 千米，其中深水岸线 38.74 千米，目前已开发利用岸线 34.24 千米。集疏运体系方面，公路有京沪高速、宁通高速、国道 238、沿江高速、省道 332 等，分别通往南京、盐城、泰州、镇江等周边地区，其中，润扬大桥已成为长江南北两岸直接沟通的重要纽带。铁路可通过宁启线与沪宁线和新长线相连，经京杭大运河、通扬河、芒稻河等航道与长江三角洲内河水网相连。货物种类包含能源、原材料和通用散杂货。2016～2020 年，扬州港货物吞吐量具体如表 2－11 所示。

表 2－11　　　　　　　2016～2020 年扬州港货物吞吐量情况

年份	货物吞吐量（万吨）	集装箱吞吐量（万标准箱）
2016	12 159	51.0
2017	13 223	51.0
2018	14 132	50.8
2019	13 917	52.3
2020	14 400	52.7

资料来源：2017～2021 年《中国港口年鉴》。

（十一）徐州港

徐州港位于江苏省徐州市、京杭大运河苏北徐州段，江苏西北部、沿东陇海线产业带西部，分为万寨港区、邳州港区、双楼港区、孟家沟港区和顺堤河作业区五个港区。泊位长度为 19 820 米。经济腹地方面，直接腹地为山东、河南、山西、陕西、内蒙古西部地区；间接腹地辐射到苏鲁豫皖经济区。货物种类包含煤炭、原材料、矿粉、钢材、集装箱等。2016～2020 年，徐州港货物吞吐量具体如表 2－12 所示。

表 2 - 12　　　　　　　　　2016～2020 年徐州港货物吞吐量情况

年份	货物吞吐量（万吨）	集装箱吞吐量（万标准箱）
2016	9 122.04	0
2017	7 419.58	1.50
2018	3 139.64	3.15
2019	4 011.47	6.07
2020	4 390.92	10.55

资料来源：2017～2021 年《中国港口年鉴》。

三、浙江省主要港口

浙江省拥有 6 486.24 千米的海岸线，为全国最长海岸线，具备良好的国际国内支线衔接条件。目前浙江省已形成了以宁波舟山港为中心主体，浙南温州港和台州港、浙北嘉兴港等为"两翼"骨干，联动开发义乌国际陆港及其他有关内河港口的"一体两翼多联"港口发展格局。

2020 年，浙江沿海万吨级以上泊位数为 263 个，内河 500 吨级以上泊位数为 780 个，全省内河通航里程 9 765.7 千米，完成港口货物吞吐量 18.5 亿吨，集装箱吞吐量 3 327 万标准箱。其中，宁波舟山港是我国发展最迅速的综合性港口，同时也是全球罕见的深水良港。2020 年宁波舟山港货物吞吐量高达 11.7 亿吨，已连续 12 年居世界第一位，集装箱吞吐量达到 2 872.2 万标准箱，位居全球第三位。

（一）宁波舟山港

宁波舟山港位于浙江省东北海岸，划分为宁波港域和舟山港域。2006 年 1 月 1 日，原宁波港和舟山港正式合并。宁波舟山港位于我国东南沿海，背靠长江经济带与东部沿海经济带"工"型交汇的长江三角洲地区。主港域北起杭州湾东部的花鸟山，南至石浦港。全港已形成"一港、二域、十九区"的港口总体布局。

宁波港城位于我国海岸线中部，浙江省宁波市境内，北接杭州湾东临舟山群岛。地理位置优越，自然条件得天独厚，交通便捷。向外直接面向东亚及整个环太平洋地区，海上距中国香港、韩国釜山、日本大阪、神户均在1000海里之内；向内不仅可连接沿海各港口，而且通过江海联运联通长江、京杭大运河，直接覆盖整个华东地区及经济发达的长江流域，是中国沿海向世界各国港口远洋运输辐射的理想集散地。

舟山港域位于浙江省舟山群岛，地处太平洋西北岸中部，东亚航运网络中心地带，是中国沿海南北航线与长江"黄金水道"交汇的咽喉要冲，背靠经济发达的长江三角洲，又是沪、浙沿岸与长江流域通海之门户，与日本、韩国、东南亚各国的港口形成等距离的海运网络。进港航道水深在18.2米以上，可开发的深水岸线达120千米以上。

经济腹地方面，直接腹地为宁波市和浙江省，随着杭宣铁路（杭州—宣城）的建设和浙赣铁路运输能力的提高，可扩大至安徽、江西和湖南等省；间接腹地为长江中下游的湖北、安徽等省市的部分地区。集疏运体系方面，公路主要是宁镇公路，并且宁波、镇海、北仑三个港区均有专用铁路通入，宁波市建有栎社国际机场，其他还有管道运输、皮带机运输等方式。航道方面，主要有北航道、南航道和杭州湾航道。货物种类包含矿建材料、石油及天然气制品、煤炭、金属矿石等。2016～2020年，宁波舟山港货物吞吐量具体如表2-13所示。

表2-13　　　　　2016～2020年宁波舟山港货物吞吐量情况

年份	货物吞吐量（万吨）	集装箱吞吐量（万标准箱）
2016	92 200	2 156
2017	101 000	2 461
2018	108 400	2 635
2019	112 000	2 754
2020	117 240	2 872

资料来源：2017～2021年《中国港口年鉴》。

（二）台州港

台州港位于浙江省中部沿海，主要有健跳港区、海门港区、黄岩港区、临海港区、温岭港区和大麦屿港区等港区。港内航道水深均在13米以上。已建港和规划建港用地岸线长96.23千米，具备开发港口的有利条件的深水岸线为30.75千米。经济腹地方面，直接腹地以台州市为主，依托长三角经济圈、温台产业带，逐步扩大至浙南、赣东和闽北等部分地区。集疏运体系方面，公路以甬台温高速、台缙高速为主体的公路网。铁路甬台温铁路贯穿台州全境。空运包括开辟有北京、广州、上海等国内大中城市的 16 条航线。货物种类包含煤炭、矿建、钢铁、水泥、石油、裸装进口废旧金属等。2016～2020 年，台州港货物吞吐量具体如表 2 - 14 所示。

表 2 - 14　　　　　　2016～2020 年台州港货物吞吐量情况

年份	货物吞吐量（万吨）	集装箱吞吐量（万标准箱）
2016	6 770.0	16.01
2017	7 056.6	21.28
2018	7 167.2	24.41
2019	4 901.1	42.82
2020	5 090.9	50.30

资料来源：2017～2021 年《中国港口年鉴》。

（三）温州港

温州港地处浙江南部、东南沿海海岸线中部，港口岸线总长 189 千米，其中深水岸线 67 千米。经济腹地方面，直接腹地包括温州市域所辖六县二市三区；间接腹地主要包括闽北沿海地区和赣东地区。集疏运体系方面，公路有甬台温高速公路、金丽温高速公路、国道 104 线等。铁路有金温铁路、浙赣铁路及相关支线，还包括以液化天然气管道为主的管道运输，和为临港工业服务的皮带机运输。主要干线航道包括瓯江、飞云江、鳌江及温瑞塘河 4 条。货物种类包含煤炭、金属矿石、钢铁、矿建材料等。2016～2020 年，温州港货物吞吐量具体如表 2 - 15 所示。

表 2 - 15　　　　　　2016～2020 年温州港货物吞吐量情况

年份	货物吞吐量（万吨）	集装箱吞吐量（万标准箱）
2016	8 406.08	55.92
2017	8 925.00	60.09
2018	8 238.94	67.40
2019	7 540.82	80.25
2020	7 401.48	101.10

资料来源：2017～2021 年《中国港口年鉴》。

（四）湖州港

湖州港位于江浙皖三省交会和长江三角洲 14 个城市的中心位置，是交通运输部批准的全国首个内河水运转型发展示范区。集疏运体系方面，湖州市水路有京杭大运河、长湖申线、杭湖锡线等主干航道在此相交，高速公路形成"三纵"（杭长扬、杭宁、杭湖苏）、"两横"（申苏浙皖、申嘉湖）的网络，铁路主要有宣杭铁路、新长铁路等。货物种类包含矿建材料、水泥熟料、非金属矿石、煤炭、成品油、钢铁等。2016～2020 年，湖州港货物吞吐量具体如表 2 - 16 所示。

表 2 - 16　　　　　　　**2016～2020 年湖州港货物吞吐量情况**

年份	货物吞吐量（万吨）	集装箱吞吐量（万标准箱）
2016	8 664.1	20.62
2017	10 540.4	35.36
2018	10 486.0	47.85
2019	11 621.0	52.67
2020	12 215.0	55.80

资料来源：2017～2021 年《中国港口年鉴》。

（五）嘉兴港

嘉兴港位于长三角南翼，是杭州湾北岸唯一的出海港口。水深 5～12 米。岸线方面，自然岸线长约 74.1 千米，可供建设生产性码头岸线约 26.5 千米（其中深水岸线约 23 千米、非深水岸线约 3.5 千米）。经济腹地方面，直接腹地为杭州、嘉兴、湖州三市；间接腹地为苏南、皖南等部分地区。集疏运体系方面，公路垂直港口岸线的主要有 07 省道、杭州湾跨海大桥及其北岸连接线等，而平行港口岸线的主要有 320 国道、沪杭高速公路和杭浦高速公路等。铁路主要有乍嘉湖铁路。主要航道有杭州湾南航道和宁波—乍浦航道。货物种类包含水泥、煤炭、矿建材料、非金属矿石、化工原料、金属矿石等。2016～2020 年，嘉兴港货物吞吐量具体如表 2 - 17 所示。

表 2 – 17   2016 ~ 2020 年嘉兴港货物吞吐量情况

年份	货物吞吐量（万吨）	集装箱吞吐量（万标准箱）
2016	6 816.6	134.2
2017	8 828.8	144.2
2018	9 689.8	172.3
2019	10 900.0	186.5
2020	11 700.0	195.6

资料来源：2017 ~ 2021 年《中国港口年鉴》。

（六）嘉兴内河港

嘉兴内河港位于嘉兴市南湖区七星镇，距嘉兴市中心 8 千米，紧邻 320 国道，处在乍嘉苏高速公路、沪杭高速公路、湖嘉申高速公路所构成的环形高速交通网之中心。码头沿杭申线南侧顺岸而建，船舶可由此东达上海，西至湖州，北上苏州、无锡、常州通长江，南下杭州、金华、宁波、绍兴，交通便捷。泊位长度为 62 700 米。经济腹地方面，主要腹地为嘉兴港区，嘉兴市外向型经济占全市经济总量超过 60%，其主要进出口企业多处于本港区 50 千米半径范围内。航道方面，杭申线定位为内河集装箱运输主干道之一。杭申线目前航道等级为四级，实际已具备 1 000 吨级船舶通航能力。从本港区出发，沿着杭申线、黄浦江可到达外高桥港区，共计距离 144 千米，船运时间 12 小时；沿着杭申线、黄浦江、大芦线，可到达芦潮港，共计距离 128 千米，船运时间 11 小时。货物种类包含水泥、煤炭、矿建材料、石油天然气及其制品、非金属矿石、化工原料、金属矿石等。2016 ~ 2020 年，嘉兴内河港货物吞吐量具体如表 2 – 18 所示。

表 2 – 18   2016 ~ 2020 年嘉兴内河港货物吞吐量情况

年份	货物吞吐量（万吨）	集装箱吞吐量（万标准箱）
2016	8 423	13.67
2017	9 432	18.84
2018	10 696	20.39
2019	11 428	27.23
2020	13 111	30.93

资料来源：2017 ~ 2021 年《中国港口年鉴》。

（七）杭州港

杭州港位于浙江省杭州市，杭州是我国华东地区重要的交通枢纽，长三角地区重要的航空客运中心，是长江三角洲重要的中心城市和中国东南部的重要的交通枢纽。杭州港包括钱江港区、运河港区、萧山港区、余杭港区等9个港区，泊位长度为24 845米。经济腹地方面，辐射范围包括省内的嘉兴、湖州、绍兴、宁波、温州等主要城市和省外的上海、江苏、安徽、山东、长江沿岸主要省市及广东、福建、海南等沿海港口。货物种类包含矿建材料、钢材、煤炭、水泥、石油制品等。2016～2020年，杭州港货物吞吐量具体如表2－19所示。

表2－19　　　　　　　　**2016～2020年杭州港货物吞吐量情况**

年份	货物吞吐量（万吨）	集装箱吞吐量（万标准箱）
2016	7 279	1.68
2017	10 714	5.14
2018	11 812	6.07
2019	13 881	7.50
2020	15 414	9.98

资料来源：2017～2021年《中国港口年鉴》。

（八）绍兴港

绍兴港地处绍兴市越城区东湖镇，浙东大运河为航段的天然深水河段，连通绍兴乃至长三角发达内河水系。紧靠绍兴市区南北交通要道越东路，距萧甬铁路绍兴货运东站5千米，杭甬高速8千米，绍诸高速2千米，沪昆高速15千米，104国道北复线1千米，329国道3千米。泊位长度为7 202米。经济腹地方面，辐射范围包括省内的杭州、宁波、嘉兴、湖州等主要的城市和省外的上海、江苏等地区，直接腹地包括绍兴市区及所辖三（市）二（县），总面积8 256平方千米，其中城区面积950平方千米；间接腹地包括省内的嘉兴、杭州、湖州、宁波等地区。货物种类包含矿建材料、水泥、非金属矿石、钢材、煤炭等。2016～2020年，绍兴港货物吞吐量具体如表2－20所示。

表 2 – 20   2016 ~ 2020 年绍兴港货物吞吐量情况

年份	货物吞吐量（万吨）	集装箱吞吐量（万标准箱）
2016	1 931.7	0.51
2017	1 938.4	0.81
2018	2 032.8	2.46
2019	2 264.8	7.10
2020	2 437.0	9.93

资料来源：2017 ~ 2021 年《中国港口年鉴》。

四、安徽省主要港口

安徽省位于我国中东部，是长江中下游襟江沿海的内陆省份，拥有淮河、长江和新安江三大流域，水网稠密，水运条件优越。安徽港口目前已形成层次清晰的港口布局，其中芜湖港、马鞍山港、安庆港、合肥港、蚌埠港为主要港口，铜陵港、池州港、淮南港、阜阳港、亳州港、滁州港、六安港为地区性重要港口，宿州港、淮北港、宣城港、黄山港为一般港口。

2020 年，安徽省拥有 831 个生产用港口泊位数，万吨级及以上的泊位数为 16 个，泊位长度为 69 003 米，内河航道总里程为 6 628 千米（含 5 777 千米的通航里程）；全省港口完成货物吞吐量 54 095 万吨，集装箱吞吐量 194.4 万标准箱，其中芜湖港、马鞍山港和池州港的货物吞吐量均超 1 亿吨，芜湖港的集装箱吞吐量占全省集装箱吞吐量的比重高达 57%。

（一）合肥港

合肥港是全国内河主要港口，地处长江、淮河之间，襟江拥湖。境南淝河、派河、店埠河、丰河、兆河等河流密布其间，为发展水运提供了良好的自然条件，同时合肥港也是全国 28 个内河主要港口之一，主要分为新港作业区、大兴港作业区、撮镇港作业区、上派港作业区四个港区，并开通了通往芜湖、南京、太仓及上海等多条航线。合肥作为安徽的省会城市，积极实施"通江达海"战略。2016 ~ 2020 年，合肥港货物吞吐量具体如表 2 – 21 所示。

表 2 - 21　　　　　　2016～2020 年合肥港货物吞吐量情况

年份	货物吞吐量（万吨）	集装箱吞吐量（万标准箱）
2016	2 811. 3	20. 12
2017	3 545. 4	26. 41
2018	4 786. 5	29. 03
2019	5 292. 0	38. 63
2020	3 612. 0	37. 10

资料来源：2017～2021 年《中国港口年鉴》。

（二）芜湖港

芜湖港位于安徽省东南部，长江三角洲的西北角，滨江通海，距上海 455 多千米，距杭州湾仅 290 多千米。地处青弋江、运漕河与长江汇合处，芜湖港经济腹地延伸到皖东西腹部，又有江北的无为、含山、巢湖等地区为依托。集疏运体系方面，公路有裕合线、宁芜线、芜屯线等公路辐射至本省各市、县及邻省，铁路有宁安高铁、宁铜线、皖赣线和宣杭线经过，港域航道，江面宽度一般在 400～500 米，陆域具有良好的锚泊、航行条件，常年可通航 5 000 吨级船舶。并开通了芜湖—日本神户集装箱班轮航线，芜湖—日本货运班轮航线。货物种类包含水泥、煤炭、金属矿、钢铁、化工品、成品油、集装箱、商品汽车等。2016～2020 年，芜湖港货物吞吐量具体如表 2 - 22 所示。

表 2 - 22　　　　　　2016～2020 年芜湖港货物吞吐量情况

年份	货物吞吐量（万吨）	集装箱吞吐量（万标准箱）
2016	13 101. 2	60. 21
2017	12 805. 9	70. 40
2018	12 016. 0	80. 31
2019	12 778. 0	100. 63
2020	13 537. 0	110. 00

资料来源：2017～2021 年《中国港口年鉴》。

（三）马鞍山港

马鞍山港位于长江下游南岸的马鞍山市，地处安徽省中部东端，与江苏省交界，是"皖江"的东大门。上毗芜湖，下邻南京，水路东距上海 440 千米，逆江而上至重庆 1 959 千米。港辖区上起和县的西梁山，下至乌江的驻马河口，全长 41 千米。港辖区自采石矶翠螺山至慈湖和尚港，全长 15.7 千米。马鞍山港务管理局已占用岸线长 2.3 千米。港区陆域面积 165 万平方米，水域面积 2 044 万平方米。马鞍山港包括郑蒲港区、乌江港区、慈湖港区、中心港区、人头矶港区、太平府港区、江心洲港区。经济腹地主要包括马鞍山市及其邻近地区。货物种类包含金属、非金属矿、钢材等。2016 ~ 2020 年，马鞍山港货物吞吐量具体如表 2 – 23 所示。

表 2 – 23 　　　　　　2016 ~ 2020 年马鞍山港货物吞吐量情况

年份	货物吞吐量（万吨）	集装箱吞吐量（万标准箱）
2016	10 571.3	22.3
2017	11 013.7	25.2
2018	10 354.5	18.0
2019	10 093.0	15.4
2020	10 226.0	19.4

资料来源：2017 ~ 2021 年《中国港口年鉴》。

（四）安庆港

安庆港位于安徽省安庆市，地处长江中下游，八百里皖江的源头，临江近海。安庆港由中心港区、宿松港区、望江港区三大港区组成，辖区岸线总长 247 千米，其中港区上起皖河口下至前江口，全长 22.5 千米。码头长度为 6 553 米。经济腹地方面，直接腹地为皖西、豫东南、鄂东等地区，间接腹地为长江中上游地区。航道方面，安庆港辖区内航道具有建设 5 000 ~ 10 000 吨级江海轮深水泊位的岸线条件。航道枯水期为 5 米，中洪水期为 6 米，洪水期为 7.5 米，可通行万吨轮。货物种类包含粮食、木材、化工产品、水泥建材、轻工产品等。2016 ~ 2020 年，安庆港货物吞吐量具体如表 2 – 24 所示。

表 2 - 24　　　　　　　　2016～2020 年安庆港货物吞吐量情况

年份	货物吞吐量（万吨）	集装箱吞吐量（万标准箱）
2016	2 277.6	5.8
2017	2 401.3	8.3
2018	2 982.7	12.1
2019	2 511.0	15.0
2020	2 066.0	16.5

资料来源：2017～2021 年《中国港口年鉴》。

（五）铜陵港

铜陵港位于铜陵长江大桥下游 1.5 千米处。自然岸线长 11.9 千米，码头长度 7 934 米。经济腹地方面，直接腹地是铜陵地区及安徽省的青阳、繁昌、枞阳和庐江等县，随着铜陵长江公路大桥的建成，经济腹地的范围扩大到皖中、皖北部分地区；间接腹地有湖北、贵州的部分地区。集疏运体系方面，港区公路可达省内各市县，外通华东、华南等地区的大中城市，铜陵长江大桥联通江淮、苏北与皖南经济腹地。宁铜铁路、铜九铁路直达港口，具有通江达海、干支互通，为港口的集疏运创造了良好的条件。货物种类包含硫砂、黄砂、水泥、生铁、电解铜、熔渣、纺织品等及进口磷矿、煤炭、铁矿、铜精砂等。2016～2020 年，铜陵港货物吞吐量具体如表 2 - 25 所示。

表 2 - 25　　　　　　　　2016～2020 年铜陵港货物吞吐量情况

年份	货物吞吐量（万吨）	集装箱吞吐量（万标准箱）
2016	11 003.6	4.25
2017	11 094.6	4.40
2018	10 007.9	2.68
2019	9 621.0	3.30
2020	8 430.0	3.30

资料来源：2017～2021 年《中国港口年鉴》。

（六）蚌埠港

蚌埠港位于淮河中游蚌埠市辖区内，蚌埠市与淮南、淮北、宿州、亳州、滁州以及江苏省的淮安交界，处于东部沿海省市经济向中、西部地区发展的过渡地带，由中心、怀远、五河、固镇四个港区组成，共有水、陆域面积77.85万平方米，泊位长度为2 828米。航道方面，蚌埠辖区境内分布淮河、茨淮新河、涡河、浍河、怀洪新河等通航河流，长年通航总里程454千米，约占安徽省的1/10。淮河主航道蚌埠段全长142千米三级航道。货物种类包含砂石、水泥、钢材、化工原料及制品、煤炭、石油、粮食和农副产品等。2016～2020年，蚌埠港货物吞吐量具体如表2–26所示。

表2–26　　　　　　　　2016～2020年蚌埠港货物吞吐量情况

年份	货物吞吐量（万吨）	集装箱吞吐量（万标准箱）
2016	769.2	1.1
2017	372.5	2.1
2018	894.0	2.2
2019	1 626.0	4.5
2020	1 731.0	5.3

资料来源：2017～2021年《中国港口年鉴》。

（七）池州港

池州港地处安徽省境内的池州市贵池区北郊，位于长江南岸的秋浦江入江口处，南依皖南山区，北连江淮平原，沿江分布有池州港新港区、江口港区、牛头山港区三个大型港区和香口、东流、大渡口、乌沙、梅龙五个小型港区，钱江口、吉阳矶为规划港区。内河有江口、童埠、殷汇、杏花村、尧渡等港区。泊位长度为9 206.8米。经济腹地方面，包括池州地区的贵池区、东至县、石台县、青阳县、安庆市和黄山市的一部分。航道方面，池州市依江近海，水网发达，长江流经池州市158千米，岸线长162千米，长江池州段水流平稳，岸坡稳定，常年通航5 000吨级船舶，属国家一级航道。货物种类包含水泥、非金属矿石、煤炭、金属矿石、矿建材料等。2016～2020年，池州港货物吞吐量具体如表2–27所示。

表 2-27　　　　　　　　2016~2020 年池州港货物吞吐量情况

年份	货物吞吐量（万吨）	集装箱吞吐量（万标准箱）
2016	4 548.2	0.97
2017	4 782.6	1.54
2018	6 723.3	1.72
2019	9 751.0	1.81
2020	10 139.0	1.70

资料来源：2017~2021 年《中国港口年鉴》。

第二节　长三角港口协同发展现状

一、长三角港口群国家战略设计

长三角港口群在国家政策导向和市场发展的驱动下，积极推进了区域内外的港口合作，逐步实现了一体化发展，促进了港口协同发展水平的持续提升。相关战略规划如下：

2014 年 9 月，《国务院关于依托黄金水道推动长江经济带发展的指导意见》指出，促进港口合理布局，加强分工合作，推进专业化、规模化和现代化建设，大力发展现代航运服务业。加快上海国际航运中心、武汉长江中游航运中心、重庆长江上游航运中心和南京区域性航运物流中心建设。提升上海港、宁波—舟山港、江苏沿江港口功能，加快芜湖、马鞍山、安庆等港口建设，完善集装箱、大宗散货、汽车滚装及江海中转运输系统。

2015 年 3 月，国家发展改革委、外交部、商务部联合发布的《推动共建丝绸之路经济带和 21 世纪海上丝绸之路的愿景与行动》中提到海上以重点港口为节点，共同建设通畅安全高效的运输大通道。推动口岸基础设施建设，畅通陆水联运通道，推进港口合作建设，增加海上航线和班次，加强海上物流信息化合作。加快推进中国（上海）自由贸易试验区建设。加强上海、天津、宁波—舟山、广州等沿海城市港口建设，强化上海、广州等国际枢纽机场功能。

2018 年 10 月，国务院办公厅印发的《国务院办公厅关于印发推进运输结构调整三年行动计划（2018—2020 年）的通知》中提出了到 2020 年，全国货物运输结构明显优化，铁路、水路承担的大宗货物运输量显著提高，港口铁路集疏运量和集装箱多式联运量大幅增长，重点区域运输结构调整取得突破性进展，将京津冀及周边地区打造成为全国运输结构调整示范区。与 2017 年相比，全国水路货运量增加 5 亿吨、同比增长 7.5%；沿海港口大宗货物公路运输量减少 4.4 亿吨。全国多式联运货运量年均增长 20%，重点港口集装箱铁水联运量年均增长 10% 以上。重点区域范围为京津冀及周边地区包括北京、天津、河北、河南、山东、山西、辽宁、内蒙古 8 省（市、自治区），长三角地区包括上海、江苏、浙江、安徽 4 省（市），汾渭平原包括山西、河南、陕西 3 省。

2018 年 12 月，交通运输部、上海市、江苏省、浙江省、安徽省人民政府联合印发的《关于协同推进长三角港航一体化发展六大行动方案》，确定了六大行动 13 项主要任务。上海将在长三角城市群发展中发挥"龙头"作用。长三角地区将协同推进港航一体化发展，在区域协同战略中发挥示范引领作用，更好地服务交通强国建设和长江经济带发展。

2019 年 7 月，《交通运输部关于推进长江航运高质量发展的意见》指出，加强沿江港口与沿海港口联动，发挥上海港、宁波舟山港的龙头带动作用和重庆港、武汉港、南京港的区域集聚作用。发挥南通港通州湾港区江海联运和宜宾港的干支中转作用。加强国际交流与合作，发挥港口"一带一路"支点作用，推进长江航运与国际班列的有机衔接。强化政府部门公共服务，统筹锚地、水上服务区等公共资源建设和管理，打造区域统一、公开透明的锚地调度管理样板工程。此外，还提出了以上海国际航运中心、武汉长江中游航运中心、重庆长江上游航运中心，以及南京区域性航运物流中心和舟山江海联运服务中心建设为依托，大力提升航运金融、保险、海事仲裁、航运交易、航运信息咨询、航运指数研发等服务能力，研究开展期货交易。到 2025 年，上海国际航运中心力争进入世界前列，武汉、重庆、南京、舟山等中心建设取得突破性进展。

2019 年 12 月，中共中央、国务院印发的《长江三角洲区域一体化发展规划纲要》，明确指出支持长江三角洲区域一体化发展并上升为国家战略，推动港航资源整合，优化港口布局，健全一体化发展机制，增强服务全国的能力，形成合理分工、相互协作的世界级港口群。围绕提升国际竞争力，加强沪浙杭州湾港口分工合作，以资本为纽带深化沪浙洋山开发合作，做大做强上海国际航运中心集装箱枢纽港，加快推进宁波舟山港现代化综合性港口建设。在共同抓好长江大保护的前提下，深化沪苏长江口港航合作，苏州（太仓）港建设上海港远洋集装箱运输的喂给港，发展近洋航线集装箱运输。加强沿海沿江港口江海联运合作与联动发展，鼓励各港口集团采用交叉持股等方式强化合作，推动长三角港口协同发展。加快建设长江南京以下江海联运港区、舟山江海联运服务中心、芜湖马鞍山江海联运枢纽、连云港亚欧陆海联运通道、淮河出海通道，规划建设南通通州湾长江集装箱运输新出海口、小洋山北侧集装箱支线码头。完善区域港口集疏运体系，推进重点港区进港铁路规划和建设。加强内河高等级航道网建设，推动长江淮河干流、京杭大运河和浙北高等级航道网集装箱运输通道建设，提高集装箱水水中转比重。

2020 年 12 月，交通运输部印发的《关于完善综合交通法规体系的意见》指出，到 2035 年，基本形成系统完备、架构科学、布局合理、分工明确、相互衔接的综合交通法规体系。基本完成跨运输方式、铁路、公路、水路、民航、邮政等各领域"龙头法"和重点配套行政法规的制修订工作，基本建立覆盖交通运输各领域的法规体系主骨架；不同运输方式的法律制度有效衔接，支撑各种运输方式一体化融合发展，保障现代化综合交通体系建设；交通运输各方面法律制度更加成熟、更加定型，支撑交通运输治理体系和治理能力现代化基本实现。

2021 年 4 月，长三角港口集团揭牌仪式在上海市隆重举行，长三角港口集团将进行全要素合并，实现长三角区域内港口投资运营一体化。

综上可知，为推动长三角港口群更高质量协同发展，国家从多方面进行了战略规划：一是积极发力构建长三角港口协作的制度安排，成立长三角港口集团，发挥港口群协同发展的重要作用；二是加强港口资源的整合，不断推进港口群功能布局的优化，形成以上海港和宁波舟山港为核心，江苏、浙江、安徽港口群协调分工，共同发展的格局；三是不断强化港口集疏运体系建设，推动江海河联运发展，结合高等级航道网集装箱运输通道建设，大力发展港口群的集装箱业务，协同提升航运服务能力。

二、上海港口资源整合情况

（一）战略层面

1996 年，国务院在上海召开专题会议指出，建设上海国际航运中心是我国经济发展的需要，意义重大。

1997 年，以上海为中心、江浙为两翼的上海组合港正式成立。上海组合港管理委员会由交通部和上海市、江苏省、浙江省一市两省政府共同组建成立，负责开展长三角区域港口综合行政协调和上海国际航运中心建设涉及港航发展的事务协调推进等工作。

2016 年，《上海市国民经济和社会发展第十三个五年规划纲要》提出，完善与全球枢纽节点地位相匹配的现代航运集疏运体系，优化现代航运服务体系，提高航运要素集聚度，不断提升航运中心的综合服务功能。优化提升国际集装箱枢纽港功能。继续保持集装箱吞吐量全球领先地位，推进海港泊位结构优化，促进水水中转发展，大力发展江海联运等水路运输，推进长江航运船舶标准化、航道标准化、港口泊位标准化。

2016 年 6 月，上海市人民政府印发的《"十三五"时期上海国际航运中心建设规划》提出，基本形成以上海为中心、以江浙为两翼，以长江流域为腹地，与国内其他港口合理分工、紧密协作的上海国际航运中心发展格局。

2016 年 10 月，《上海市现代物流业发展"十三五"规划》鼓励上海市港口、机场、物流园区与沿江和长三角地区开展物流合作，支持上海物流企业"走出去"，以资本、管理、技术输出等方式，构建跨区域物流网络，提升对长江经济带与长三角一体化发展的基础支撑作用。

2019 年 5 月，《上海市推进运输结构调整实施方案（2018—2020 年）》提出，完善内河水运网络。提升长江口航道通航能力，深化长江口北槽深水航道通航研究，继续完善大型船舶超宽交汇措施。大力发展江海直达和江海联运。基本形成长江和长三角地区至洋山深水港区江海直达运输系统。完善小洋山北侧支线码头的配套设施。强化长三角区域港航协同发展机制，落实浙沪两地合作备忘录，加快推进小洋山北侧岸线联动开发，建设专用支线码头或泊位。

2020年1月，上海市发布贯彻《长江三角洲区域一体化发展规划纲要》实施方案中提到，落实《长三角港航一体化发展六大行动方案》，推进区域港航协同发展。推进铁路进入外高桥港区，促进海铁联运发展。大力推进长湖申线、杭平申航道项目建设，开展苏申内港线规划衔接和前期工作。推进长江集装箱江海联运综合服务信息平台的建设。鼓励上港集团与长三角港航企业开展多层次合作，联合浙江省开展上海国际航运中心洋山深水港小洋山北侧作业区规划编制工作和项目前期工作，推进项目建设。深化沪苏长江口港航合作，以市场化为导向优化集装箱航线布局。

2021年3月，《上海口岸2021年深化跨境贸易营商环境改革若干措施》出台，基于优化"通关物流"作业流程、简化单证要求、推进港口设施升级、规范口岸收费、强化为企服务五大方面，推出27项改革措施，进一步提升港口作业效率。

（二）组织层面

港口组织层面的合作主要表现为港口控股、交叉持股等。

2014年，上港集团对芜湖港务有限责任公司进行控股。

2019年2月，上港集团与浙江省海港集团签署了《小洋山港区综合开发合作协议》，通过股权合作共同推进小洋山综合开发。浙江省海港集团以人民币现金增资的方式，入股上港集团下属全资子公司上海盛东国际集装箱码头有限公司。入股完成后，上港集团与浙江省海港集团分别持有盛东公司80%和20%的股权。这是长三角一体化上升为国家战略后，上海与浙江积极主动深化一体化发展，从陆地接轨到海上接轨的一次新跨越。

2020年1月，上港集团拟出资参与认购宁波舟山港股份，两大港口交叉持股，此举将增强港口群联动协作成效，优化整合长三角区域港口资源，推动长江上下游区域一体化发展。

2021年3月，上港集团与中远海运集团在上海举行双方全面推进战略合作伙伴关系协议签约仪式。双方在长期友好合作和充分协商的基础上，本着"优势互补、深度合作，共赢未来"的原则，在数据对接和创新、码头投资和运营、人才培训和交流等方面达成共识，将进一步推动双方的合作与发展，定期举行战略恳谈会，充分发挥港航协同效应，加强港航服务创新，助力打造更具国际竞争力、影响力的上海国际航运中心和辐射全球的航运枢纽。

（三）业务层面

上海港与长三角其他区域港口在港口的基本业务层面的合作主要表现在航线、货种、口岸、信息平台建设等方面。

2017年11月，上港集团与江苏省港口集团、中国远洋海运集团有限公司签署了战略合作备忘录，共同研究促进江苏集装箱港口业务整合，促进江苏港口、上海港协同发展。

2018年10月，上海国际港务（集团）股份有限公司与太仓港口管委会签订战略合作协议，两港将在做大江海中转平台、深化资本合作、加强口岸合作、加快对接上海自由贸易试验区等方面加强交流联动，加快推进长三角港口一体化步伐，全方位助推太仓与上海融合发展。

2019年2月，上港集团与浙江海港集团共同签署《小洋山港区综合开发合作协议》，推进小洋山综合开发，双方将通过股权合作共同推进小洋山综合开发。

2019年3月，开通上海—芜湖两港一航直达航线，促进了班线时长和效率上升。

2019年6月，上海市人民政府提出近期主打苏州、无锡、常州、丹阳、南京等短距离海铁联运班线客运化开行，同步开展合肥、蚌埠、徐州等中短线业务，逐步培育成都、郑州等长线业务。

2020年9月，上港集团和唐山港集团已率先筹划开辟了唐山—上海航线。

2021年3月17日，上海海事局与上港集团签署战略合作备忘录，合力塑造上海港安全、智能、畅行、绿色"四大优势"，助力上海国际航运中心建设再上新台阶。双方将通过科技赋能、流程再造，整合共享海事管理和港口生产信息数据资源，共同打造港口综合信息智能服务平台，提升港口物流效率，促进上海港发展成为安全、智能、畅行、绿色的世界一流航运枢纽。

2021年4月10日，上港集团携手唐山港集团、广州港集团联合开通的首条南北航线，"唐山—上海—广州"南北航线的第三站，航线串联长三角、

京津冀、粤港澳大湾区三大核心区域，并以上海港为中心节点进一步连通
"长江经济带"，为将上海打造成为国内大循环的中心节点和国内国际双循环
的战略链接提供有力支撑。

由上可知，上海在推进港口资源整合方面取得了一定成效。在战略层面
上，基本形成以上海港为核心，江苏、浙江港口为两翼的"一体两翼"港口
群，明确了上海港国际航运中心的功能定位，促进智慧高效的集装箱枢纽港
建设。在组织层面上，以区域性管理机构的构建发挥政府引导作用，从成立
上海组合港到长三角港口集团的构建，为港口资源整合提供了领导和组织保
证；以控股、交叉持股、签订战略合作协议等多种形式进行跨区域的港口资
源整合，尤其是沪浙联手以资本为纽带通过股权合作开发小洋山北侧，开创
了跨行政区域合作的新模式，凸显市场化运作特点，调动了各方工作的积极
性。在业务层面上，充分发挥上海港的集装箱运输业务优势，通过开设航
线、加强口岸合作、搭建信息服务平台等方式，与长江沿江港口进行不同层
次的合作，优化各港口之间的资源配置，促使各港口间的资源要素合作更为
紧密。

三、浙江省港口资源整合情况

（一）战略层面

1. 省域层面。2006 年，《浙江省沿海港口布局规划》提到，浙江沿海港
口将呈现以宁波—舟山港、温州港为全国沿海主要港口，嘉兴港、台州港为
地区性重要港口的分层次布局，形成煤炭、石油、铁矿石和集装箱四大运输
系统。该规划的公布实施，将进一步加快浙江沿海港口发展，促使港口在更
广阔领域、更深层次参与全球经济合作与竞争，促进"海洋经济强省"建设
和区域经济社会发展。

2016 年 4 月，《浙江省海洋港口发展"十三五"规划》指出，按照全省
港口规划、建设、管理"一盘棋"，港航交通、物流、信息"一张网"，港
口岸线、航道、锚地资源开发保护"一张图"的总体要求，积极推进形成以
宁波舟山港为主体、以浙东南沿海港口和浙北环杭州湾港口为两翼、联动发
展义乌国际陆港及其他内河港口的"一体两翼多联"的全省港口发展格局，

全面提升全省港口整体实力。

同时指出要强化宁波舟山港主体地位，宁波舟山港是全球主要海港，是沿海集装箱枢纽港和上海国际航运中心的重要组成部分，是长江三角洲及长江沿线地区能源、原材料运输主要中转港，是国家综合运输体系重要枢纽，也是对接和服务"一带一路"倡议、长江经济带建设的重要战略支点。落实国家区域发展战略，以大宗商品中转和集装箱运输发展为核心，充分发挥港口对大宗商品交易、保税加工、自由贸易、海洋产业集聚等方面的带动优势，推进港口由传统运输平台向物流平台、信息平台、贸易平台、产业平台、金融平台拓展，加快建成全球一流枢纽港。

此外，还要提升两翼港口发展水平。按照全省港口一体化发展要求，坚持互促共进，合理确定港口功能定位，统筹推进浙东南沿海港口和浙北环杭州湾港口建设，与宁波舟山港形成一体化、协同化发展态势。浙东南沿海港口包括温州港、台州港，是区域性大宗散货中转港、产业配套港，为宁波舟山港提供集装箱喂给服务。通过加快海河联运相关运输通道和平台的建设改造，提升海河联运能力，加强海陆联动发展。

2019 年 6 月 14 日，《浙江省推进长江三角洲区域一体化发展行动方案》指出，推进长三角港航协同发展。围绕上海国际航运中心建设，推动上海港和宁波舟山港分工合作、错位发展。巩固提升宁波舟山港综合能级，积极推动大、小洋山全域一体化开发合作，合力打造长三角现代化世界级港口集群。推动组建长三角港口联盟，加强以资本为纽带、以增量业务为重点的港口资源整合、项目合作、业务协同，探索建立相对统一的港航政策体系和经营机制。加强浙苏、浙皖江海联运合作和模式创新，充分发挥舟山江海联运服务中心功能。加快宁波舟山港、嘉兴、温州、台州、浙中多式联运枢纽和海陆联运通道建设，完善区域港口集疏运体系，规划建设北仑、金塘、梅山等重点港区进港铁路，提升海陆联运辐射带动力。推进京杭、杭甬运河航道改造提升和浙北高等级航道网集装箱运输通道建设，提高集装箱中转比重。

2021 年 12 月，《关于加快推进新型离岸国际贸易发展的实施意见》强调要完善港口基础设施。健全智慧港口和仓储物流基础设施，加强海港、空港、陆港、信息港"四港"联动，构建日益完善的现代化港口集疏运体系，提升宁波舟山港综合运营能力。

2. 城市层面。根据《宁波—舟山港总体规划（2014—2030年）》指出，宁波—舟山港是我国沿海主要港口和国家综合运输体系的重要枢纽，是上海国际航运中心的重要组成部分，是服务长江经济带、建设舟山江海联运服务中心的核心载体，是浙江海洋经济发展示范区和舟山群岛新区建设的重要依托，是宁波市、舟山市经济社会发展的重要支撑。规划期内重点发展大宗能源、原材料中转运输和集装箱干线运输为重点，积极发展现代物流、航运服务、临港产业、保税贸易、战略储备、旅游客运等功能，发展成为布局合理、能力充分、功能完善、安全绿色、港城协调的现代化综合性港口。

根据《杭州港总体规划2005—2020》，杭州港作为全国28个内河主要港口之一，是杭州市、浙江省重要的综合交通运输枢纽，是杭州市、浙江省经济社会发展、临港工业和现代物流业的重要基础设施。

根据《湖州港总体规划2005—2020》，湖州港作为全国28个内河主要港口之一，是湖州市和长江三角洲地区综合运输体系的重要枢纽，是周边地区部分城市建设所需建筑材料的主要供应港。

根据《嘉兴港总体规划》，嘉兴港是浙江省地区性重要港口，是长三角港口群和上海国际航运中心的组成部分，是浙北杭、嘉、湖等地区发展经济和对外贸易的重要窗口，是浙江省海河联运枢纽港、浙北和钱塘江中上游地区物资运输的重要出海口，是嘉兴市发展临港产业、推进滨海新区开发、提升城市功能的重要基础。

根据《台州港总体规划2017—2030》，台州港是浙江省沿海地区性重要港口，是服务交通强国战略，助推浙江大湾区建设的有力支撑；是台州市及浙中南地区、江西等地物资运输的重要出海口，发展经济、扩大开放的重要依托；是台州市发展临港产业、推进沿海开发、提升城市功能的重要基础。

（二）组织层面

浙江省海港投资运营集团有限公司成立于2014年7月30日，浙江省五大港口——宁波港、舟山港、嘉兴港、台州港、温州港已整合并入该集团，实行统一运营。

2015年9月，由宁波港集团有限公司与舟山港集团有限公司整合组建的宁波舟山港集团有限公司揭牌成立，成为国内第一家集约化运营管理全省港口资产的省属国有特大型港口企业。

2016 年 4 月，宁波港定向增发收购舟山港股份有限公司；同年 9 月，宁波港股份有限公司更名为现在的宁波舟山港股份有限公司。

2019 年，浙江省海港投资运营集团有限公司下属内河公司正式收购浙江德泰港务有限公司（德清多功能港区运营主体）100% 的股权，这标志着德清多功能港区将"牵手"大港，借助资金、管理和信息技术优势与全省海洋港口一体化、宁波舟山港枢纽港的资源优势，成为继安吉上港码头之后，又一位带动全市临港经济发展的"主力"成员。

2019 年 1 月，上港集团拟出资参与认购宁波舟山港股份，两大港口交叉持股，此举将增强港口群联动协作成效，优化整合长三角区域港口资源，推动长江上下游区域一体化发展。更有利于公司贯彻长三角一体化国家战略，推进上海国际航运中心建设，更好地服务长江经济带，提升国家在全球开放合作中的整体竞争力。

2019 年 2 月，浙江德泰港务有限公司（德清多功能港区的运营主体）与浙江省海港投资运营集团有限公司下属内河公司签约。上港集团与浙江海港集团签署了《小洋山港区综合开发合作协议》。根据协议，浙江海港集团以人民币现金增资的方式入股上港集团下属全资子公司上海盛东国际集装箱码头有限公司，入股完成后，上港集团与浙江海港集团分别持有盛东公司 80% 和 20% 股权。业内人士认为，上港集团与浙江海港集团共同推进小洋山综合开发和北侧支线码头建设，无疑将有利于沪浙两省市携手打造"一带一路"倡议和长江经济带战略支点，提升区域竞争力。

2020 年 9 月 22 日，浙沪两港签署了两港战略合作框架协议。双方在港航物流、信息共享、航运服务等方面合作前景广阔，可通过内部协商协调和相应工作机制加持，对接好具体工作安排，加快推动小洋山合作开发，帮助港航多方实现互利共赢，共同开创更加美好的明天。

2020 年 10 月 15 日，浙江省海港集团与北部湾港集团签署战略合作协议。双方将本着平等自愿、稳定合作、共同发展和依法合规的原则，围绕航线布局、生产业务、信息化建设和管理提升等方面加强战略合作，更好地服务"一带一路"倡议、西部陆海新通道、西部大开发和长江经济带建设等国家重大战略。

2020 年 12 月 23 日，宁波舟山港股份公司股东大会高票通过收购集团南北两翼港口资产，有利于股份公司充分统筹和利用全省沿海港口资源参与市场竞争，优化资源配置，并按照"一体两翼多联"港口发展新格局，统筹优化航线布局和物流路径，完善揽货体系建设，大力开发存量业务潜力，提升省内市场份额，保持股份公司货物吞吐量稳步增长；同时，有利于推进宁波舟山港现代化综合性港口建设，持续提升港口生产服务水平，为建设国际一流强港，打造世界级港口集群奠定扎实基础。

2020 年 12 月 29 日，由浙江省海港集团和杭州交投集团合资组建的杭州港务集团有限公司（以下简称"杭州港务"）在杭州揭牌运营。杭州港务的揭牌运营，是集团联合杭州交投集团进一步落实浙江省内河水运复兴行动计划的有力举措，在助力杭州港打造成为长三角南翼内河枢纽港的同时，推进浙江省海河联运发展体系更趋完善。

2021 年 7 月 13 日，宁波舟山港股份有限公司与招商局港口集团股份有限公司双双发布公告，披露了双方的重要股权合作。招商港口作为战略投资者认购宁波港非公开发行的 36.47 亿股，认购完成后，招商港口成为其第二大股东。浙江海港借助招商港口成熟的全球港口布局经验，一举实现"走出去"的战略。招商港口则是深度加码长三角港口实现"南（深圳母港、湛江港）—中（长三角港口）—北（辽港集团）"三大核心区域的港口布局，并以点带面激活全球港口网络，增强港口资产整体市场竞争力与话语权。形成紧密的股权合作后，双方会在多个维度实现更加深度的捆绑。

（三）业务层面

2018 年 12 月，宁波舟山港生产业务协同管理系统（CBOS）一体化（温州港）项目顺利通过验收。至此，浙江省各主要沿海港口的生产数据已统一纳入 CBOS 系统，实现了各港口生产调度工作的统一管理、业务协调、信息汇聚，为浙江省海洋港口一体化高质量发展奠定了信息化基础。

2019 年 7 月 1 日，嘉兴港独山港区至上海港集装箱内支线成功开辟。这也是继乍浦港区至宁波港后，嘉兴港开辟的第二条集装箱内支线。至此，嘉兴港成为浙江省唯一拥有两条内支线的沿海港口。

2020 年 1 月 10 日，由中国远洋海运集团主办的"中远海运集团暨海洋联盟 2020 年港航交流会"在海南博鳌举行。期间，17 家港航企业包括上港集团、浙江省海港集团/宁波舟山港集团，举行主题为"服务全球贸易、创造客户价值"的港航合作座谈会，共同发布"博鳌合作倡议 2020"。

2020 年 10 月 23 日，"金华—基辅"中欧班列成功首发。至此，中欧班列金华平台运营线路已增至 13 条。截至 10 月 23 日，由浙江省海港集团、宁波舟山港集团所属国际联运公司统筹运营的金华平台 2020 年已开行中欧、中亚班列 302 列，到发 24912 标准箱；其中 9 月份开行 81 列，到发 6644 标准箱，同比增长 1437.96%。在年度冲刺的最后 2 个月时间里，在上海铁路局及金华市政府的全力支持下，金华平台增开了法国里耳、比利时列日等更多新线条、新站点。

2020 年 11 月 25 日，浙江省海港集团、宁波舟山港集团签署深化战略合作协议。根据协议，双方应继续发挥各自优势，抢抓发展机遇、遵循市场规律，全面深化在项目谋划、港口建设、市场培育、营商环境、人才培养等方面的合作，共同推进衢州港口基础设施建设、内河水路运输及海铁联运发展，促进社会经济发展，实现互利共赢。

2021 年 3 月，宁波远洋运输股份有限公司正式成立，集团以宁波远洋为主体，搭建航运及航运服务业上市平台，加快推进世界一流强港建设。经过前期紧锣密鼓的工作推进，宁波远洋运输股份有限公司正式创立，宁波远洋分拆上市工作取得了阶段性成果。下一步，宁波远洋紧紧围绕发展战略，持续提升集装箱运输、散货运输和船舶代理三大业务的市场竞争力，力争早日实现分拆上市目标，加快打造具有国际影响力的"亚洲领先的区域物流服务商"，为打造世界一流强港新标杆贡献更大力量。

2021 年 4 月 28 日，浙江省海港投资运营集团有限公司与上海振华重工（集团）股份有限公司签署智慧港口协议。

根据相关分析可知，浙江省在港口资源整合方面取得的成效主要有：战略层面上，形成以宁波舟山港为主体，以浙东南沿海和浙北环杭州湾港口为两翼，联动发展义乌国际无水港及其他内河港口的"一体两翼多联"的港口发展格局；加强顶层设计和战略谋划，从宁波、舟山港到宁波—舟山港，到宁波舟山港，再到省级港口投资运营平台——浙江省海港投资运营集团有限公司组建成立，反映了体制、机制、资本、平台一体化深度融合发展。组织层面上，通过控股、收购、合资、签订合作协议等多种方式，以市场化运作为导向，以资产为纽带推进港口资源的深度整合和紧密协同；强化规划引领，整合港口运营主体，搭建港口资源整合平台——浙江省海港集团，成立统筹机构——浙江省海洋港口发展委员会，强力推进港口资源整合。业务层面上，依托浙江港大宗散货和原油运输业务优势，优化港口货种结构，调整港口功能布局；开辟多条航线，完善港口服务网络，积极发展联运业务，促进港口信息化和智能化建设，大力发展现代物流和航运业。

四、江苏港口资源整合情况

（一）战略层面

1. 省域层面。2016 年 3 月，《江苏省国民经济和社会发展第十三个五年规划纲要》中提出，建设畅达高效的综合交通网络。优先发展轨道交通，重点建设苏中、苏北快速干线铁路网和跨江通道，强化铁路干线、城际铁路、市域（郊）铁路和城市轨道的有机衔接，实现快速铁路网覆盖 80% 左右县级以上城市，形成"2 小时江苏"快速交通圈。完善"两纵四横"干线航道网，实现长江南京以下 12.5 米深水航道全线畅通，沿海重点港区基本具备 10 万吨级以上进港航道。以南京港、连云港港、太仓港为重点，推进沿江港口一体化发展、沿海港口提质化发展、内河港口专业化发展，增强上海国际航运中心北翼港口群的综合竞争力和辐射带动力。完善广覆盖的公路网，提高瓶颈路段通行能力，打通省际干线公路，加快经济相对薄弱地区和集中连片贫困地区公路建设，加快实施农村公路提档升级工程。增强南京禄口国际机场枢纽机场能力，推进无锡硕放区域枢纽机场建设，完善其他机场功能，加快通用机场布局，发展空港经济，增强与国际国内重要地区的航空联系。加快开辟加密国际海运、航空航线和航班，积极发展多式联运，强化国际贸易和区域中转运输系统建设。优化城乡配送通道网络，完善邮政快递服务，提升无锡苏南快递产业园建设水平。

2017 年 5 月，《江苏省沿江沿海港口布局规划（2015—2030 年）》中提出了融入"一带一路"倡议、长江经济带国家战略，进一步扩大开放的重要资源；服务长江流域、沿陇海线地区经济社会发展的重要依托；加快推进江苏省新型工业化、城镇化，促进经济结构调整和转型升级的重要基础；构建全省现代综合交通运输体系、提升综合运输效率和服务水平的重要支撑的战略定位以及牢固树立和坚定不移贯彻创新、协调、绿色、开放、共享的新发展理念，按照"陆海统筹、江海联动、创新融合"的原则，通过政府引导、市场主导，聚力推进长江南京以下江海联运港区、南京区域性航运物流中心、连云港港区域性国际枢纽港、苏州太仓集装箱干线港等"一区三港"的建设发展，着力提升综合服务功能和辐射带动能力，着力提升江苏省沿江沿海港口的整体竞争力。到 2030 年，打造专业化的江海联运港区，构建便捷的港口集疏运通道，提升国际化的港口服务能力，基本建成布局合理、资源集约、保障有力、绿色平安的现代化港口体系的战略目标。

2017 年 7 月，江苏省政府印发的《关于深化沿江沿海港口一体化改革的意见》中提出以推动江苏省港口有序健康发展和提升港口整体竞争力为根本目标，以规划为引领、市场为导向、改革创新为动力，加强资源统筹配置，改善港口供给结构，促进航运物流要素集聚，加强绿色平安港口建设，优化综合服务环境，逐步实现港口布局、运营、管理、服务、物流一体化发展，为推进"两聚一高"新实践、建设"强富美高"新江苏提供有力支撑。

2018 年 9 月，《江苏省内河港口布局规划（2017—2035 年）》中确定了全国和长三角地区综合交通运输体系的重要组成部分；江苏省顺应"一带一路"倡议、长江经济带等国家重大发展战略，接受沿江沿海地区辐射，发展江海河联运的重要环节；大运河文化带江苏段建设的重要节点和窗口；江苏实现区域协调发展和可持续发展的重要战略资源；江苏沿河地区产业集聚发展和对外开放的重要平台；江苏新型城镇化和城乡发展一体化的重要保障的战略定位以及江苏省内河港口应加快推进"等级标准、集约节约、功能多元、绿色智能"发展。通过市场主导、政府引导，加强内河港口资源整合，促进集约化、规模化、绿色化发展，优化布局结构，提高内河港口与沿岸城镇、产业发展的匹配性，加快江海河联运功能、连云港港等海港功能向内陆延伸，构建布局合理、保障有力，与江海联运港区、沿海港口高效衔接，与战略、经济、城镇发展和大运河文化带建设要求相适应的内河港口布局体系，推动内河港口高质量发展走在全国前列的发展目标。

2019 年 8 月，江苏省国资委发表的《省港口集团：体系建优势 改革促动力》中提到：体系建优势，改革促动力，在一体化的框架设计下，逐步形成江苏省港口集团港口运营、航运物流、资本运作、产业协同、开发建设等协调发展的新格局。该规划指出江苏省在支撑"交通强国"、探索自由贸易港中主动先试先行，全面对接"一带一路"倡议和长江经济带战略要求，提升双向开放服务功能，强化港口战略支点作用。大力推进资产整合、做实做强市场主体，深入实施区域集群化管理和战略货种一体化发展，推动宁镇扬组合港建设，整合航运板块，优化运力结构，积极推动港航货协同发展。

阐明当前江苏省港口集团正在按照"区域一体化 + 专业化经营"的方式推进生产经营体系改革。其中，"区域一体化"是以江阴大桥为界，上游以南京港为核心、下游以苏州港为核心打造两大区域枢纽港。"专业化经营"是建立专业化经营体系，集装箱事业部逐步集商务、财务、生产调度于一体，统筹港口、航运、物流要素，形成高度集中的管控模式；大宗散货板块在大宗散货事业部和南京、苏州两个区域港口群"1 + 2"架构下，以区域集中管控为基础，南京、苏州区域港口群分别做实大宗散货商务中心、调度中心，逐步建立健全大宗散货事业部统筹码头功能定位、市场开发、大客户服务等工作机制；液体化工板块依托南京港股份公司，以资本为纽带，逐步形成全省一体化、规范化、专业化的液化品运营平台；建立长江综合揽货体系，逐步形成网格化的揽货体系和市场开发网络。

2021 年 3 月，江苏省交通运输厅印发的《2021 年全省港航事业发展工作要点》中提出全省港航系统要全面推动"十四五"规划实施，坚持战略引航、绿色领航、安全护航、智慧强航、人才兴航，着力提升港航基础设施服务能级，着力提升港航绿色发展和安全发展能力，着力强化智慧港航建设，着力发挥江苏海江河一体化水运优势，以高质量的港航发展成效为江苏省建设交通运输现代化示范区提供坚强支撑。

2. 城市层面。根据《江苏省沿江沿海港口布局规划（2015—2030 年）》，苏州港包括太仓港、张家港和常熟港港区。重点发展太仓港区，建设规模化的集装箱港区，打造成为上海国际航运中心的重要组成部分，同时承担长江三角洲地区大宗散货海进江中转运输服务。张家港港区和常熟港区以服务本地区经济发展和临港产业为主；此外，根据《江苏省内河港口布局规划（2017—2035 年）》，苏州内河港包括市区、吴江、昆山、太仓、常熟和张家港港区，以能源、矿建材料、原材料、工业产品和内外贸物资运输为主，积极开展集装箱运输，逐步发展成为国家主要港口。重点发展白洋湾作业区、高新区作业区和牌楼作业区，白洋湾作业区主要为周边及腹地地区提供物流服务，高新区作业区主要为苏州高新区提供港口物流服务，牌楼作业区主要服务于沿江港口集疏运和太仓港港口开发区建设发展。

根据《江苏省沿江沿海港口布局规划（2015—2030 年)》，南京港应进一步加强港区整合，积极拓展港口现代物流、航运服务等功能，逐步发展成为区域性航运物流中心。此外，根据《江苏省内河港口布局规划（2017—2035 年)》，南京内河港包括雨花台、六合、江宁、溧水和高淳港区，以矿建材料、工业原材料及产品等大宗散货运输为主，兼顾集装箱运输，积极发展临港工业。

根据《江苏省沿江沿海港口布局规划（2015—2030 年)》，南通港应深化一体化改革，加强港区整合，推进陆海统筹、江海联动；沿江以资源整合、结构调整为主，重点发展通海港区，以集装箱运输为主；沿海以服务临港产业为主，重点发展通州湾港区，预留为长江沿线地区提供江海中转运输服务功能。此外，根据《江苏省内河港口布局规划（2017—2035 年)》，南通内河港包括南通、海安、如皋、如东、海门和启东港区，以散杂货和集装箱运输为主，发展江海河联运和临港产业开发功能，逐步发展成地区性重要港口。

根据《江苏省沿江沿海港口布局规划（2015—2030 年)》，泰州港包括高港、泰兴和靖江港区。以服务临港产业和苏中地区经济社会发展为主，同时为长江中上游地区提供中转运输服务。重点发展高港港区。此外，根据《江苏省内河港口布局规划（2017—2035 年)》，泰州内河港包括市区、姜堰、兴化、泰兴和靖江港区，以城市建设、产业发展所需的大宗物资运输为主，兼顾集装箱运输。重点发展城北物流园作业区和兴化城南作业区，城北物流园作业区主要承担包括散杂货和集装箱在内的多式联运等物流服务，兴化城南作业区主要为兴化市区、经济开发区内企业以及周边城镇建设提供港口物流服务。

根据《连云港港"十三五"发展规划》，连云港港将深入贯彻党的十八大及党的十八届三中、四中全会精神，抢抓国家"一带一路"倡议、江苏沿海开发等重大国家战略实施的有利机遇，以区域性国际枢纽港和现代化产业集聚港为战略目标，以提升港口新亚欧大陆桥经济走廊、促进江苏经济转型升级和引领城市经济社会发展的"三大功能"为出发点，以综合发展、转型发展、统筹发展、创新发展"四个发展"为动力，着力打造平安、绿色、效能、智慧和法治"五大港口"，提升港口整体的综合竞争力，更好地服务国家战略实施、区域经济社会发展和现代化综合运输体系建设。

根据《常州港港口总体规划（2018—2035 年）》，常州港将以散货、件杂货运输为主，积极发展集装箱运输，主要以地区经济发展和物资运输服务为主，进一步发挥地区大宗物资转运、集散、物流基地的作用，兼顾长江中上游物资中转运输。

（二）组织层面

2005 年，上港集箱和南京港联合上港集箱（澳门）有限公司、中远码头（南京）有限公司共同对南京港务管理局独资拥有的南京港龙潭集装箱有限公司实施投资，通过增资扩股组建合资公司，共同经营南京龙潭溪集装箱码头一期工程。

2012 年，江苏连云港港口股份有限公司与中海码头发展有限公司就共同投资设立合资公司相关事宜，在江苏省连云港市签署了《合资框架协议》。满足连云港港粮食产量需求，加强与战略伙伴的合作关系。

2014 年，太仓港港务集团有限公司与上海港务（集团）股份有限公司按 55：45 的股比合资成立太仓港上港正和集装箱码头有限公司，共同经营管理太仓港集装箱三期下游两个 5 万吨级泊位。同时，双方在码头操作平台、物流运输体系、通关一体化、信息共享等方面进一步开展对接合作。

2017 年，根据南通港集团公司章程，由南通市国资委、南通国有资产投资控股有限公司、南通沿海开发集团有限公司、如皋市国有资产经营有限公司以所持有的江苏如皋港口集团有限公司、江苏长江口开发集团有限公司和南通综合保税区发展有限公司、通州区惠通投资有限责任公司以所持有的南通市通州港区新世界开发建设有限责任公司、海门市海晋交通建设有限公司以所持有的海门市港口发展有限公司、启东沿海开发有限公司、如东县东泰社会发展投资有限责任公司以所持有的江苏洋口港建设发展集团有限公司、南通滨海投资发展有限公司以股权、实物或货币出资，依法共同设立南通港集团。

2020 年 2 月，江苏连云港港口股份有限公司与连云港天嘉矿产有限公司共同出资设立连云港天嘉国际物流有限公司，以合资公司为主体向海关申请进口有色矿混配资质，并在资质获批后开展混配矿业务。

（三）业务层面

2018 年 3 月 20 日，宿迁至连云港集装箱内河航线首航。

2018 年 10 月 10 日，太仓港与上海港签订战略合作协议，两港落实国家节能减排有关规定，继续深入合作，共同打造绿色、低碳、环保的江海转运平台，降低通关和物流成本。同时两港加快推进数据对接互联，加强资本、技术、管理交流，推动太仓港在成本管理、技术革新、节能环保、信息化建设、安全生产、人力资源等方面转型升级，全力助推太仓港提升发展能级和服务区域的经济水平。

2019 年 5 月 20 日，"南京—上海"内外贸直达航线开通。2019 年 6 月 18 日，太仓港至蚌埠港首条外贸支线开通。2019 年 6 月 27 日，南京港至太仓港的"宁太穿巴"正式启航。2019 年 7 月 3 日，太仓港、金坛港正式签订战略合作协议。2019 年 8 月 16 日，太仓港至苏州园区港集装箱班轮航线开通。2019 年 8 月 28 日，金坛港至太仓港内河集装箱支线班轮首航。2019 年 9 月 2 日，蚌埠至太仓直达航线"港航巴士"顺利首航。2019 年 9 月 29 日，上港正和点对点黄浦江沿线港区的"太申快航"成功试运行。

2020 年 10 月 22 日，江苏省港口集团新开"南京—关西—广岛"外贸航线、加密"南京—营口"内贸航线。

2021 年 3 月 31 日，深圳国际控股有限公司与江苏省港口集团签订战略合作协议，在港口智慧化、绿色化建设和港口环境治理等方面开展全方位、深层次的战略合作，共同推进在港口智慧化场景应用、绿色港口创建、生态污染治理和节能减排等方面取得实效，共同加强在公司治理、经营管理、改革创新等方面的交流合作，取长补短、相互借鉴、共同提升。

2021 年 4 月 7 日，南京港龙潭港区专用铁路集装箱专列成功首发。

2021 年 11 月 5 日，辽港集团"大连—连云港"内贸集装箱班轮航线成功开通。

2021 年 11 月 18 日，丹阳市人民政府与江苏省港口集团签署战略合作框架协议，同时签约合作丹阳陵口港项目。双方通过政府推动和市场化运作相结合的方式深化战略合作，充分发挥双方综合实力和竞争优势，加快推进丹阳港建设，携手打造港产城融合发展新典范，交通强国建设示范区新样板，全面助力丹阳经济社会高质量发展。

2021 年 12 月 21 日，扬子江船业集团与江苏省港口集团有限公司签订战略合作协议。双方秉承"团结协作、优势互补、平等互利、共同发展"的原则，在大型船舶技术交流、拖航、试航、水运运输和造船等方面建立长期合作关系，以推动双方企业高质量、可持续发展。

针对相关文件分析发现，江苏省在港口资源整合方面取得的成效主要有：在战略层面上，形成分工合作、协调发展的分层次港口布局规划，充分发挥长江航道优势，大力发展近洋运输，成为长江中上游与上海港、宁波舟山港出海口的中转枢纽节点。在组织层面上，坚持规划引领，建立全省港口投资运营平台——江苏省港口集团，统筹协调港口资源，加强港口间的专业分工与运营协作，完善港口行政管理机制，促进港口一体化发展；通过资本运作，借助资本划转、增资、扩股、兼并重组等多种方式，整合统筹跨区域港口资源，实现各港口功能优势互补，促进港口竞争力的提升。在业务层面上，依托各港自身优势，明确各港口的功能定位，推动各港口差别化经营；开设多条航线，完善港口航线网络，依托江海联运的大型干线港口——苏州港，积极发展江海联运，加强信息技术的推广应用，促进港口的集约化和绿色化发展。

五、安徽港口资源整合情况

（一）战略层面

1. 省域层面。2017 年发布的《安徽省水运"十三五"发展规划》指出：围绕"十三五"发展目标，安徽水运将重点实施"346"发展战略。3 个发展重点是构筑大通道，打造大枢纽，提升大服务；4 百亿投资规模（包括江淮运河 100 亿元）；6 项主要任务是干支航道连通工程、港口转型升级工程、运输组织优化工程、航运服务提升工程、水上交通保障工程、水运文化建设工程。

2017 年,《安徽省水路建设规划（2017—2021 年)》提出,到 2021 年,水运对安徽省立足长三角、打造长江经济带战略支点的支撑作用更加明显,对安徽省经济转型升级的促进作用更加突出,对安徽省实施扩大开放战略、参与国际竞争的平台作用进一步强化,对依托黄金水道构筑安徽省综合立体交通走廊的基础性作用进一步显现,基本形成畅通、高效、集约、智慧的现代化水路运输体系的建设目标。在航道建设方面:构建以"一纵两横"("一纵"指沙颍河—江淮运河—合裕线—芜申运河,"两横"指长江、淮河）为骨架,涡河、浍河等高等级航道为支撑的全省高等级航道网,2021 年基本实现"干支初步贯通、瓶颈基本消除、等级明显提升、江淮水系沟通"的目标;全省四级及以上航道里程达 1 900 千米。港口方面:在已经形成的"5 个全国内河主要港口、7 个地区性重要港口、4 个一般性港口"的基础上,结合综合运输网络、全省生产力布局和城镇化规划,依托"一纵两横"水运大通道,建设皖江和淮河两大港口群,打造皖江、淮河、江淮三大航运枢纽,基本形成集装箱、煤炭、矿石、商品汽车等专业化港口运输系统。2021 年,安徽省港口货物吞吐能力达到 7.2 亿吨、290 万标准箱,并构建支持保障系统以"一纵两横五干二十线"和重点湖泊水域为重点,实施《安徽省水上交通安全监管和应急救助系统建设规划方案》;建成 5 个综合基地等全省一体化救助站点和国家高等级航道信息化系统。

2020 年 1 月,《安徽省实施长江三角洲区域一体化发展规划纲要行动计划》提出,到 2025 年在提升互联互通水平,构建现代化基础设施网络方面:提升水运通江达海水平。加快建设畅通、高效、集约、智慧的现代水路运输体系。完善长三角高等级航道网。推进长江干流整治,实施淮河出海航道三河尖至红山头段建设。依托引江济淮工程,加快建设航运配套工程,打通江淮运河。做好芜申运河、新汴河、滁河、水阳江等与邻省的规划衔接,尽快打通省际"断头航道"。打造世界级港口群,积极参与长三角港口联盟建设,加强安徽港航集团与上海港、宁波舟山港等在联合运输、江海联运等领域开展合作。加强内河港口集装箱与沿海港口无缝对接,完善集装箱江海联运体系。推进芜湖马鞍山、安庆江海联运枢纽,合肥江淮联运中心和蚌埠淮河航运枢纽建设,研究淮南淮河航运枢纽建设,提升江海联运中转功能。推进港口信息化建设,建成江海联运公共信息平台,实现长江船货供需有效对接。

加快连接沿江、沿淮主要港口集疏运铁路、公路建设，实现港口与铁路、公路运输衔接互通，推动综合物流枢纽加快形成。主动参与全球分工，推动更高水平协同开放。在推进投资贸易自由化便利化部分：加快大通关一体化。提升口岸便利化水平，推进区域通关一体化合作，打造高效便捷大通关。加快互联互通口岸通道建设。完善长三角区域大通关协作机制，重点推进口岸城市群大通关项目合作和联动发展，围绕水水中转、铁海联运、空陆联运、保税货物流转等，优化监管模式，提升物流效率。深化长三角口岸物流项目合作，拓展中转集拼业务，对接长江流域港航、铁路、空港等信息平台，实现跨区域口岸物流协同联动。加快区域国际贸易"单一窗口"合作。推动港航物流信息接入"单一窗口"，推进通关数据交换、口岸物流信息对接、企业信用信息互认、监管执法信息共享。推动扩大长三角"单一窗口"跨区申报试点范围。推动与上海"单一窗口"数据查询和统计对接。

2021年9月，安徽省政府办公厅印发的《关于进一步加强水运基础设施建设和管理的通知》明确提出推进与省属港航企业开展合作，积极探索推进航道整治、船闸建设与港口岸线、沿岸土地等一体化开发；要集约高效利用港口岸线，加强港口岸线资源统筹配置，鼓励通过股权、业务合作、并购重组、委托经营等方式开展存量整合，推动港口一体化和高质量发展。

2. 城市层面。根据《芜湖港总体规划（2016—2030年）》，芜湖港是全国内河主要港口和区域综合运输枢纽的重要组成部分，是皖江城市带承接产业转移的重要依托和安徽省对外贸易的重要口岸，是芜湖市及皖东南地区经济发展的重要支撑，是以集装箱、商品汽车滚装、煤炭、建材、非金属矿石运输为主，兼顾旅游客运的综合性港口。

根据《马鞍山港总体规划（2016—2030年）》，马鞍山港是全国内河主要港口和区域综合运输枢纽的重要组成部分，是皖江城市带承接产业转移的重要支撑，是马鞍山市对接长江经济带、融入长三角城市群和实现经济社会发展的重要依托，是以铁矿石、钢铁、煤炭、集装箱运输为主，兼顾旅游客运的综合性港口。

根据《安庆港中心港区总体规划》，安庆港是我国内河主要港口和区域综合运输体系的重要组成部分，中心港区是安庆港核心港区，是皖江城市带承接产业转移的重要支撑，是安庆市经济发展、产业布局的重要依托和对外开放的重要窗口。

根据《合肥港总体规划》，合肥港是以集装箱、散货、件杂货运输为主，兼有旅游客运的综合性港口，规划范围涉及裕溪河、巢湖、南淝河、店埠河、派河、丰乐河、白石天河、兆西河、柘皋河、庄墓河相关水域和陆域。

（二）组织层面

2014年7月1日，芜湖港发布公告称，上海国际港务（集团）股份有限公司以现金10 633.35万元对公司全资子公司芜湖港务有限责任公司进行增资。增资后，公司持有港务公司65%的股份，上海国际港务（集团）股份有限公司持有芜湖港务有限责任公司35%的股份。

2018年，安徽省港航集团按照"积极主动、统筹谋划、先易后难、压茬推进"的原则，完成了省属国有资产的整合。先期划转整合的包括铜陵有色下属铜冠物流公司、马钢集团下属马鞍山港口（集团）公司以及安徽省港航建设投资集团所属港口企业。

2018年，由安徽省内六家企业发起设立安徽省港口运营集团有限公司，标志着安徽省港口资源整合工作取得突破性进展。安徽省港口运营集团有限公司注册资本为370 581万元，其中，6家股东分别为安徽省港航集团有限公司（持股72.72%，控股股东）、马鞍山郑蒲港新区建设投资有限公司（持股9.94%）、安庆市交通投资有限公司（持股8.65%）、铜陵市港航投资建设集团有限公司（持股6.34%）、池州建设投资集团有限公司（持股1.81%）、芜湖市交通投资有限公司（持股0.54%）。

2019年5月30日前，安徽省港口运营集团完成了沿江五市相关国有港口企业股权资产变更手续；5月31日，皖江物流以其港口资产、海螺水泥以其子公司海螺物流有限公司作价出资入股安徽省港口运营集团。

2020年4月17日，根据铜陵市委、市政府战略部署，改革国有资本运营和授权经营体制，提高国有资本市场化、专业化运作水平，提升国有资本运营效率，优化国有资本布局，根据铜陵市国资委批复同意，铜陵发展投资集团有限公司正式更名为铜陵市国有资本运营控股集团有限公司。

2021年3月，安徽省港口运营集团有限公司投资人股权变更，安徽省港航集团有限公司持股51.0716%，马鞍山郑蒲港新区建设投资有限公司持股

5.4391%，安庆市交通投资有限公司持股4.7339%，铜陵化学工业集团有限公司持股2.8625%，池州交通投资集团有限公司持股1.1444%，芜湖市交通投资有限公司持股0.2954%，淮河能源（集团）股份有限公司持股31.9162%，安徽海螺水泥股份有限公司持股0.9369%，奇瑞汽车（芜湖）滚装码头有限公司持股1.6000%。

（三）业务层面

2018年11月12日，宁波舟山港与阜阳市海铁联运物流通道战略合作协议签署仪式在阜阳举行，为对接"一带一路"倡议和"长江经济带"发展，配合安徽省实施"东向"发展战略，充分发挥宁波舟山港与阜阳市双方在区位、经贸、港口、物流等方面的整体优势，打造阜阳物流高地。此次战略合作协议的签订，进一步吸引阜阳及周边区域货源，推动阜阳成为区域级物流节点和宁波舟山港海铁联运物流集散点。

2019年3月28日，上海—芜湖"两港一航"直达航线正式开通。4月6日，合肥—芜湖首班"港航巴士"正式开行。5月28日，皖江小支线"港航巴士"正式首航，标志安庆港集装箱顺利对接芜湖—上海直达联盟航线，使安庆港集装箱全程航运时间由原先的最长14天压缩至7天以内，进一步便利了长江沿线港口对接上海港外贸干线船舶，极大地提高了安庆港集装箱的运输效率。6月18日，淮河干流首条外贸航线正式开通。作为淮河流域首个集装箱水运口岸，蚌埠二类水运口岸是安徽省继合肥港之后的第二个二类水运口岸。该二类水运口岸于2019年3月通过验收，并正式具备国际集装箱货物的口岸交接功能。该二类水运口岸的正式开放运营，标志着蚌埠及皖北地区的外贸货物可以在蚌埠港就地通关，并通过蚌埠—太仓外贸航线对接沿海港口外贸干线船舶，实现通江达海的目标。作为全国28个内河主要港口之一，蚌埠港已开通蚌埠—太仓、蚌埠—扬州、蚌埠—连云港3条集装箱航线，真正实现淮河运输通江达海。9月2日，蚌埠至太仓直达航线"港航巴士"顺利首航。10月22～24日，宁波舟山港与安徽沿江港口合作，推进区域港航一体化。强化宁波舟山港与芜湖港、马鞍山港、郑蒲港等沿江港口合作，加快推进淮河干流航道、芜申运河等航道建设，共同建设世界级港口群。

2020年8月28日，"淮安—上海"海铁班列首发，"淮安—上海"海铁班列的开通进一步深化了淮安和上海两地的物流合作，成为两地经济发展的新机遇、新桥梁。

2021 年 4 月 25 日，合肥至连云港整车出口海铁联运通道正式开通。这是安徽整车出口历史上首次实现海铁联运，也标志着同为大陆桥走廊的两个节点城市合肥、连云港再次携手。

综上可知，安徽省在港口资源整合方面取得的成效主要有：在战略层面上，形成"一核两翼"的集装箱航线布局，并开通重庆、九江等中转航线，集聚省内外港口集装箱到芜湖港中转，加快芜湖港的长江下游集装箱转运中心建设；加强政策引导与支持，建立强有力的行政管理机构，以安徽省港航集团的成立完成省属国有资产的整合，在此基础上成立安徽省港口运营集团，与上港集团、中国远洋海运集团、浙江省海港集团等行业领先企业推进战略合作、优势互补、资源共享，加快港口资源整合的速度，扩大港口资源整合的范围。在组织层面上，以股权纽带关系，按照市场化原则，构建统一的沿江港口营运管理平台，通过增资、划转、相互参股等多种方式开启跨区域港口资源的统筹，以多元投资激发港口企业经营管理的积极性和主动性，提升港口资源的利用效率。在业务层面上，依托安徽港口腹地资源优势，整合港口岸线资源，深化与上港集团的战略合作，全面对接上港集团集装箱江海联运综合服务平台，提升江海联运功能；促进港口泊位利用、航线船期安排等方面的业务协同，推动港口信息化和智能化发展，加快港口升级转型，提高现代化的综合性港口物流服务和航运服务水平，增强港口集聚和辐射功能。

第三节　长三角港口群整合评估

一、长三角港口群的耦合协调度

（一）港口群耦合协调测度模型

1. 港口贡献指数。贡献指数是指各港口对于港口群的有序化过程的贡献程度，即对于港口群良性运行和协调发展所发挥的作用大小；其指数越大，表明该港口对于港口群的有序化的贡献越大。第 i 个港口的贡献指数为：

$$u_i = \sum_{j=1}^{n} W_j |Y_{ij}| \qquad (2-1)$$

其中，$Y_{ij} = \dfrac{X_{ij} - \min X_{ij}}{\max X_{ij} - \min X_{ij}}$，$Y_{ij}$ 表示原始数据的规范化处理值，X_{ij} 是港口原

始数据；$W_j = (1 - E_j) / \sum_{j=1}^{n} (1 - E_j)$，$W_j$ 表示第 j 个指标的权重值；$E_j =$

$-\dfrac{1}{\ln(n)} \sum_{i=1}^{n} R_{ij} \ln(R_{ij})$，$E_j$ 表示第 j 项指标的熵值，$0 \le E_j \le 1$；$R_{ij} = Y_{ij} / \sum_{i=1}^{n} Y_{ij}$，

R_{ij} 表示第 j 个指标下第 i 年指标值的比重，若 $R_{ij} = 0$ 则定义 $\lim\limits_{R_{ij} \to 0} R_{ij} \ln(R_{ij}) = 0$。

对于指标数据，本书在进行标准化处理的基础上，利用熵权法计算出各港口在不同时期的指标权重，以防止人为干扰。

2. 港口群耦合度与耦合协调度。耦合度是物理学中的概念，是对系统或系统内部各要素间关联度的测量，反映各系统或各要素间因某种关联而相互影响和相互促进的程度。港口群是由距离接近、既相互竞争又彼此协作的各港口组成的港口系统，因此，耦合度模型也适用于港口群内各港口相互作用程度的测量上。根据耦合度模型，测量由 n 个港口构成的港口群的耦合度 C 为：

$$C = n \cdot \left\{ (u_1 \cdot u_2 \cdots u_n) / (u_1 + u_2 + \cdots + u_n)^n \right\}^{\frac{1}{n}} \qquad (2-2)$$

其中，u_n 是第 n 个港口的贡献指数。

耦合度重在反映各港口之间相互作用的强弱程度，但不能反映各港口水平，尤其是高、低发展水平状态下的耦合程度分辨较难，无法判定协调状况的好坏。为了更好地测量港口群的整体"协同"效应，体现港口群由无序走向有序的趋势，本书在耦合度的基础上提出耦合协调度的测量。

耦合协调度是评价港口群耦合与协调情况的一个综合性指标，是在港口耦合关系的基础上用以测量各港口之间良性耦合程度的方法，它既能度量各港口之间相互作用的程度，又可反映它们在发展方向、发展速度上的一致性，测度出整个港口群的协同发展度。港口的相互作用和协调是动态发展的过程，既有某个时点的状态，又表现为趋势性的状态，港口群耦合协调度的大小受到各港口之间的竞争、合作以及它们在规划、标准、运营方面的协调一致等诸多因素的影响。根据李艳（2003）的文献，港口群耦合协调度分为

静态耦合协调度和动态耦合协调度。静态耦合协调度 C_S 用来展示港口群某一时期的协调状况，运算公式是：

$$C_S = \sqrt{C \cdot T}, \ C_S \in [0,1] \qquad (2-3)$$

其中，T 是综合发展度，表示各港口对港口群有序发展的总体贡献值，反映了港口群的整体发展水平。$T = \sum \alpha_i u_i$，α_i 是 u_i 的相应权重值。

动态耦合协调度 $C_d(t)$ 用来衡量某一时段各个时点港口群内各港口间相互协调发展的程度，反映港口群协调发展的趋势：

$$C_d(t) = \frac{1}{N}\sum_{i=0}^{N-1} C_S(t-i), \ 0 < C_d(t) \leqslant t \qquad (2-4)$$

$C_S(t-N+1)$，$C_S(t-N+2)$，$\cdots$，$C_S(t-1)$，$C_S(t)$ 表示在 $(t-N)-t$ 这一时段内各个时刻的港口群的静态协调度。若给定任意两个不同的时刻 t_1 和 t_2，当 $t_1 < t_2$ 时，$C_d(t_1) \leqslant C_d(t_2)$，则表明该港口群已走上协调发展的轨道。

借鉴相关学者的研究，根据耦合程度的由低到高，本书将港口群的耦合度与耦合协调度划分为不同等级，具体如表 2 – 28 所示。

表 2 – 28　　　　　　　　　港口群耦合度及耦合协调度分级

耦合度		耦合协调度	
取值区间	耦合特征	取值区间	协调等级
0 ~ 0.29	低度耦合，耦合尚处于萌芽阶段，港口群内部各港口间存在一定协作关系	0 ~ 0.09	严重失调
		0.10 ~ 0.19	重度失调
		0.20 ~ 0.29	中度失调
0.30 ~ 0.49	中低度耦合，处于初级阶段，港口群内部各港口间的协作频次较高，但尤以竞争为主	0.30 ~ 0.39	轻度失调
		0.40 ~ 0.49	濒临失调
0.50 ~ 0.79	中度耦合，处于磨合发展阶段，港口群内部各港口间的协作范围与深度均在不断扩大	0.50 ~ 0.59	勉强协调
		0.60 ~ 0.69	初级协调
		0.70 ~ 0.79	中级协调
0.80 ~ 1.00	高度耦合，处于有序发展阶段，港口群内部各港口间具有高度的互信、利益关系，以及战略目标的协调	0.80 ~ 0.89	良好协调
		0.90 ~ 1.00	优质协调

（二）长三角港口群的耦合测度

1. 评价指标体系的构建。港口群的耦合协调度是由构成港口群的各港口的运作状态及其相互作用决定的。每一个港口的运作流程又可视为企业生产产品的过程，即原材料的输入、转换再到输出产成品的过程。其相互作用又取决于各港口资源要素、腹地经济及城市产业等的协同。围绕港口运作的输入、转换及输出过程，查阅大量相关文献，可以发现现有研究选取指标多聚焦于 GDP 等港口腹地经济、泊位个数等港口资源要素以及港口吞吐量等数据。在此基础上，本书结合安徽港口实际，根据指标选取的科学性、完备性、可获得性、独立性原则，构建了长三角港口群的耦合协调评价指标体系，具体如表 2 – 29 所示。

表 2 – 29　　　　　　　长三角港口群耦合协调评价指标

运作层面	指标	单位
投入层	X_1：港口城市 GDP	亿元
	X_2：港口城市 GDP 增长率	%
	X_3：港口城市人均 GDP	元
	X_4：第三产业占 GDP 的比重	%
	X_5：外贸进出口额	亿美元
过程层	X_6：泊位数	个
	X_7：泊位长度	米
产出层	X_8：港口货物吞吐量	万吨
	X_9：港口货物吞吐量增长率	%
	X_{10}：港口集装箱吞吐量	万标准箱
	X_{11}：港口集装箱吞吐量增长率	%

投入层作为企业的原料输入阶段，为港口运作奠定基础，由港口城市 GDP、GDP 增长率、人均 GDP、第三产业占 GDP 的比重以及外贸进出口额五个指标组成。其中，港口城市 GDP 及其增长率反映了港口区域的经济状况和发展潜力，体现了港口城市的货源吸引力；港口城市人均 GDP 显示了其国际化程度和居民消费水平；第三产业占 GDP 的比重反映了物流、金融、

保险等服务业对港口产业的支持力度；外贸进出口额体现了港口城市在国际分工中的参与状况。

过程层作为企业将投入的原材料进行实际生产和转换的阶段，主要包括港口泊位数和泊位长度两个指标，是港口生产不可或缺的基础设施要素，直接关系到港口的货源吸引力和生产效率。

产出层是企业输出产成品的阶段，体现着港口的竞争力，由港口货物吞吐量、集装箱吞吐量、货物吞吐量增长率以及集装箱吞吐量增长率四个指标组成。其中，吞吐量呈现港口装卸货物和集装箱的总量，是港口产出规模及专业化程度的直观表现；吞吐量增长率体现港口的发展潜力并影响港口的规划建设。

2. 样本选取与数据统计。根据表 2-29 所构建的指标体系，本书结合苏浙沪皖近几年港口相关的政策规划和港口吞吐量所表现出的发展潜力，选取了长三角地区具有代表性的 31 个港口作为样本，收集整理了其 2008~2020 年的投入层、过程层及产出层数据，其中 2020 年的相关数据列举如表 2-30 至表 2-32 所示。

表 2-30　　　　　　　2020 年长三角港口群投入层数据

地区	港口	港口城市 GDP （亿元）	GDP 增长率 （%）	港口城市 人均 GDP （元）	第三产业占 GDP 比重 （%）	外贸进出 口额 （亿美元）
上海市	上海港	38 963.3	2.6	156 803.0	73.4	5 038.3
浙江省	宁波舟山港	13 920.7	3.9	130 130.0	51.3	1 789.7
	温州港	6 870.9	4.0	71 766.0	56.4	317.3
	台州港	5 262.7	3.2	79 889.0	50.7	274.7
	嘉兴港	5 509.5	1.6	102 541.0	45.8	441.3
	嘉兴内河港	5 509.5	1.6	102 541.0	45.8	441.3
	杭州港	16 105.8	4.5	136 617.0	68.0	856.1
	绍兴港	6 000.7	3.7	113 746.0	51.2	373.6
	湖州港	3 201.4	2.5	95 579.0	46.0	163.3

续表

地区	港口	港口城市 GDP （亿元）	GDP 增长率 （%）	港口城市 人均GDP （元）	第三产业占 GDP比重 （%）	外贸进出 口额 （亿美元）
江苏省	苏州港	20 170.5	4.7	158 466.2	52.5	3 223.5
	太仓港	20 170.5	4.7	158 466.2	52.5	133.4
	南京港	14 818.0	2.5	159 322.0	62.8	771.8
	镇江港	4 220.1	3.5	131 579.6	49.3	104.2
	南通港	10 036.3	7.1	129 899.7	47.9	379.4
	连云港港	3 277.1	4.4	71 303.4	46.3	93.0
	无锡港	1 2370.5	4.8	165 850.8	52.5	877.9
	江阴港	4 113.8	2.8	231 239.0	48.2	191.4
	泰州港	5 312.8	4.0	117 542.0	46.4	146.4
	扬州港	6 048.3	4.3	132 784.4	48.9	113.1
	徐州港	7 319.8	3.8	80 673.0	50.1	154.3
	常州港	7 805.3	5.4	147 939.0	51.6	349.2
	盐城港	5 953.4	5.3	88 730.6	48.9	119.4
	宿迁港	3 262.4	5.8	65 502.9	47.6	47.8
	淮安港	4 025.4	4.8	87 507.1	49.3	49.8
安徽省	安庆港	2 467.7	4.0	58 684.0	47.0	18.7
	芜湖港	3 753.0	3.8	102 964.0	48.1	84.3
	马鞍山港	2 186.9	4.2	101 011.0	47.7	58.2
	合肥港	10 045.7	4.3	108 427.0	61.1	374.9
	蚌埠港	2 082.7	3.0	63 209.0	47.7	18.9
	铜陵港	1 003.7	3.2	75 748.0	49.0	76.4
	池州港	868.9	4.0	64 843.0	45.8	10.4

资料来源：根据《中国港口年鉴（2021）》和各省统计年鉴等数据整理。

表2-31　　　　　　　2020年长三角港口群过程层数据

地区	港口	泊位数（个）	泊位长度（米）
上海市	上海港	1 062	105 810
浙江省	宁波舟山港	620	94 452
	温州港	299	16 905

续表

地区	港口	泊位数（个）	泊位长度（米）
浙江省	台州港	195	13 024
	嘉兴港	97	10 458
	嘉兴内河港	871	50 126
	杭州港	833	30 988
	绍兴港	115	6 989
	湖州港	767	41 492
江苏省	苏州港	298	45 597
	太仓港	91	15 482
	南京港	257	27 694
	镇江港	176	23 340
	南通港	150	19 357
	连云港港	84	17 540
	无锡港	792	51 630
	江阴港	153	10 300
	泰州港	174	23 385
江苏省	扬州港	249	28 000
	徐州港	266	18 607
	常州港	395	24 181
	盐城港	85	10 362
	宿迁港	116	8 806
	淮安港	398	24 000
安徽省	安庆港	61	3 485
	芜湖港	115	12 515
	马鞍山港	117	9 793
	合肥港	140	9 305
	蚌埠港	30	2 231
	铜陵港	73	7 369
	池州港	79	8 385

资料来源：根据《中国港口年鉴（2021）》和各省统计年鉴等数据整理。

表 2 – 32　　　　　　　　2020 年长三角港口群产出层数据

地区	港口	港口货物吞吐量（万吨）	港口货物吞吐量增长率（%）	港口集装箱吞吐量（万标准箱）	港口集装箱吞吐量增长率（%）
上海市	上海港	71 669.9	– 0.5	4 350.3	0.5
浙江省	宁波舟山港	117 240.0	4.7	2 872.0	4.3
	温州港	7 401.5	– 1.9	101.1	26.0
	台州港	5 090.9	3.9	50.3	17.5
	嘉兴港	11 700.0	7.3	195.6	4.9
	嘉兴内河港	13 111.0	14.7	30.9	13.6
	杭州港	15 413.6	11.0	10.0	33.1
	绍兴港	2 437.0	7.6	9.9	9.9
	湖州港	12 215.0	5.1	55.8	5.9
江苏省	苏州港	55 408.0	6.0	629.0	0.4
	太仓港	21 606.0	0	521.2	1.2
	南京港	25 112.0	– 5.5	302.0	– 8.8
	镇江港	35 064.0	3.1	37.3	– 10.1
	南通港	31 003.3	– 7.8	191.1	23.9
	连云港港	25 169.0	3.0	480.3	0.5
	无锡港	31 599.5	9.9	55.7	– 4.9
	江阴港	25 600.0	10.7	50.6	– 6.2
	泰州港	30 111.0	6.8	31.9	– 9.0
	扬州港	14 400.0	3.5	52.7	0.8
	徐州港	4 390.9	9.5	10.6	73.8
	常州港	10 276.0	35.0	35.1	9.7
	盐城港	7 954.0	1.5	26.4	0
	宿迁港	2 050.0	68.6	11.7	59.9
	淮安港	7 152.0	– 8.4	25.9	6.1
安徽省	安庆港	2 066.0	– 17.7	16.5	10.0
	芜湖港	13 537.0	5.9	110.0	8.4
	马鞍山港	10 226.0	2.9	19.4	25.6
	合肥港	3 612.0	– 31.8	37.1	– 4.0
	蚌埠港	1 731.0	6.5	5.3	19.8
	铜陵港	8 430.0	– 13.8	3.3	0.2
	池州港	10 139.0	4.0	1.7	– 6.1

资料来源：根据《中国港口年鉴（2021）》和各省统计年鉴等数据整理。

3. 数据处理。

（1）数据标准化处理。由于各指标单位不同，为了减少因直接计算产生误差和指标间横向比较的便利性，需要对数据进行标准化处理。具体计算步骤如图 2 - 1 所示。

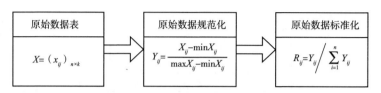

图 2 - 1　数据标准化处理

（2）确定指标权重。由于本书选取的是长三角港口群 2008 ~ 2020 年的面板数据，需要考虑到各个港口在时间序列发展过程中指标权重的差异性，因此对数据进行标准化处理后，采用熵权法进行指标权重的测算。具体运算结果如表 2 - 33 所示。

表 2 - 33　　　　　　　长三角港口耦合协调评价指标权重值

港口	投入层					过程层		产出层			
	港口城市GDP（亿元）	GDP增长率（%）	地区人均GDP（元）	第三产业占GDP比重（%）	外贸进出口额（亿美元）	泊位数（个）	泊位长度（米）	港口货物吞吐量（万吨）	港口货物吞吐量增长率（%）	港口集装箱吞吐量（万标准箱）	港口集装箱吞吐量增长率（%）
上海港	0.130	0.046	0.148	0.093	0.062	0.114	0.165	0.075	0.042	0.087	0.039
宁波舟山港	0.088	0.099	0.113	0.111	0.079	0.076	0.163	0.074	0.057	0.089	0.051
温州港	0.090	0.085	0.080	0.077	0.278	0.095	0.026	0.045	0.067	0.108	0.048
台州港	0.097	0.105	0.094	0.072	0.097	0.178	0.037	0.074	0.029	0.125	0.094
嘉兴港	0.077	0.058	0.057	0.052	0.243	0.075	0.108	0.065	0.035	0.068	0.160
嘉兴内河港	0.061	0.046	0.045	0.041	0.193	0.044	0.048	0.055	0.033	0.078	0.356
杭州港	0.070	0.060	0.052	0.066	0.038	0.118	0.099	0.087	0.038	0.198	0.173
绍兴港	0.044	0.063	0.039	0.040	0.047	0.049	0.067	0.089	0118	0.244	0.199

续表

港口	投入层					过程层		产出层			
	港口城市GDP（亿元）	GDP增长率（%）	地区人均GDP（元）	第三产业占GDP比重（%）	外贸进出口额（亿美元）	泊位数（个）	泊位长度（米）	港口货物吞吐量（万吨）	港口货物吞吐量增长率（%）	港口集装箱吞吐量（万标准箱）	港口集装箱吞吐量增长率（%）
湖州港	0.065	0.042	0.055	0.049	0.052	0.073	0.082	0.066	0.127	0.141	0.248
芜湖港	0.085	0.057	0.088	0.171	0.068	0.107	0.116	0.092	0.051	0.129	0.037
安庆港	0.089	0.055	0.102	0.137	0.112	0.050	0.042	0.080	0.055	0.203	0.075
马鞍山港	0.092	0.046	0.138	0.137	0.056	0.113	0.077	0.093	0.058	0.110	0.080
合肥港	0.059	0.039	0.059	0.152	0.061	0.126	0.077	0.060	0.035	0.093	0.240
铜陵港	0.086	0.033	0.080	0.151	0.065	0.106	0.106	0.096	0.065	0.113	0.098
池州港	0.085	0.094	0.088	0.102	0.100	0.062	0.044	0.167	0.114	0.064	0.082
蚌埠港	0.061	0.026	0.061	0.093	0.054	0.072	0.064	0.091	0.059	0.184	0.235
苏州港	0.083	0.151	0.072	0.064	0.049	0.077	0.241	0.063	0.055	0.072	0.074
太仓港	0.059	0.177	0.082	0.071	0.075	0.082	0.070	0.099	0.108	0.098	0.080
南京港	0.113	0.067	0.111	0.130	0.068	0.065	0.104	0.073	0.078	0.096	0.095
镇江港	0.074	0.074	0.073	0.075	0.044	0.050	0.080	0.185	0.198	0.067	0.080
南通港	0.108	0.104	0.098	0.098	0.085	0.060	0.058	0.115	0.057	0.154	0.063
连云港港	0.086	0.125	0.083	0.076	0.102	0.087	0.058	0.067	0.116	0.066	0.132
无锡港	0.064	0.061	0.062	0.072	0.041	0.160	0.189	0.082	0.083	0.151	0.035
江阴港	0.071	0.115	0.049	0.067	0.043	0.206	0.085	0.085	0.063	0.175	0.039
泰州港	0.095	0.080	0.096	0.080	0.075	0.060	0.072	0.117	0.149	0.117	0.059
扬州港	0.116	0.092	0.115	0.111	0.065	0.085	0.063	0.102	0.059	0.076	0.115
徐州港	0.063	0.066	0.061	0.068	0.074	0.147	0.110	0.046	0.027	0.233	0.092
常州港	0.106	0.115	0.108	0.086	0.062	0.071	0.071	0.052	0.057	0.083	0.189
盐城港	0.082	0.118	0.082	0.091	0.089	0.072	0.090	0.114	0.071	0.136	0.056
宿迁港	0.073	0.103	0.068	0.070	0.063	0.080	0.092	0.071	0.059	0.239	0.083
淮安港	0.083	0.088	0.080	0.071	0.070	0.037	0.053	0.092	0.067	0.102	0.258

4. 耦合协调度计算。

（1）长三角港口群综合发展情况。按照前述公式，计算获得各港口2008～2020年的贡献指数和长三角港口群系统的综合发展度，见表2-34。

表 2-34　　　　2008～2020 年长三角港口贡献指数、综合发展度

	港口	2008年	2009年	2010年	2011年	2012年	2013年	2014年	2015年	2016年	2017年	2018年	2019年	2020年
港口贡献指数	上海港	0.247	0.256	0.395	0.472	0.514	0.583	0.669	0.701	0.548	0.571	0.549	0.655	0.626
	宁波舟山港	0.168	0.148	0.338	0.316	0.273	0.351	0.384	0.434	0.473	0.744	0.709	0.729	0.769
	温州港	0.198	0.158	0.267	0.339	0.315	0.338	0.331	0.350	0.613	0.669	0.426	0.455	0.602
	台州港	0.190	0.185	0.334	0.350	0.345	0.402	0.399	0.419	0.502	0.668	0.655	0.674	0.675
	嘉兴港	0.227	0.212	0.271	0.271	0.292	0.306	0.390	0.379	0.629	0.738	0.525	0.541	0.529
	嘉兴内河港	0.092	0.103	0.180	0.593	0.265	0.293	0.253	0.228	0.403	0.471	0.294	0.315	0.328
	杭州港	0.248	0.208	0.325	0.317	0.280	0.210	0.399	0.342	0.228	0.525	0.404	0.490	0.574
	绍兴港	0.159	0.132	0.198	0.255	0.246	0.291	0.343	0.430	0.341	0.260	0.369	0.534	0.498
	湖州港	0.345	0.241	0.259	0.250	0.541	0.317	0.225	0.274	0.293	0.398	0.386	0.413	0.400
	芜湖港	0.230	0.159	0.224	0.234	0.353	0.412	0.483	0.550	0.699	0.590	0.647	0.770	0.743
	安庆港	0.260	0.217	0.286	0.316	0.392	0.426	0.477	0.545	0.462	0.510	0.646	0.673	0.635
	马鞍山港	0.231	0.166	0.203	0.266	0.372	0.402	0.499	0.590	0.669	0.570	0.571	0.633	0.745
	合肥港	0.087	0.087	0.133	0.388	0.309	0.371	0.338	0.309	0.345	0.384	0.431	0.545	0.521
	铜陵港	0.203	0.222	0.315	0.317	0.358	0.570	0.560	0.575	0.652	0.615	0.542	0.605	0.599
	池州港	0.238	0.317	0.341	0.324	0.343	0.357	0.428	0.429	0.452	0.515	0.615	0.756	0.656
	蚌埠港	0.157	0.136	0.155	0.150	0.195	0.258	0.272	0.300	0.569	0.429	0.448	0.683	0.577
	苏州港	0.254	0.238	0.436	0.449	0.476	0.368	0.347	0.439	0.556	0.746	0.749	0.721	0.721
	太仓港	0.392	0.364	0.597	0.573	0.583	0.401	0.438	0.555	0.524	0.687	0.664	0.502	0.554
	南京港	0.262	0.205	0.412	0.521	0.550	0.544	0.571	0.612	0.553	0.589	0.643	0.645	0.583
	镇江港	0.174	0.176	0.316	0.409	0.424	0.329	0.395	0.479	0.477	0.505	0.529	0.818	0.606
	南通港	0.146	0.122	0.295	0.358	0.308	0.396	0.456	0.458	0.522	0.631	0.656	0.815	0.799
	连云港港	0.417	0.328	0.437	0.477	0.396	0.414	0.387	0.445	0.480	0.513	0.569	0.571	0.579
	无锡港	0.220	0.174	0.317	0.350	0.331	0.333	0.244	0.225	0.403	0.658	0.712	0.593	0.546
	江阴港	0.243	0.255	0.360	0.416	0.407	0.431	0.212	0.240	0.399	0.504	0.505	0.618	0.560
	泰州港	0.073	0.172	0.418	0.414	0.358	0.462	0.465	0.515	0.557	0.717	0.824	0.757	0.716
	扬州港	0.287	0.255	0.479	0.542	0.395	0.561	0.642	0.554	0.621	0.735	0.730	0.672	0.690
	徐州港	0.364	0.371	0.400	0.422	0.261	0.291	0.334	0.312	0.382	0.363	0.336	0.474	0.571
	常州港	0.341	0.464	0.483	0.498	0.435	0.427	0.530	0.509	0.539	0.697	0.626	0.439	0.563
	盐城港	0.180	0.157	0.260	0.432	0.296	0.403	0.513	0.596	0.604	0.685	0.682	0.698	0.753
	宿迁港	0.266	0.310	0.272	0.500	0.369	0.324	0.330	0.241	0.306	0.414	0.460	0.469	0.679
	淮安港	0.136	0.442	0.234	0.387	0.360	0.396	0.460	0.505	0.522	0.590	0.452	0.509	0.512
综合发展度 T		0.227	0.225	0.321	0.384	0.366	0.386	0.412	0.437	0.494	0.571	0.560	0.605	0.610

基于表 2 - 34，绘制 2008～2020 年长三角港口群综合发展情况的趋势。从图 2 - 2 可以看出，2008～2020 年长三角港口群的综合发展度 T 大体呈增长趋势，各个港口在港口群系统的有序化贡献逐步增强，且呈现层次变化，具体可分为以下三个阶段。

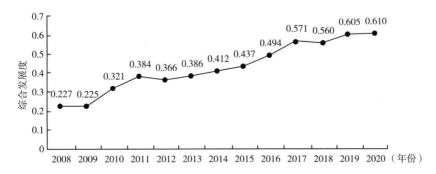

图 2 - 2　2008～2020 年长三角港口群综合发展情况

第一阶段：2008～2013 年，长三角港口群的综合发展度在 0.4 以下，呈现波动式上升趋势。其中，2013 年上海港、铜陵港、南京港、扬州港贡献指数均在 0.5 以上，各港口间开始有所区分，但层次并不明显。

第二阶段：2014～2017 年，长三角港口群的综合发展度呈现稳定上升趋势，达到 0.5 以上。除宁波舟山港、池州港、南通港、泰州港、盐城港、淮安港呈现稳定上升趋势外，其他港口在整个港口系统中的贡献指数波动幅度较大，处于港口间磨合发展阶段。

第三阶段：2018～2020 年，除 2018 年有小幅下降外，长三角港口群的综合发展度基本保持上升趋势，达到 0.6 以上。其中，2020 年宁波舟山港、芜湖港、马鞍山港、苏州港、南通港、泰州港、盐城港贡献指数均增长到 0.7 以上，而嘉兴内河港、绍兴港、湖州港贡献指数均在 0.5 以下，各港口对港口群系统的有序化贡献层次划分较为明显。

（2）长三角港口群耦合测度。根据前面耦合理论的分析可知，计算耦合度可反映长三角港口群中各港口相互作用和相互影响的关系，计算静态耦合协调度可测定各港口发展的有序性和协调一致的程度，同时可运用动态耦合协调度分析长三角港口群协调发展的趋势。按照前述方法，计算得出长三角港口群的耦合度和耦合协调度值，如图 2 - 3 所示。

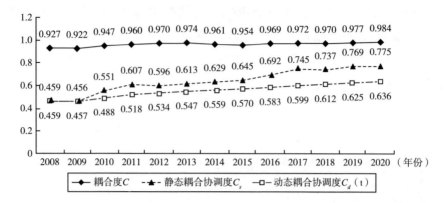

图 2 - 3 2008 ~ 2020 年长三角港口群耦合度、静态耦合协调度及动态耦合协调度趋势

第一，2008 ~ 2020 年，长三角港口群耦合度始终在 0.9 以上，港口耦合处于有序发展状态并呈现波动增长的趋势。第二，从整个系统内部来看，长三角港口群内部的静态耦合协调度总体呈现上升趋势。其中，2008 ~ 2010年，静态耦合协调度值呈现波动上升趋势，长三角港口群由濒临失调过渡到勉强协调状态；2010 ~ 2016 年，长三角港口群的静态耦合协调度值由 0.551波动攀升至 0.692，长三角港口群由勉强协调过渡到初级协调状态；2016 ~2020 年，长三角港口群的静态耦合协调度值从 0.692 增长至 0.775，整个港口群系统的协调程度加深，港口之间处于中级协调状态。第三，从长三角港口群动态耦合协调度值来看，长三角港口群总是处在协调发展的轨迹上，协同水平呈现稳步上升趋势。

（三）长三角港口群耦合度影响因素分析

综上研究，可以得出结论：一是港口综合发展度呈上升趋势，发展态势较好；耦合度值稳定在 0.9 以上，港口耦合水平较高，处于有序发展状态。二是从耦合协调度分析可知，长三角港口群处于濒临失调至中级协调的过渡阶段，港口群系统一直处于协调发展的轨迹上，但各港口间良性耦合协调程度不高，正向协调发展速度较为缓慢。

具体来说，影响长三角港口群耦合协调度的因素可从以下三个方面进行分析。一是港口政策的推动与引导。2018 年 11 月 5 日，国家正式将长三角区域一体化发展上升为国家战略。而长三角港口群处于海上丝绸之路与长江经济带交接的枢纽地带，是我国联通世界最大的门户区域和与世界级港口群竞争的重要节点。长三角港口群的协同发展对支撑和服务长三角区域一体化高质量发展具有更加突出的意义，因此政府一直高度重视并致力于采取多种措施推动长三角港口的一体化发展。2018 年 12 月，交通运输部、上海市、江苏省、浙江省、安徽省人民政府联合印发的《关于协同推进长三角港航一体化发展六大行动方案》指出，长三角地区要协同推进港航一体化发展；2019 年 12 月，中共中央、国务院印发的《长江三角洲区域一体化发展规划纲要》中强调要推动港航资源整合，优化港口布局，健全一体化发展机制。苏浙沪皖也积极出台了推动港口间省际协作和港口内部一体化发展的多项地方性港口政策文件。政府的政策规划与科学引导，在一定程度上可促使长三角港口的发展从无序走向有序，从恶性竞争走向协同合作。

二是港口腹地产业的发展。长三角港口的腹地包括港口所在城市及其业务辐射范围内的周边城市，港口城市的经济发展与城市间的产业联动促进了港口的耦合协同。长三角地区各港口城市的 GDP 近年总体呈现快速增长的趋势，其经济结构和发展规模在某种程度上决定着港口的发展。腹地经济的繁荣发展可为港口提供发展的动力和有力支撑，港口城市间的产业联动又会对港口资源的配置与组合产生影响，进而影响着港口间的耦合协调程度。

三是港口间业务的协同。随着推动长三角一体化措施的提出，苏浙沪皖不断加快省内和省际的港口整合与协调，如上港集团与江苏省港口集团、中国远洋海运集团有限公司进行战略合作备忘录的签署，促进上海与江苏集装箱港口业务的整合；与太仓港口管委会签订战略合作协议，深化资本合作；与浙江海港集团共同签署《小洋山港区综合开发合作协议》，通过股权合作共同推进小洋山综合开发；拟出资参与认购宁波舟山港股份，两大港口交叉持股，以增强港口群联动协作成效等。苏浙皖间通过多条港口外贸航线、集装箱航线、"港航巴士"等的开通与运行，推进了区域港航一体化。目前，长三角各港口间的合作主要表现在航线、口岸、货种、信息平台建设等方面。长三角港口群系统通过港口间业务的合作和联动发展，可进一步增进其耦合协调的程度。

二、长三角港口群效率评价

经济新常态形势下，国际经济发展和竞争合作日益复杂，国内经济提质增效和稳健高质量发展需求并举，港口在参与国际分工、促进对外开放、增强发展新动能等方面发挥越来越重要的作用，是全球供应链运行中的重要环节。从经济学角度来看，港口效率是一种相对效率，是港口资源的有效配置、投入与产出贡献、港口运营管理能力、竞合关系能力的综合评价。科学地评价港口效率对港口竞争力的提升具有重要意义。1976 年，联合国贸易和发展会议（UNCTAD）发布《港口绩效指标》报告，该报告指出了港口绩效指标的合理运用可有效提升港口运营效率、合理化港口规划以及提升港口竞争力。

本书从静态效率和动态效率两个维度研究了长三角港口的效率测度并对其结果进行分析。一方面，通过规模效率、技术效率、综合效率等方面对长三角港口群发展进行效率层面的综合分析，对比不同港口间的差异，寻找港口发展的新动能；另一方面，分析影响港口效率差异的现实因素，为提升港口竞争力找寻有效的优化措施。合理且必需的港口效率评价有利于深入了解长三角港口群发展现状和存在的问题，可以为完善港口群整体发展规划提供更为有效的依据，从而加快长三角港口群打造世界级港口群的步伐。

（一）港口效率测度模型

目前，港口效率的研究方法主要分为两大类：生产前沿分析法和非生产前沿分析法。非生产前沿分析法主要是用单一指标来衡量港口效率，如偏要素生产率或部分衡量法，由于缺乏对港口的整体评价而很少被采用。前沿分析法是通过前沿生产函数来测量效率水平，前沿生产函数反映在具体给定的技术水平和生产要素的投入条件下，企业投入组合与最大产出量之间的函数关系，通过比较企业的实际产出与最优产出（前沿面）间的差距来测度企业的综合效率。前沿生产函数的研究有参数和非参数两种基本方法，随机前沿分析法（stochastic frontier analysis，SFA）和数据包络分析法（data envelopment analysis，DEA）分别是参数法和非参数法中的常用方法，两者在港口绩效评价中均有使用。其中，由于 DEA 是一种非参数方法，一种评价多投入、多产出决策单元间相对效率的有效方法，无需事先确定函数关系，并且能够有效分析被评价主体间的无效因素。目前以 DEA 模型在港口效率评价中的应用最为普遍。

DEA 模型最早由查尔斯（Charnes，1978）提出，称为 CCR 模型，假设条件为规模报酬不变；班克等（Banker et al.，1984）对 CCR 模型进行延伸，提出规模报酬可变的假定，即 BCC 模型；塞克斯顿等（Sexton et al.，1986）在传统的 CCR 模型的基础上首次提出了交叉效率评价方法，是对传统 DEA 方法的进一步完善和改进。该模型的主要思想是使用自互评体系取代单纯的自评体系，从而得到更加客观有效的效率值，从根本上克服了传统 CCR 模型中所存在的两个重要缺陷。

基于 DEA 方法的港口效率评价沿着从最初的静态的、单层的、径向测度的逐步向动态的、多层次的、非径向测度的 DEA 模型应用转变这一脉络演进。

DEA 模型只能分析同一期间统计数据，不能探讨不同时期生产效率变动趋势，即 DEA 模型分析的效率值是静态效率。史坦（Sten，1953）在研究消费分析时首次提出了 Malmquist 指数，用于评价不同时期消费投入变化的数量指标。卡夫等（Caves et al.，1982）在距离函数的基础上构造了分析生产率变化的 Malmquist 生产率指数。法勒和格罗斯科普夫（Fare & Grosskopf，1992）通过运用 DEA 模型将投入产出指标融入 Malmquist 指数，以 Malmquist 指数表示跨期生产率效率的变动。根据法勒（Fare）等学者于 1992 年对 Malmquist 指数的定义，引入 Malmquist 指数则刚好可以弥补 DEA 模型的不足，因为 Malmquist 全要素生产指数能测算出不同时期的生产效率变化趋势，即可分析不同时期的动态效率，Malmquist 指数法可与前面分析的 DEA 模型共同使用，从而使实证分析更为完整。

根据定义，Malmquist 生产率指数可以分解为技术效率变化和技术变化两部分，其中技术效率变化又可进一步分解为纯技术效率变化和规模效率变化。Malmquist 指数的分解可总结如下：全要素生产率指数 = 技术进步 × 技术效率变动 = 技术进步 × 规模效率变动 × 纯技术效率变动。其中，规模效率变化大于 1，意味着生产经营存在规模效率；纯技术效率变化大于 1，意味着管理水平的提升或制度的改善促进了生产效率有所提高；技术变化大于 1，意味着生产技术的改进，生产经营实现了技术进步；全要素生产率大于 1，意味着生产效率有所提升。反之，若上述各指标小于 1，则表明相应效率呈下降趋势。

根据国内外学者的研究，总结港口效率研究成果如表 2 - 35 所示。

表 2 - 35　　　　　　　　　港口技术效率研究成果

作者	实证数据	模型	效率类型
罗尔和哈耶斯（Roll & Hayuth, 1993）	20 个世界港口	DEA	技术效率
刘（Liu, 1995）	28 个英国港口	SFA 随机前沿生产函数	技术效率
童（Tongzon, 2001）	4 个澳大利亚和 12 个国际港口	DEA	技术效率、敏感分析
库里南、宋和格蕾（Cullinane, Song & Gray, 2002）	15 个亚洲港口	SFA 道格拉斯和超对生产函数	技术效率
吴杰、严红和约翰·刘（Wu Jie, Yan Hong & Jhon Liu, 2009）	18 个亚洲集装箱港口	DEA 交叉效率	技术效率
吴杰等（Wu Jie et al., 2010）	77 个世界集装箱港口	DEA	技术效率
庞瑞芝（2006）	中国 50 个主要沿海港口	DEA	技术效率
李兰冰等（2011）	海峡两岸暨香港 16 个沿海港口	DEA-Malmquist	全要素生产率指数
罗俊浩等（2013）	中国 8 大集装箱港口	DEA-Tobit 两阶段	技术效率
曹玮等（2013）	福建省 4 个沿海港口	DEA-Malmquist	技术效率、全要素生产率指数
刘涛等（2013）	环渤海地区 9 大港口	DEA-Malmquist	技术效率、全要素生产率指数
王玲等（2013）	中国 14 个内河港口和 17 家沿海港口	序列 SBM-DEA	技术效率
宁凌等（2016）	海上丝绸之路沿线上我国 11 个主要港口	DEA-Malmquist	技术效率、全要素生产率指数
王爱虎（2017）	珠三角地区 9 个主要港口	三阶段 DEA	技术效率

（二）长三角港口群的效率测度

为综合全面地衡量长三角港口群的港口效率，本书根据苏、浙、沪、皖近几年港口相关的政策规划和港口吞吐量所表现出的发展潜力，选取了长三角地区具有代表性的 31 个港口作为样本，对其 2020 年的静态效率以及 2008 ～ 2020 年的动态效率进行评价。本书评价模型包括三部分内容：一是采用 CCR、BCC-DEA 模型对长三角港口群 31 个港口 2020 年的相对静态效率进行评价；二是采用交叉效率模型对长三角港口群 31 个港口 2020 年的相对效率进行评价；三是采用 DEA-Malmquist 动态效率模型，对 2008 ～ 2020 年长三角港口群的动态效率进行测度。

1. 评价指标体系的构建。根据港口效率评价的目的、特殊性以及影响港口效率的因素，长三角港口评价指标体系的选择标准应遵循以下 4 个原则：系统完整性原则、通用可比性原则、客观实用性原则、目标导向性原则。

国内外学者就分析港口效率的相关评价指标体系已做了大量相关研究，本书将部分已有研究中的投入、产出指标整理如表 2 - 36 所示。

表 2 - 36   港口效率研究中港口投入产出指标

相关研究	投入指标	产出指标
童（Tongzon，2001）	码头长度、码头面积、桥吊数量、堆场起重机数量、跨运车数量	集装箱吞吐量
库里南（Cullinane，2002）	码头长度、码头面积、货物装卸设备数量	集装箱吞吐量
库里南（Cullinane，2003）	泊位总长度、集装箱泊位长度	集装箱吞吐量、货物吞吐量
吴杰（Wu Jie，2009，2010）	货物装卸设备的容量、泊位数量、码头面积、存储容量	集装箱吞吐量
庞瑞芝（2006）	泊位长度、泊位数量	货物吞吐量
李兰冰等（2011）	泊位数量、泊位长度、集装箱码头堆积容量、桥式起重机数	集装箱吞吐量、货物吞吐量
罗俊浩等（2013）	泊位长度、桥吊数、港口面积	集装箱吞吐量
王玲等（2013）	泊位数量、泊位长度	货物吞吐量

通过分析发现，投入变量中出现最多的变量为泊位长度、泊位数量、码头面积等，产出变量中出现最多的变量是货物吞吐量和集装箱吞吐量。泊位长度、泊位数量、码头面积的数值大小反映了港口在基础设施上的投入度，直接关联到港口装卸货物的生产效率、港口运作运营的效率以及港口发展的潜能；货物吞吐量和集装箱吞吐量反映了港口吸引船公司和货主的能力以及与腹地城市经济的关联度，是港口综合实力的最直接体现。本书结合港口效率评价指标的原则，考虑长三角港口群实际发展现状，选取泊位数、泊位长度为长三角港口群效率评价投入指标，货物吞吐量和集装箱吞吐量为长三角港口群效率评价产出指标，如表 2 – 37 所示。

表 2 – 37   长三角港口群港口效率评价指标

指标层	指标名称
投入指标	泊位数（个）、泊位长度（米）
产出指标	货物吞吐量（万吨）、集装箱吞吐量（万标准箱）

2. 样本选取与数据统计。相关评价数据来自 2008～2020 年的《中国港口年鉴》、港口及所在省市 2008～2020 年统计年鉴以及统计局网站。其中，2020 年长三角港口群相关指标数据如表 2 – 38 所示。

表 2 – 38   2020 年长三角港口群指标数据

序号	地区	港口名称	投入指标		产出指标	
			泊位数（个）	泊位长度（米）	货物吞吐量（万吨）	集装箱吞吐量（万标准箱）
1	安徽省	芜湖港	115	12 515	13 537	110
2		安庆港	33	3 485	2 066	16.5
3		马鞍山港	117	9 793	10 226	19.4
4		合肥港	140	9 305	3 612	37.1
5		铜陵港	73	7 369	8 430	3.3
6		池州港	79	8 385	10 139	1.7
7		蚌埠港	2 020	30	2 231	1 731

序号	地区	港口名称	投入指标		产出指标	
			泊位数（个）	泊位长度（米）	货物吞吐量（万吨）	集装箱吞吐量（万标准箱）
8	浙江省	宁波舟山港	620	94 452	117 240	2 872
9		温州港	299	16 905	7 401.48	101.1
10		台州港	195	13 024	5 090.90	50.3
11		嘉兴港	97	10 458	11 700	195.6
12		嘉兴内河港	871	50 126	13 111	30.93
13		杭州港	833	30 988	15 413.59	9.98
14		绍兴港	115	6 989	2 437	9.93
15		湖州港	767	41 492	12 215	55.8
16	江苏省	苏州港	298	45 597	55 408	629
17		南京港	257	27 694	25 112	302
18		镇江港	176	23 339.7	35 064	37.3
19		南通港	150	19 357	31 003.30	191.10
20		连云港港	84	17 540	25 168.95	480.34
21		无锡港	792	51 630	31 599.49	55.72
22		江阴港	153	10 300	25 600	50.61
23		泰州港	174	23 385	30 111	31.93
24		扬州港	249	28 000	14 400	52.73
25		徐州港	266	18 607	4 390.92	10.55
26		常州港	395	24 181	10 276	35.10
27		盐城港	85	10 362	7 953.97	26.43
28		宿迁港	116	8 806	2 050	11.67
29		淮安港	398	24 000	7 152	25.88
30		太仓港	91	15 482	21 606	521.2
31	上海市	上海港	1 062	105 810	71 669.90	4 350.3

3. 长三角港口群效率测度。

（1）长三角港口群静态效率测度。首先采用经典模型，即以产出为导向的 CCR、BCC 模型对 2020 年长三角港口群 31 个港口运作效率进行了评价和排名，指出了 31 个港口经营中具有的优势和存在的不足。之后利用经典模型结合交叉效率的方法对这 31 个港口运作效率进行了更为精确的排序。根据表 2－38 中的指标数据，运用软件计算得出 2020 年长三角港口群 31 个港口的港口效率值如表 2－39 所示。

表 2-39　　　　　　　　**2020 年长三角港口群静态效率测度值**

序号	港口	CCR 模型		BCC 模型			交叉效率模型	
		综合效率值	排序	纯技术效率值	排序	规模效率值	传统交叉效率值	排序
1	上海港	1	1	1	1	1	0.5684	10
2	苏州港	0.692	9	0.921	10	0.751	0.6569	7
3	南京港	0.401	15	0.564	15	0.711	0.451	14
4	镇江港	0.774	7	0.973	9	0.796	0.6651	6
5	南通港	0.809	6	0.987	8	0.82	0.7654	5
6	连云港港	1	1	1	1	1	0.9291	1
7	无锡港	0.181	20	0.448	19	0.405	0.2211	20
8	江阴港	0.756	8	1	1	0.756	0.9109	3
9	泰州港	0.67	10	0.838	11	0.799	0.5722	9
10	扬州港	0.235	19	0.322	20	0.729	0.227	19
11	徐州港	0.074	28	0.127	29	0.585	0.0882	31
12	常州港	0.119	24	0.252	22	0.473	0.1552	24
13	盐城港	1	1	1	1	1	0.3448	16
14	宿迁港	0.078	27	0.097	31	0.802	0.0946	29
15	淮安港	0.083	26	0.177	26	0.468	0.1088	27
16	太仓港	1	1	1	1	1	0.9165	2
17	宁波舟山港	0.883	5	1	1	0.883	0.7972	4
18	温州港	0.143	21	0.247	23	0.578	0.1861	21
19	台州港	0.118	22	0.195	28	0.608	0.164	22
20	嘉兴港	0.542	11	0.598	13	0.906	0.595	8
21	嘉兴内河港	0.07	31	0.19	25	0.367	0.0919	30
22	杭州港	0.09	29	0.32	21	0.283	0.1468	25
23	绍兴港	0.097	25	0.127	29	0.766	0.1286	26
24	湖州港	0.074	30	0.205	24	0.363	0.1057	28
25	芜湖港	0.482	13	0.564	15	0.854	0.5084	11
26	安庆港	0.258	17	0.671	12	0.385	0.2757	18
27	马鞍山港	0.38	16	0.464	18	0.818	0.4092	15
28	合肥港	0.118	22	0.176	27	0.671	0.1637	23
29	铜陵港	0.481	14	0.518	17	0.929	0.4622	13
30	池州港	0.529	12	0.576	14	0.918	0.494	12
31	蚌埠港	0.256	18	1	1	0.256	0.2993	17
	均值	0.4320		0.5664		0.6994	0.4033	

第一，从 CCR、BCC 模型评价来看，港口群整体综合效率水平不高。长三角港口群的综合技术效率均值为 0.4320，纯技术效率均值为 0.5664，规模效率均值为 0.6994，纯技术效率水平也有较大提升空间，整体规模效应处于递减的状态，以上效率值表明了长三角港口群管理水平仍需提高，在未来的港口运营中，需提高技术创新在港口运营以及基础设施、信息化发展等方面的投入，港口群的整体规划需更合理地统筹与实施。从表 2－39 可以看出，2020 年长三角港口群不同港口之间效率差距较为明显。港口综合效率值完全达到 DEA 有效的港口有上海港、太仓港、连云港港和盐城港，说明这四个港口积极有效地应对新冠疫情对港航的冲击，港口综合服务能力稳定。综合效率排在前十位的港口还有：宁波舟山港、南通港、镇江港、江阴港、苏州港和泰州港，可以看出前十位的港口集中在江苏和上海，浙江省仅有宁波舟山港入围，安徽省的芜湖港、铜陵港、池州港排名中游偏上，说明长三角港口发展不仅省域之间差距明显，同一省域内部也存在地区性差异。另外，可以看出一些港口的综合效率值较低，这与港口的基础设施能力、经济腹地、产业结构以及港口所在的区位优势不同相关联。同时，从规模效率看，长三角大部分港口的规模效应不明显，说明港口生产应进一步提高设施设备的利用率，港口的资源配置需更加合理和有效，进一步推动港口规模化、集约化、专业化发展。

第二，从交叉效率模型测算结果来看，各港口效率差异明显，且均有不同程度的提升空间。在使用传统交叉效率模型评价时，长三角港口群没有一个港口的效率值达到 1，相比传统 CCR、BCC 模型所得出的效率值均偏低，符合交叉效率模型考虑港口间存在竞争关系，并说明各港口效率均有不同的提升空间，更符合实际情况。整体看，长三角港口群港口效率差距较大，2020 年 31 个港口效率平均值只有 0.4033，其中有 16 个港口的效率低于平均水平，连云港港、太仓港的港口效率值在整体港口群交叉效率值排行前两位，分别为 0.9291 和 0.9165，港口效率值最低值为 0.0882，差距明显。结合江浙沪皖三省一市的港口交叉效率值分布来看，长三角港口群整体运营效率亟须进一步提升，不同省域以及同一个省域内部，港口发展的不均衡现象较为明显。除了地理位置、要素禀赋、基础条件等历史和自然因素的影响外，港口的对外开放、信息化发展、生产流程以及地方政府的政策均会影响到港口的发展。龙头港需在保持和发展自身的同时，有效带动中小港口在业务、流程、管理上的发展，中小港口则需在提升竞争力的同时，注重与大港的合作优势，进一步优化港口资源配置。同时，港口群需更加完善整体统筹规划，加强与腹地经济的关联度，丰富港口的业态，多方联动发展，提升长三角港口群的整体能级。

第三，将 CCR、BCC 与交叉效率模型结合来看，港口效率分化较为严重。对比 CCR、BCC 和交叉效率模型，31 个港口效率排序出现了一些变化。连云港港和太仓港的排名稳定在前二位，连云港港是我国"一带一路"倡议的陆地桥头堡，港口的物流需求在持续增长，太仓港发展势头持续强劲，港口定位明确。上海港的排名变化较为显著，在 CCR 和 BCC 模型中，效率值均为 1，交叉效率值排名为第十位，上海港是长三角地区也是我国对外开放交流的重要节点，2020 年国际贸易量的收缩影响在第三季度开始显现，通航的多家国际航线上欧美大港因为港口人工效率、运营效率下降影响了港口国际供应链，比如上海港的综合效率，交叉效率的排名下降同时需考虑上海港的长江战略以及与其他港口合作的投入产出比。宁波舟山港排名在前五位，同为长三角港口群的龙头港，宁波舟山港港区运营良好，在集装箱、大宗能源、原材料等运输方面存在绝对优势，其纯技术效率为 1，规模效率为 0.883，说明规模是导致港口效率下降的主要原因。苏州港排名基本稳定，其腹地经济持续活跃并与港口关联度较高，是港产城融合较好的示范。芜湖港效率排名保持在中上游，近几年紧抓长三角一体化战略机遇，与上海港等龙头港合作良好。合肥港交叉效率排名在第 23 位，港口效率提升空间较大。蚌埠港的规模效率仅有 0.256，拉低了其综合效率排名。

（2）长三角港口群动态效率测度。以上对长三角港口群 31 个港口的静态效率研究分析，反映了 2020 年港口的综合效率均值以及单个港口效率的差异，港口近几年的动态效率变化未能体现，因此，本书对长三角港口群这 31 个港口先按省市分区、再总体综合进行动态效率系统研究。利用 2008 ～ 2020 年的截面数据，应用 DEA-Malmquist 模型测算出长三角港口群的动态效率。

上海港已连续 13 年排名国际港口集装箱吞吐量第一位，是重点发展的国家级港口，是我国最具国际竞争力的港口之一。如表 2 - 40 所示，2008 ～

2020 年，上海港港口效率不断提升，特别是技术进步（techch）值为 1.036，体现了上海港近年来在港口基础设施、装卸设备以及码头堆场等方面的智慧化提升。自 2017 年开始投入运营的洋山四期码头为全球最大的自动化码头，5G、物联网、大数据等技术手段的应用场景不断丰富，港口在智能化、自动化、信息化的投入不断加大。和宁波舟山港有类似情形，上海港发展同属于"双高型"，因此基本处于规模报酬不变状态，这说明区域港口群效率达到较高水平，进入新常态。

表 2 - 40　　　　　　　2008～2020 年上海港动态效率测度

港口	effch	techch	pech	sech	tfpch
上海港	1.000	1.036	1.000	1.000	1.036

如表 2 - 41 所示，2008～2020 年，从均值来看，江苏省港口群紧抓国家的战略机遇，深化区域一体化与专业化经营，整体生产效率呈现增长的态势。江苏省有 2 个港口的全要素生产率值低于 1，分别为苏州港和连云港港。苏州港由常熟港、张家港港、太仓港三个港口构成，太仓港全要素生产率（tfpch）值为 1.054，三个港口综合之后苏州港的技术效率和技术进步值均小于 1，苏州港的三港之间的合作需更有效，发挥不同港口的优势，进一步提高港口精细化管理水平。连云港港的技术进步值稍小。其余 13 个港口的（tfpch）值均大于 1，其中数值最大的为盐城港。从技术效率（effch）来看，江苏省仅苏州港技术效率未达到 1，苏州港是因为规模效率未达到 1，可考虑如何更有效地提高港口设备的利用率和扩大港区规模。从技术进步来看，有 12 个港口的技术进步（techch）值均大于 1，其余 3 个港口均很接近于 1。

表 2 - 41　　　　　　　2008～2020 年江苏省港口动态效率测度

序号	港口	effch	techch	pech	sech	tfpch
1	苏州港	0.970	0.999	1.000	0.970	0.969
2	南京港	1.082	1.008	1.020	1.061	1.091
3	镇江港	1.087	1.021	1.072	1.013	1.110
4	南通港	1.023	1.019	1.000	1.023	1.043
5	连云港	1.000	0.989	1.000	1.000	0.989
6	无锡港	1.007	1.016	0.968	1.040	1.023

续表

序号	港口	effch	techch	pech	sech	tfpch
7	江阴港	1.063	1.016	1.043	1.020	1.080
8	泰州港	1.015	1.013	1.024	0.991	1.029
9	扬州港	1.065	1.002	1.019	1.045	1.067
10	徐州港	1.022	1.025	0.943	1.084	1.048
11	常州港	1.023	1.007	0.939	1.090	1.031
12	盐城港	1.102	1.031	1.000	1.102	1.136
13	宿迁港	1.051	1.011	1.309	0.803	1.062
14	淮安港	1.051	1.017	1.013	1.038	1.069
15	太仓港	1.058	0.996	1.000	1.058	1.054
均值		1.041	1.011	1.023	1.023	1.053

从表 2 - 42 可以看出，2008 ~ 2020 年浙江省 8 个港口全要素生产率（tfpch）均大于 1，tfpch 值最高的是杭州港 1.131，最低的是台州港 1.005。这说明浙江省沿海港口发展势头迅猛，特别是宁波舟山港的龙头带动作用，2014 年成立的浙江省港口集团为浙江省港口发展带来了更多的发展机遇，港口资源的整合优势发挥较好，积极协同推进长三角港口群一体化发展，港口群具有较强的核心竞争力和抗风险能力。从技术进步（techch）来看，浙江省 8 个港口值均大于 1，体现了浙江省港口的生产经营带动了技术进步；从技术效率（effch）来看，宁波舟山港技术效率值为 1，嘉兴内河港、杭州港、绍兴港技术效率值均大于 1，温州港、台州港、嘉兴港与湖州港的技术效率值均小于 1，结合规模效率（sech）看，这说明规模是导致港口效率未达到有效的主要原因，需合理控制港口规模建设。

表 2 - 42　　　　　　　　2008 ~ 2020 年浙江省港口动态效率测度

序号	港口	effch	techch	pech	sech	tfpch
1	宁波舟山港	1.000	1.066	1.000	1.000	1.066
2	温州港	0.990	1.046	0.984	1.006	1.035
3	台州港	0.957	1.050	0.945	1.014	1.005
4	嘉兴港	0.988	1.048	1.000	0.988	1.036
5	嘉兴内河港	1.006	1.056	1.007	0.999	1.063

续表

序号	港口	effch	techch	pech	sech	tfpch
6	杭州港	1.085	1.043	1.088	0.997	1.131
7	绍兴港	1.057	1.041	1.165	0.907	1.100
8	湖州港	0.967	1.045	0.968	0.999	1.011
均值		1.006	1.049	1.019	0.989	1.056

从表2-43可以看出，安徽省7个港口全要素生产率（tfpch）均大于1，表示2008~2020年，芜湖港、安庆港、马鞍山港、合肥港、铜陵港、池州港、蚌埠港的港口效率呈提升趋势，表明安徽省港口生产力处于不断上升阶段，港口未来发展空间潜力很大。从技术效率（effch）来看，蚌埠港和合肥港分列第一位和第二位，芜湖港effch值为1，安庆港、马鞍山港effch值不到1，均是因为规模效率相对低下导致技术效率较低；从技术进步（techch）来看，7个港口均大于1，说明生产技术的改进较为明显。安徽省港口需紧抓住"一带一路"倡议、长三角一体化发展战略的契机，更加发挥好安徽省港航集团在港口资源优化配置方面的作用，积极参与长三角港口群合作分工，加强南北港口联动，促进腹地经济有效互动，推动港航互联，进而将安徽港口群打造成联通我国东西部和长江中下游的河、江、海联运枢纽。

表2-43　　　　　　　　2008~2020年安徽省港口动态效率测度

序号	港口	effch	techch	pech	sech	tfpch
1	芜湖港	1.000	1.128	1.000	1.000	1.128
2	安庆港	0.978	1.079	0.982	0.996	1.055
3	马鞍山港	0.992	1.053	0.997	0.995	1.045
4	合肥港	1.085	1.119	1.083	1.002	1.214
5	铜陵港	1.027	1.068	1.015	1.011	1.096
6	池州港	1.043	1.087	1.031	1.011	1.134
7	蚌埠港	1.098	1.076	1.000	1.098	1.181
均值		1.032	1.087	1.015	1.016	1.122

如表2-44所示，总体上2008~2020年长三角港口群全要素生产率（tfpch）均值为1.038，表明2008~2020年长三角港口群整体生产力呈现上

升趋势。这主要得益于较好的区域地理位置、较高的港口管理水平、较为先进的技术应用和较为合理的产业结构。其腹地长三角地区经济始终保持着领先全国的发展态势，总体实现了平稳较快增长，是我国最富有经济发展活力、极具创新能力和高水平开放潜力的区域之一。同时，长三角地区现已基本形成以上海港和宁波舟山港为主体，江苏、浙江、安徽沿江沿海港口为两翼的"一体两翼"港口群。2010年5月24日，国务院正式批准实施的《长江三角洲地区区域规划》明确了长三角地区发展的战略定位，之后多项国家文件的印发，全面推动了长三角港口群发展动力转换。

表 2-44　　　　　　　　2008~2020 年长三角港口群动态效率测度

序号	港口	effch	techch	pech	sech	tfpch
1	上海港	0.845	1.008	1.000	0.845	0.851
2	苏州港	1.048	0.999	1.019	1.028	1.047
3	南京港	0.970	0.995	0.986	0.984	0.966
4	镇江港	1.082	1.008	1.038	1.043	1.091
5	南通港	1.087	1.021	1.072	1.013	1.110
6	连云港港	1.023	1.019	1.000	1.023	1.043
7	无锡港	1.000	0.989	1.000	1.000	0.989
8	江阴港	1.007	1.016	0.990	1.018	1.023
9	泰州港	1.063	1.016	1.043	1.019	1.080
10	扬州港	1.015	1.013	1.021	0.995	1.029
11	徐州港	1.065	1.002	1.046	1.019	1.067
12	常州港	1.022	1.025	0.982	1.042	1.048
13	盐城港	1.023	1.007	0.980	1.044	1.031
14	宿迁港	1.102	1.031	0.934	1.179	1.136
15	淮安港	1.051	1.011	1.042	1.009	1.062
16	太仓港	1.051	1.017	1.035	1.015	1.069
17	宁波舟山港	1.058	0.995	1.031	1.026	1.053
18	温州港	1.054	1.012	1.000	1.054	1.067
19	台州港	1.033	0.997	1.018	1.015	1.030
20	嘉兴港	0.999	0.994	0.997	1.002	0.993
21	嘉兴内河港	1.045	1.006	0.969	1.078	1.052

续表

序号	港口	effch	techch	pech	sech	tfpch
22	杭州港	1.043	1.019	1.003	1.040	1.062
23	绍兴港	1.124	1.008	1.068	1.053	1.133
24	湖州港	1.080	1.019	1.088	0.993	1.101
25	芜湖港	1.006	1.005	0.963	1.045	1.011
26	安庆港	1.046	1.024	1.040	1.006	1.071
27	马鞍山港	1.006	0.999	1.027	0.979	1.005
28	合肥港	1.024	1.019	1.007	1.017	1.043
29	铜陵港	1.106	1.025	1.071	1.033	1.135
30	池州港	1.076	1.012	1.052	1.023	1.089
31	蚌埠港	1.106	1.020	1.108	0.999	1.128
均值		1.041	1.011	1.010	1.017	1.038

另外，沪苏浙皖三省一市港口发展呈现出区域不平衡特征，不同省域以及同一省域内部的港口在技术进步、规模效益等方面均有不同的差异表现，长三角地区港口群在快速发展的同时面临着发展模式的转型需求，由于该区域技术效率（effch）和规模效率（sech）均超过 1，技术进步是港口群高质量、一体化协同发展的必然推手，仍需高度关注如何提升港口资源利用率，提升长三角港口群的国际竞争力与影响力。

第四节　长三角港口群协同发展存在的问题分析

一、长三角港口群协调机制方面

（一）港口群统筹力度有待进一步加强

第一，从管理角度来看，长三角港口群内管理部门众多，协调难度大，缺少统一的管理机构进行综合统筹。目前，长三角港口群现有协调组织的建立是从地区本身的发展目标出发，轮换主持、协商承诺，整体层面的协调较为缺乏。尽管政府协调机制系统基础已经初步搭建，但该基础尚未形成稳固的结构。1997年，为加强上海国际航运中心建设，上海组合港管理委员会成立。受多重因素限制，该管委会办公室在信息沟通和相关课题研究上取得了一定成效，但在实际利益协调方面的作用没有得到充分发挥。2006年，长三角地区16市港航管理部门联合组成长三角港口管理部门合作联席会议，但议事较为松散，城市之间交流较少，对话力度尚需进一步加强。

第二，行政区域分割，长三角港口群缺乏长效合作机制。由于多元投资主体是影响港口布局的决定性因素之一，再加上行政区划的限制，各个地方政府在对各自港口的管理中具备较高的发言权。因而，地方政府往往会从自身利益出发，规划港口的定位及发展方向，提升自身的港口竞争力，忽视了全局性的利益。同时，长三角港口群的长效协调机制有待进一步加强，需在有明确资源整合及管理部门的统筹协调下，不断探索建立更加有效的合作机制，进而实现高效协同。

（二）港口群体系规划有待进一步精准

第一，长三角港口群在开发过程中整体规划不足。国家和地方政府对长三角港口群资源整合高度重视，出台了一系列规划和政策。2020年，国家发改委、交通运输部印发《长江三角洲地区交通运输更高质量一体化发展规划》，进一步强调了优化区域港口功能布局的重要性，点明了上海港、宁波舟山港、苏州港等港口未来的发展定位。在总规划的引领下，长三角地区的主要港口根据自身实际，制定了未来一段时期内的发展规划。但是，在系统考虑港口群内各港口的功能布局及发展方向上，缺乏一个有力的组织机构进行整体把控，导致长三角港口群整体规划受到各港口自身规划的影响，在实际落实过程中容易出现执行不到位的情况。

第二，长三角港口群的规划执行缺乏约束力，尽管有国家和地方政府的高度支持，但在具体实施时地方政府仍然居于主导地位。目前来看，在管理名称制定、具体职能划分、行政级别设置等层面，长三角港口群省级港口间仍然存在着较为显著的差别。例如，上海市、浙江省、安徽省侧重于设置一个专门的管理机构，将港口行政管理、地方海事管理等进行集中管理。在这一层面，江苏省采用分工式的管理模式，由港口局负责港口行政管理，由交通运输厅下设的航道局对航道进行专门管理，由地方海事局负责水上安全监管。此外，长三角港口群内各省级的港口主管机构与其下辖的市级港口主管机构之间的关系也存在一定的差别。由于跨行政区域的港口规划的特点，实施难度较大，导致在发展规划布局和实际实施过程中产生困难。

二、长三角港口群合作定位方面

（一）港口群合作深度与广度有待进一步挖掘

第一，长三角港口群省际层面尚未找到切实有效的合作模式。目前，长三角地区深入推进区域港口一体化改革，浙江省海港集团和江苏省港口集团、安徽省港口集团的陆续成立标志着区域港口一体化改革取得了突破性进展。但是，区域层面的港口一体化多集中在省级范围之间，没有超越省域的限制。省内部分港口率先整合，但浙江省沿江及内陆港口的合作模式以及互动尚未明确，江苏省内其苏南的港口组合之间，以及以连云港为发展核心的苏北港口内部，以及苏南苏北之间的合作也未落实，安徽省皖南皖北之间也缺乏明确有效的合作机制，并且三省港口整合力度仍需加强。

第二，在长三角港口群省级层面，港口群之间的合作更多侧重于小区域范围内的合作，大区域层面上的合作深度有待进一步加强。苏、浙、皖以及上海港之间亟待寻求一个合适的发展模式，构建完善而强有力的合作机制，加强优势互补，进一步激发区域集聚发展的生命力，为长三角港口群一体化建设作出更大贡献。

（二）港口群市场运作的合作与开放机制有待进一步明确

第一，长三角港口群合作领域较为单一，合作发展层次较低。当前，长三角港口群内大部分港口的规划重点多集中在硬件层面，如码头泊位设置等。港口功能多集中在装卸、储存货物的第二代、第三代港口水平上，强调提供增值性服务的第四代港口甚少。合作业务可考虑拓展至物流标准制定、港航人才联合培养、航运信息咨询服务、运输系统建设等层面。

第二，长三角港口群货源需求同质性较高。国家层面陆续出台了关于港口功能定位的文件，包括《全国沿海港口布局规划》等。其中，《长江三角洲地区区域规划》进一步明确了长三角港口群各主要港口的功能定位，然而，各地政府在对长三角港口群的定位进行任务分解的过程中，各地方政府缺少交流合作，各港口在功能定位上偶尔有重叠的现象出现。

第三，随着集装化趋势明显，各个港口争相发展大规模投资集装箱业务，拓展集装箱码头，出现供给与需求不匹配或者岸线水深资源不匹配的问题。长三角港口群在建设的过程中，容易出现同质化竞争等问题，削弱了港口群整体的竞争力。不仅如此，在临港产业结构上也表现出同质现象，最为明显的就是港口的临港产业大多集中在石化、能源、电子、造船、汽车制造等方面。

三、长三角港口群开放协同方面

（一）港口群多式联运体系建设有待进一步加强

第一，长三角港口群集疏运体系不够完善，"海进江""江进海"在衔接与运行上仍有困难。长三角区域内大多数铁路尚未打通与港口连接的"最后一公里"，需要公路运输来衔接海铁联运货物在铁路货运站和港口码头之间的中转。尽管现在长三角地区的港口群、机场群、公路网、铁路网密度已经是全球前列，但以公铁水航空等为基础的综合物流网络却未能发挥应有的能效，影响了长三角地区"一带一路"陆向通道、东南沿海海向通道的做大做强。比如，上海港、宁波舟山港铁路集疏运占比均不足1%，远低于汉堡港18%、安特卫普港6%、鹿特丹港8%的水平。安徽省内多式联运还处在起步阶段，尤其是铁水联运、空水联运，淮河水系还没有铁路运输线，铁水联运量不到3%。①

第二，长三角港口群多式联运的便捷性不足。目前，铁路、港口、公路等运输方式各自为政，缺少统一调度，在服务、收费及管理等方面存在较大提升空间，比如，上海货运铁路运输与上海港码头之间衔接不到位，会产生额外短驳费，导致总成本提高。由于我国交通运输管理关联部门较多，各种

---

① 牟盛辰. 先驱经验镜鉴与亚太门户进路：长三角港口一体化发展新途径探析 [J]. 经济与社会发展，2020，18（1）：41－46.

运输方式之间存在信息壁垒，因此长三角港口、船务、公路、铁路等信息系统没有实现联通，统一的数据共享平台、业务对接接口比较欠缺，阻碍了物流与信息流的互动耦合，多种方式货物联运受到制约。比如，上海铁路集装箱班列与集装箱船舶到达及离开港口枢纽站不匹配，导致港口与港站作业时间有矛盾，货物存在较长时间的积压现象，不能实现高效无缝衔接。

（二）港口群与经济腹地有机协同有待进一步加强

第一，港口与直接腹地的经济和空间协同性需进一步加强。人才、资金、土地等生产要素在港口与直接腹地之间的流动存在着一些障碍，比如因为交通基础设施的因素，腹地城市与港口之间的交通可达性较弱。同时，腹地的空间范围也随着基建项目和港口城市的经济行为而发生变化。比如随着杭州湾跨海大桥的开通，将上海港直接经济腹地的嘉兴和苏南地区与宁波港的直线距离拉近 120 千米，上海港和宁波舟山港的直接陆地腹地范围出现明显此消彼长的状态。

第二，长三角港口群因为腹地空间位置相邻，位置相近的港口会共同吸引、辐射直接与间接腹地，为更好地支持城市所在的港口发展，当地政府会出台有利于自身港口发展的政策，比如通过行政补贴、限价等方式来争夺货源。

第三，临港产业和腹地城市的主导产业之间的关联度、支撑度、互补度需加强。临港产业的同质性较强，产业的附加值需要提升，打造多元化和多渠道的港口产业价值链。

四、长三角港口群综合服务方面

（一）港口群软实力有待进一步提高

第一，长三角港口群服务功能发展较为单一，距离第四代港口尚有距离。尽管近年来，在世界范围内，长三角港口群内如上海港、宁波舟山港等港口货物吞吐量处于世界领先地位，年吞吐量破亿吨大港数量节节攀升。长三角港口群过于注重货运指标，在软实力建设方面相对于其他国外成熟港口群如伦敦港、鹿特丹港依然差距较大。特别是高端航运服务业所占比重较小，比如规模化和专业化的船舶管理、航运金融、海事保险、法律仲裁等。

第二，航运总部经济效应不明显。通过打造航运集聚和交易平台可以增强港口群对周边的辐射功能，推动生产要素的有效流动。对于长三角地区的龙头港——上海港和宁波舟山港而言，对航运优质资源的吸引能力在不断增强，但对外辐射的航运服务能力仍有待发展。如上海港国际航线中转集拼业务占比尚不足7%，比新加坡港、中国香港港、釜山港分别低78%、53%、43%。① 对于中小港口而言，则面临着缺乏集聚吸引优质航运企业的平台，高端航运人才也较为匮乏的困境。

（二）港口群配套服务能力有待进一步提升

第一，长三角港口群发展存在明显不均衡的现象。首先，从长三角港口效率测度可看出，三省一市之间以及同一省域内部的不同港口效率差异明显。其次，航道发展不平衡，航道等级差距较大。上海、苏州、南京、宁波、芜湖以其天然的地理资源优势，通航条件相对优良，长江中下游流域千吨级航道大多集中在这些区域，而内陆和部分沿江港口航道等级却总体偏低，亟须加快内河高等级航道网络建设步伐，这种航道发展不均衡的现状将影响长三角港口群运输优势的发挥。

第二，长三角港口间港航信息共享的机制尚未明确，政府服务部门与货主、船东之间，港口与公路、铁路、航空系统之间的信息如何实现有效的互联互通仍在探索。在港口属地管理模式下，港航服务机构各自为政，服务半径有限，服务的标准化也有差异。长江沿线港口众多，有些在管理上比较成熟，有些较落后，这对于对接统一的可行性也是一个难题。同时，当前海事系统仍然存在有效监管与优质服务不协调的现象。

---

① 牟盛辰. 先驱经验镜鉴与亚太门户进路：长三角港口一体化发展新途径探析 [J]. 经济与社会发展，2020，18（1）：41-46.

第三章

国内外港口群协同发展的
典型案例与经验借鉴

第一节　国外典型案例——美国、日本和欧洲

一、美国纽约—新泽西组合港

纽约—新泽西港位于美国东海岸纽约都会区，是全球最繁忙的天然港口、最重要的集装箱港之一。其港口运营和管理中心由纽约和新泽西两地在美国国会的批准下，根据州际协议联合创建。该港口拥有完善的基础硬件设施、大规模的贸易园区和丰富的人才资源，是国际重要的经济枢纽和贸易中心。

（一）合作原因

首先，两州港区管理各自为政，港口基础设施建设缺乏有效规划和合理利用。19世纪初期，纽约汽船公司的垄断行为引发激烈的争议，最终该问题上诉至联邦最高法院。此案件的结果不仅结束了纽约汽船公司的垄断，也为两州港口的管理问题提供了重要的判例。

其次，两州的港口和铁路资源分布极不平衡，纽约市占据了港口设施的90%，货物需要通过驳船往返于哈德逊河和纽约湾之间，增加了货运成本。第一次世界大战期间，纽约港区的条块分割管理问题引发了阻碍人员和货物

流动的问题。两州政府需要在港口和铁路资源的规划和分配上进行更为合理的协调。

最后，两州分别成立了委员会，在实际运行中矛盾不断。例如，新泽西州不满当时港区的货运收费制度，要求铁路部门降低运费，并在1917年向洲际贸易委员会提出了申诉，洲际贸易委员会拒绝新泽西州的要求，明确表示纽约和新泽西北部的工业区在历史、地理和贸易上都被视为一个统一的区域，只有双方积极应对和合作才能带来两州运输业的整体改善和效益。

（二）合作内容

港务局在管理港口的80多年中，承担了包括建造和维护港口码头、协调建设和维护公共基础设施、构建港口信息系统、维护港口安全以及推动港口投资等多个职责，如图3-1所示。

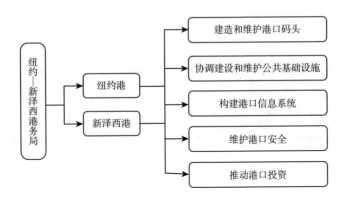

图3-1 纽约—新泽西港务局主要职责

其中，为了满足港口发展需求，港务局开展了一系列工程项目，如对基尔范库尔航道（Kill van Kull）的深度改善、新泽西和阿瑟溪港区（Arthur Kill）航道的拓宽、霍兰角码头（Howlan Hook）的扩建和泊位的加深等。此外，通过建设乔治·华盛顿大桥、巴约娜大桥、戈撒尔斯大桥、奥特大桥以及林肯隧道和荷兰隧道等，促进了两个港口间的公共基础设施的协调建设和维护。同时，港务局搭建了实时货运信息系统，为码头公路、船运公司、海关和海岸警卫队提供第一手港口货运情况资料。在维护港口安全方面，港务局对港区内所有基础设施、货物以及从业人员进行保护，预防和处理火灾、船舶碰撞等事件。此外，港务局通过销售债券等方式筹集资金，为纽约—新泽西港口群的建设提供了资金支持。

（三）合作特点

20世纪40年代，面对市场竞争的压力，纽约和新泽西两州的港口自发联合形成了目前的纽约—新泽西港。该港由4个集装箱港区组成，其中2个位于纽约州，2个位于新泽西州。其独特的合作模式与管理方式，是纽约—新泽西港取得成功的关键因素。这种合作模式可以概括如下。

1. 委员化的管理模式。该港的管理委员会由12人组成，6人来自纽约州，6人来自新泽西州，委员会成员由各州州长任命，任期相互重叠，以确保其去政治化。

2. 地主港模式与多样化经营。港务局作为港口的"地主"，拥有土地和基础设施的所有权和开发权，并将其租赁给具有专业技能的私营公司经营。这种地主港模式与多样化经营方式，使得港口的管理更加高效灵活。

3. 自给自足的财政模式。纽约—新泽西港务局是完全自给自足的公共机构，其资金主要来源于对使用其设施的用户收取费用以及发行债券获得的收益。这种自给自足的财政模式，不仅使得港务局可以更加独立地运营，并且不依赖于政府的预算。

4. 政府主导与政策性支持。尽管政府在港务局的具体运营中较少干涉其计划和活动，但港务局的主导方向始终由政府掌控。纽约港务局100多年来的成功运营得益于政府的大力支持，这种政府主导与政策性支持的方式，也为其他港口的管理提供了有益的借鉴。

二、日本东京港口群

位于日本本州岛南部海湾的东京湾港口群，包括东京港、千叶港、川崎港、横滨港、木更津港和横须贺港。这六座港口彼此连接，共同构成了一条绵延百里、向东南敞开的马蹄形港口组合，为东京城市群提供了关键的交通运输支撑。在这个港口群中，东京港是最大的港口，是日本最重要的港口之一，货物吞吐量逐年增长，主要包括集装箱、汽车、原油和化学品等货种。千叶港则是日本的重要外贸港口，主要处理散货和集装箱。川崎港则是一座综合性的港口，主要负责集装箱、钢铁和汽车等货物的进出口。横滨港是一座历史悠久的港口，也是日本最早开放的港口之一，现主要负责集装箱、汽车和原油的进出口。木更津港主要处理汽车和化学品等货物。横须贺港则是日本海上自卫队的重要基地。这六座港口各自拥有不同的特色和优势，但它们共同构成了一个庞大的港口群体，为日本的经济发展和国际贸易提供了重要支持。

（一）合作原因

1. 独特的地域分布。东京湾位于日本本州岛南部海湾，北起千叶半岛、南至三浦半岛，被房总半岛和三浦半岛环绕，是一处天然良港。该海湾的出口是浦贺水道，与太平洋相连。东京湾南北长达 80 千米，东西宽 20～30 千米，但湾口却只有 8 千米，其内部宽阔而外部狭窄。在这个区域内共有六个主要港口，这些港口分布集中，货源争夺激烈。

除港口群之外，东京湾两岸分布了京滨和京叶两大工业带。京滨工业带位于东京湾西岸，宽 5 千米、长约 60 千米，横跨东京、横滨和川崎三市，驻有 200 多家大型工厂企业，包括日产汽车、石川造船、日本钢管、日本石油和三菱重工等。京叶工业带则位于东京湾东侧，建有大型钢铁厂、炼油厂、石油化工厂和三井造船等。这些工业带的发展不仅带动了东京湾地区的经济繁荣，也使得东京湾成为日本全国最大的重工业和化学工业基地。这些产业发展成果促进了东京湾内港口的整合。

2. 日本政府的重视。港口发展一直是日本政府高度重视的战略议题。1951 年《港湾法》出台，中央政府（运输省）负责制定全国港口的整体规划，包括港口岸线、规模、布局、生态等。日本政府不断加大对港口建设的投入，建立了一套完整的港口管理体系。运输省港湾局在 1967 年提出了《东京湾港湾计划的基本构想》，旨在将东京湾内不同港口整合为一个分工合理、有机协作的"广域港湾"，从而提高东京湾港口群的整体竞争力和综合效益，有效遏制了港口群内的恶性竞争，实现了整体 1＋1 大于 2，同时为日本港口建设和管理提供了宝贵经验。

（二）合作内容

1. 国家在港口的合作中发挥主导作用，运输省负责协调整个港口群的发展。运输省制定港口发展政策和法规，并向港口管理机构提供港口规划审核、资助港口投资项目、维护航道等支持，同时颁布技术标准以推进港口群的协同发展（见图3－2）。

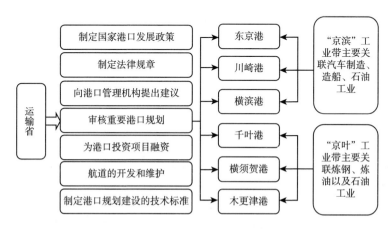

图3－2　东京湾港口群分工合作

2. 国家采取审查和控制预算等措施进行调控。地方港口管理机构接管了港口管理权，但国家运输省负责协调整个港口群的发展方向。地方政府向运输省提出港口发展计划，经复查批准后，国家将为其拨款。大型项目由运输省直接监管，小型项目则由运输省补贴，地方政府负责实施。

3. 湾内港口基于地理位置和自身条件进行职能分工。东京港、川崎港和横滨港主要服务于"京滨"工业带的汽车制造、造船和石油工业，千叶港、横须贺港和木更津港则主要服务于"京叶"工业带的炼钢、炼油和石油工业。这些港口基于地缘和自身条件进行职能分工，实现了高效的协同发展。

（三）合作特点

1. 下放港口管理权。港口的运营发展关系到当地政府和港口本身利益，同时关系到国家利益。中央运输省将港口的具体管理权下放到地方港口管理机构，这些机构除了承担基本的港口管理职责外，还必须遵循运输省的规划和协调，并防止恶性竞争。

2. 对内合作，对外竞争。为了增强竞争力，六个港口共同组成一个整体，在运输省的协调下，通过错位发展和共同宣传来吸引更多的货源，提高整体知名度。此外，为了缓解内部竞争压力，运输省规定了统一的标准，对东京、川崎、横滨、名古屋、大分、神户、门司、北九州的港口和岸线使用费用进行调整，将日本主要大港之间的竞争转向对外竞争。因此，六个港口形成了一个多功能复合体，资源配置能力显著增强，港口群竞争力大幅提升，成为带动区域经济发展的重要引擎。

3. 明确分工。为了避免港口间过度竞争，六个港口建立了明确的职能划分系统，根据临港工业带的布局，每个港口都有不同的职能划分，具体如表 3 – 1 所示。

表 3 – 1　　　　　　　　日本六大港口职能划分

港口	港口级别	基础与特色	职能
东京港	特定重要港口	较新港口；依托东京，是日本最大的经济中心、金融中心、交通中心	输入型港口；商品进出口港；内贸港口；集装箱港
横滨港	特定重要港口	历史上重要的国际贸易港；京滨工业区的重要组成部分，以重化工业、机械为主	国际贸易港；工业品输出港；集装箱货物集散港
千叶港	特定重要港口	新兴港口；京叶工业区的重要组成部分，日本重化工业基地	能源输入港；工业港
川崎港	特定重要港口	与东京港和横滨港首尾相连，多为企业专用码头，深水泊位少	原料进口与成品输出
木更津港	地方港口，1968 年改为重要港口	以服务君津钢铁厂为主，旅游资源丰富	地方商港和旅游港
横须贺港	重要港口	军事港口，少部分服务当地港口	军事兼贸易

其中，东京港的外贸集装箱码头以进出口东京居民生活和产业发展所需物资为主，横滨港、千叶港、川崎港以服务重工业、能源业为主，临港产业各有侧重。横须贺港则以军港为主要业务，同时开展贸易活动，而木更津港则凭借其旅游和商业港口的竞争优势脱颖而出。

三、欧洲海港组织

1993 年，欧洲海港组织（ESPO）应运而生，旨在为欧盟 20 个国家所属的 1 600 个港口提供统筹管理。[①] 该组织由会员大会、执行委员会、技术委员会和秘书处四个部门组成，成员主要由欧盟各海港的港务局、港口行政部门和港口协会组成。除了影响欧盟公开政策的制定，ESPO 还致力于促进欧洲港口的创新和可持续发展，以确保一个安全、高效和可持续的欧洲港口体系的建立。该组织还定期组织研讨会和论坛，以便会员之间交流经验和专业知识，共同应对港口行业面临的各种挑战。

（一）合作原因

1. 欧盟内部各海港的激烈无序竞争。随着全球化浪潮和离岸外包的迅猛发展，欧洲海港蓬勃发展。为了适应经济发展的需要，欧洲各国在加强港口建设方面投入大量资金。然而在欧盟内部，各海港为争夺成为集装箱枢纽港而展开恶性竞争，严重损害了整个欧盟的共同利益。

2. 欧盟一体化与经济全球化的共同推动。伴随欧盟一体化和经济全球化的进程，欧洲各海港的服务对象拓展至整个欧盟地区，港口的一体化建设和管理亟须提升，以提高港口运营效率和安全标准。此外，欧洲各海港也越来越意识到自然环境保护的重要性，致力于将污染环境的影响降至最低。

（二）合作内容

欧洲海港组织是一个旨在推动欧盟公开制定港口发展政策和规则的机构，以推动构建高效、稳定、绿色的欧洲海港系统。该组织的使命是提升对港口经济重要性的认识，促进港口间良性、自由竞争，并最大限度地发挥港口在促进经济效益方面的作用。同时，该组织鼓励港口重视绿色生态发展、推行最高安全标准以及尊重旅客的权利，以确保安全和边境控制符合欧盟法

---

① 王喜红 . 国外港口群联动发展的经验及启示［J］. 烟台职业学院学报，2014，20（4）：4 - 6，14.

律。这一内部合作主要通过欧洲海港组织的内部结构来实现，图 3 – 3 展示了该组织的运作方式。

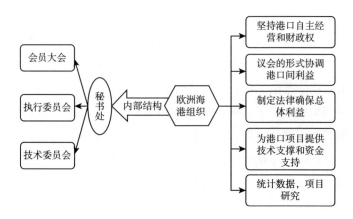

图 3 – 3　欧洲海港组织内部结构

作为欧洲海港组织的总协调处，秘书处的职责不仅需要协调执行委员会、技术委员会和会员大会，而且还代表欧洲海港组织与欧盟委员会进行交涉，以确保运输政策的合理性和避免不合理的法规颁布。此外，秘书处负责欧洲海港组织的财务管理，确保其良好运营和持续发展。秘书处还有权向会员大会提出各种政策建议，供会员讨论协商，共同制定总体政策，确保其顺利运行。

欧洲海港组织的会员大会是该组织的最高决策机构，由每个成员国的三位代表和每个观察国的一位代表共同构成。每年举行两次会员大会，是欧洲海港组织制定总体政策的主要途径。会员大会需选出一名主席、两名副主席以及一位秘书长来负责管理协会的日常工作以及推动各项工作和规定的有效实施。会员们提出议案、商讨议案，若达成一致则该政策成为所有海港成员必须遵守的规则。

欧洲海港组织的执行委员会是该组织的执行机构，每年举行五次会议，由成员国的代表和观察员组成，主要制定日常决策，确保其日常运营顺畅。执行委员会在欧洲海港组织内具有重要的权力和影响力，对组织的各项决策和计划的执行起着至关重要的作用。

欧洲海港组织的技术委员会则是该组织的技术支持机构，为组织的运行提供技术咨询，并向执行委员会提供问题的解决方案。此外，技术委员会还设有八个永久委员会，包括港口管理、多式联运、可持续发展、海事安全、经济分析和统计、乘客管理、劳动力和业务操作、法律咨询，从不同维度为海港的发展提供专业技术咨询。

（三）合作特点

1. 以协会为管理模式。协会式管理是自发式组织，其特点在于服务至上，不以营利为目的。采用相对松散的组织结构和会员制度，不直接干预各成员的经营管理活动。这种管理模式更注重合作与共赢，让成员单位通过协商合作的方式共同发展壮大。

2. 提供多元化的服务。成立 30 年来，欧洲海港组织为港口发展提供积极有益的帮助，平衡协调各海港成员之间的利益冲突，在维护港口间相对公平的竞争环境中发挥了重要作用。除了为成员单位提供交流平台外，欧洲海港组织还制定了通用的安全标准、海事标准，提供技术咨询解决方案和数据分析支撑，开展港口职工培训，组织专题研讨等，帮助成员单位更有效地运营港口。

第二节　国内典型案例

一、京津冀港口群

京津冀地区是中国北方重要的经济区之一，其港口群主要包括四大港口：天津港、唐山港（包括京唐港区和曹妃甸港区）、秦皇岛港和黄骅港。此港口集群已初步形成以天津港为核心，其他三个港口为主要支线港的格局。京津冀港口群有效地推动了进出口货物的运输效率，促进华北区域经济发展。另外，这些港口扮演着重要的物流中心和航运枢纽的角色，为沿海和内陆地区之间的货物流通提供了物流通道便利。同时，京津冀港口群也是国内外企业开拓市场和投资合作的重要窗口，为对外贸易发展提供了重要支撑。

（一）合作原因

1. 港口腹地重叠易形成恶性竞争。从地理位置上来看，京津冀港口群的四大港口都位于渤海湾沿岸，正处于京津冀城市群和环渤海经济圈的交汇处，地理位置十分接近。四大港口各有优势和特色，但经济腹地明显重叠（见表3-2）。例如，天津港作为北方最大的港口，拥有良好的港口设施和较为完善的服务体系，是京津冀地区最重要的国际贸易港口之一；唐山港是我国最大的散货港口之一，主要经营散杂货和煤炭等货物；秦皇岛港是我国最大的煤炭出口港口之一，同时也是我国北方最大的铁矿石港口；黄骅港以石油和化工品的进口和出口为主。但是，由于港口之间的货类相似，为争夺市场份额易引起恶性竞争，导致物流成本增加，资源错配，不利于区域经济发展。因此，推动港口之间合作，共同提高港口群效益，是港口群发展的重要方向。

表3-2 京津冀港口腹地发展情况

港口	经济腹地	临港工业	临港服务业
天津港	北京、天津、河北、山西、内蒙古、宁夏、甘肃、陕西、青海、新疆等	钢铁、矿石、煤炭、粮食、杂货、集装箱、原油及制品、石化产品等	仓储、装卸、运输、现代服务业等
秦皇岛港	河北、北京、山西、宁夏、东北地区、甘肃、新疆、西部地区等	粮油食品、电子信息、金属压延、汽车零部件、玻璃深加工等	物流、仓储、装卸、现代服务业等
唐山港	河北、北京、山西、陕西、宁夏、内蒙古等	钢铁、石化、煤炭、冶金、能源、建材、电力、纺织等	物流、仓储、装卸、现代服务业等
黄骅港	冀中南地区、山东北部、陕西、河南北部、甘肃、山西、宁夏西南部等	机械、石化、管道装备制造、医药生产、纺织服装、食品加工等	物流、仓储、装卸、现代服务业等

2. 港口同质化建设会导致资源浪费。京津冀地区四大港口虽均以建设综合性大港为目标，但其港口功能布局规划和战略定位的重合，导致货源结构相对单一，各港口的主要竞争点集中在大宗能源货物上。此外，四大港口为跨行政区域，缺乏对整体港口资源的统筹规划。同质化的港口建设不仅导致基础设施的重复建设和投资浪费，还导致港口产能过剩、泊位错位闲置。

3. 港口间互补效应促进协作并进。京津冀地区的四大港口各有其优势和劣势，互补合作则能促进港口群联动发展。对比来看，天津港拥有更多的航线、合作国家和业务往来港口，而河北省的各港口外贸业务量较少，与国外港口建立的合作相对单一，河北省可借助天津港航线来扩大客户资源。另外，天津市经济较为发达，科技和人才储备十分丰富，河北港口可以通过引入天津的科技与人才来增强港口的竞争力。这些互补效应为京津冀地区港口的联动发展提供了坚实的基础，尤其随着京津冀港口群经济腹地"北京、天津和河北"的协同化发展，物流产业和临港工业也将蓬勃发展，为港口群实现"资源整合、优势互补"的一体化发展提供了坚实的产业基础和发展空间。

（二）合作内容

1. 优化港口布局和功能划分。为提升京津冀港口群整体经济效益，亟须优化现有港口布局和功能分工。天津港着重打造综合性门户枢纽和航运中心，着力发展集装箱、整车进出口和邮轮运输，其他港口结合自身优势，与天津港错位发展，主要以大宗货物运输为主，大力发展临港产业，拓展港口综合物流服务功能，同时，为更好地发挥河北港口在大宗散货运输的主通道作用，不断完善货类运输系统，加强干支联动，并且将港口结合自身发展特色精准定位为煤炭、矿石、原油的主要接卸、装船港，与天津港的煤炭业务产生有效联动。

2. 协同开展业务运营。天津港与河北港口之间开展支线业务往来，有效推动了航运资源整合和物流服务优化。其中，天津—黄骅"两点一航"新操作模式的实施，推动了两地码头一体化管理，船舶计划的灵活调整使运营班次可达 2~3 次/天。天津港环渤海内支线运量不断提升，2020 年超过了 100万标准箱，同比增长 67%。[①] 为了更好地满足市场需求，天津、河北港口的竞合关系逐渐增强，双方将进一步加强业务往来，实现更好的资源共享和合作发展。

3. 完善港口集疏运体系。为进一步缓解港城道路交通供需矛盾，需提升铁路在集疏运体系中的比重，加快疏港道路建设，推动铁路建设直接进港区，构建立体高效、衔接充分的港口综合集疏运体系。不断提升运输组织协调力度，着重加强铁路运输在港口铁矿石集疏运体系中的占比，打造京津冀港口群煤炭铁路集港、铁矿石铁路疏运的运输格局。进而加强对内陆地区的

辐射带动作用，延伸物流综合服务链，拓展港口服务范围至华北、西北等腹地，同时，推动津冀港口企业共建内陆无水港，共享货运信息资源和航线网络。

4. 推动现代航运服务业集聚发展。加大天津打造北方国际航运核心区的力度，在现有港口基础上大力发展冷链、汽车等专业物流业务，拓展船舶海事、航运金融、保险、法律咨询等高端服务，招引国内外大型船公司总部，发展总部经济。同时，为满足现代经济发展新需求，支持天津国际邮轮港的发展，完善邮轮港与区域内机场、公路、铁路枢纽以及城市公共交通网络的有效衔接，打造综合型邮轮船舶物流基地，优化配套服务设施，吸引国际知名邮轮公司落户。此外，还需拓展河北省港口的航运服务功能，支持河北省港口开展配煤、洗煤、矿石筛分和混矿等增值服务，加强秦皇岛海运煤炭交易市场等大宗散货交易平台建设，整合物流、商贸、信息、金融等服务功能，加快自由贸易试验区相关物流、航运政策在河北省复制推广。

5. 推动港航监管融合发展。近年来，为了进一步推动津冀地区的港航监管融合发展，各级海事管理机构积极采取措施推动跨区域合作。2018 年5～6月，河北海事局和天津海事局联合开展了船舶雾航安全专项治理活动，通过加强海上执法和监控，提高了区域内航行的安全性和稳定性。此外，河北海事局、北京市地方海事局、天津市地方海事局和河北省地方海事局联合签署了《京津冀区域内河船员管理协同发展框架协议》，旨在实现区域内河船员的统一管理和培训等方面的一体化，提高水域海事监管效率和效能。同时，交通运输部、天津市和河北省制定了《津冀沿海锚地布局方案》，以推动津冀沿海水域资源的共享利用，优化水域海事监管服务，助力区域内港口群协调发展。

（三）合作特点

1. 以政府顶层设计为统领。京津冀地区港口群发展得到国家政策的大力支持，早在 2013 年，"一带一路"倡议从战略层面推动内陆港口与海港联动发展。如今，通过与共建国家的深入合作，区域港口群已逐步向全方位、多层次、复合型的互联互通网络转变，新的开放经济发展格局正在形成。2016年，《"十三五"时期京津冀国民经济和社会发展规划》印发实施，规划明确提出京津冀地区要构建世界级现代港口群，进一步推动港口群联动发展。2017 年，交通运输部办公厅、天津市人民政府办公厅、河北省人民政府办公厅联合印发《加快推进津冀港口协同发展工作方案（2017—2020 年）》，方案提出至 2020 年，津冀港口集疏运体系日臻完善，集装箱和大宗散货运输系统高效协同，天津北方国际航运核心区的辐射能力不断增强。积极推进集约利用区域港口资源，强化国有骨干港口企业的龙头带动作用。当前，以天津港为核心、以河北港口为两翼的世界级港口群框架已基本建成，港口群总体发展着眼于合理布局、分工明确、优势互补、生态绿色、安全高效，有效支撑京津冀地区协同发展。2020 年 4 月，河北港口集团与天津港集团签署了《世界一流津冀港口全面战略合作框架协议》，双方将共同推动区域合作升级、港口经营模式迭代、物流供应链网络完善和津冀港航协同优化，为进一步增强港口群的辐射和带动作用提供有力支撑。

2. 以市场运作为主导。为促进区域产业合理分布和优化港口物流产业链，津冀两地港口采取了一系列措施，例如建立平台公司、加强股权合作、实施项目共建共营以及搭建港口战略联盟等。其中，天津港和河北港口集团在 2014 年 8 月共同出资成立渤海津冀港口投资发展有限公司，通过资本市场的运作，实现了共建、共营、共享，逐步整合存量业务和优化运输货类，避免同质化发展。津冀两地港口在资本合作关系的基础上，逐步实现了从无序竞争走向合作共赢，陆续成立了津唐、津冀国际集装箱码头公司，并开通天津港至黄骅港的"天天班"海上快线，实现了河北至天津集装箱外贸内支线的统筹调度。

二、珠三角港口群

珠三角港口群扎根于经济发达的珠江三角洲，以香港国际航运中心为核心，涵盖深圳、广州等主要港口。港口之间通过协作发展形成了优势互补的发展格局，为区域的经济发展和对外贸易提供了重要的支撑。

（一）合作原因

1. 港口资源利用效率较低。在珠三角港口群发展进程中，由于港口之间缺乏优势互补和合理分工的硬件设施以及软件环境，出现港口重复建设的问题。为更好地统筹港口基础设施建设，需加强港口间的合作，优化资源配置和互补功能，进而提高港口资源利用效率。

2. 港口恶性竞争难以避免。由于珠三角地区各港口为了在竞争中取胜而采取降低港口费用的策略，导致价格战和恶性竞争，进而带来港口群整体货源流失、收支不平衡等问题。为打破恶性循环，可通过加强政府监管和引导，鼓励各港口合作协调价格策略和服务水平，以实现共同发展。

3. 难以实现规模效应。由于珠三角港口分布过于密集，货源分散，导致各港口较难实现规模效应和高效运转，进而影响港口的盈利水平和发展前景。为改变这种状况，可通过政府引导和资本合作来推动港口间的合作和整合，提高港口间的优势互补，以实现规模效应和联动发展。

（二）合作内容

1. 持续优化港口布局与运输体系。珠三角港口群已成长为一个以广州港、香港港和深圳港为主干线港口，其他中小型港口为支线港口的港口群体系。港口的分布系统已较好地满足集装箱、煤炭、粮食、油气等多元化货物的运输需求。深圳港和广州港是重要的集装箱枢纽港口，广州港、东莞港和珠海港是主要的煤炭接卸港口，广州港和深圳港是主要的散粮作业港口，广州港和惠州港是主要的成品油作业港口，而惠州港则是主要的原油接卸港口。这些港口之间的合作与协调在不断增强，港口布局和运输体系也在不断优化。

2. 聚力共建集疏运体系网络。珠三角港口群已成为具备规模化作业能力的世界级港口群，从不同层面和维度来共建港口集疏运体系，例如华南公共驳船快线联盟，该联盟通过水水中转实现了内河港口和沿海集装箱干线港之间的互联互通，并且经济效益明显。同时，珠三角地区已建成适应当前最大船舶进出港的航道设施，并逐步形成了联通全球的航线网络。在国际航线方面，广州、深圳等主要港口的航线已经覆盖了世界各大主要港口。此外，在内贸及驳船支线方面，珠三角港口群主要港口的国内航线也已联通全国沿海和长江流域的主要港口，形成了相对完善的航线网格。除了加强港口间的合作外，珠三角港口群还致力于构建区域集疏运综合通道，不断完善陆路交通网，推进疏港铁路和公路的建设，并大力发展海铁联运和水水中转，以提升港口的辐射能力，提升区域经济发展能级。

3. 大力推进临港物流产业发展。珠三角港口群通过引进先进物流技术和设备，优化运营模式，提高物流运营效率，进而缩短货物周转时间。同时，加强与周边地区的合作打造畅通高效的物流网络，优化物流运输模式，提高整体服务水平。此外，不断深耕和推广集装箱物流、粮食物流、整车物流、大宗生产资料物流、冷链物流等特色业务，进一步延伸珠三角港口群物流服务的深度和广度。

4. 积极提升航运服务业能级。广州港和深圳港不断加强基础航运服务建设，并且引入新的技术和服务理念，提高航运服务水平和质量。同时，香港和深圳共同打造国际航运中心，发挥优势专业服务能力，错位发展，整体提升。为了培育新的经济增长点，深圳港不仅积极拓展航运业船舶融资、保险金融、法律服务等高端航运服务的发展空间，并且致力于"承接转移"香港航运高端服务业，进一步提高珠三角地区竞争力。

5. 着力推动港口信息共享。为了更好地促进珠三角港口群内不同港口间的信息共享，需着重解决以下问题：港口信息技术应用不够全面、数据传输格式缺乏统一的技术标准与规范、港口电子政务与电子商务应用范围较窄。为此，珠三角港口群致力于应用大数据、云计算等信息技术推动港口信息化进程，搭建港口信息子系统，功能覆盖港口作业、港口物流、船舶管理、港口运营、口岸服务等，在此基础上统筹珠三角港口群公共信息平台建设，以推进港口群信息高效真实流通，提升港口工作效率，推动港间的合作共赢。

6. 持续加强港口绿色生态发展。珠三角港口群不断完善生态环保的促进与监管机制，具体包括：推进环保新技术新理念的应用，推动港口生态环保立法，加大对生态环保标准和措施的执行力度，建立激励与约束机制，完善考核机制。此外，珠三角港口群还需要在水体质量、空气质量、噪声控制、生物多样性、船舶废弃物污染、危险货物管理、环保教育与培训等方面广泛开展合作，全力推进港口群绿色生态、可持续发展。

（三）合作特点

1. 港口资本合作与市场化运营。香港港、深圳港和广州港之间的多方合作竞争关系，关联到多方资本力量。除了表 3-3 中列举的港口外，还有一些港口如珠海港、东莞港、中山港和惠州港，也开辟了通往香港和深圳的航线，与珠三角港口群构成了世界级港口群。另外，香港港还与盐田港、蛇口港和赤湾港等港口存在合作关系。虽然各港区之间存在竞争关系，但合作协同也势不可挡。

表 3-3   珠三角港口群合作特点

项目	香港港	深圳港	广州港
港口管理	私人企业经营管理	"一政多企"	"一港一政"
特点	完全民营化管理	股份制有限公司管理	政企分开后的港务局管理港口
港口发展	(1) 特区政府港口管理机构的主要职能是制定港口规划、港口政策和审批港口建设项目等，不参与港口的生产经营活动。 (2) 港口的经营业务全部由民间企业负责，即码头的融资、建造、生产、定价及管理全部实行公司制管理	(1) 发展模式："自筹资金、自主经营、自负盈亏、滚动发展"。 (2) 港口企业作为独立法人，实行"自主经营、自我发展"，按照市场经济要求进行运作。 (3) 港口企业：盐田国际集装箱码头有限公司、蛇口集装箱码头有限公司、赤湾集装箱码头有限公司、深圳大铲湾现代港口发展有限公司和大铲湾现代港口发展有限公司	(1) 广州港务局负责港口和航运的整体规划发展和管理。 (2) 广州港股份有限公司以码头、集装箱经营为主体，引入多元化投资，履行港口资源整合和港口市场开发职责
股权组成	葵涌九个货柜码头分属不同公司所有，主要股东有九龙仓集团、招商局、中远、和记黄埔港口集团、迪拜港口、新加坡港务局等	各港区股东成分不尽相同，港资企业持股比重大	广州市国资委控股 95%

2. 港口分工合理、定位明确。香港作为国际航运中心，着重发展高端航运服务业。它不仅与珠三角地区其他港口保持合作，发挥比较优势，在亚太地区也保持着重要地位。深圳港则被定位为华南集装箱运输枢纽港，着力发展深水码头，是香港港的主要货源分流港，共同构筑华南国际航运中心。广州港则定位为华南综合运输港，重点发展专业码头，以发展内贸业务为基

石，加速拓展外贸业务。珠海、东莞、中山和惠州则发挥各自优势，与主要港口合作共担，承担喂给港角色。

三、广西北部湾港口群

广西北部湾港口群位于广西壮族自治区北部湾北岸，由三大天然良港组成，包括防城港、北海港和钦州港，港口群拥有良好的遮蔽和水深条件，能够满足30万吨散货船舶和20万吨级集装箱船舶进港的需求。同时，该港口群布局体系是"一港、三域、八区多港点"。其中，"一港"指广西北部湾港；"三域"包括防城港域、钦州港域和北海港域；"八区"指该港口群规划期内八个重点发展枢纽港区，包括渔㴩港区、企沙西港区、龙门港区、金谷港区、大榄坪港区、石步岭港区、铁山港西港区和铁山港东港区，万吨级以下的港口在广西北部湾港口群呈现分散布局态势。总体来看，广西北部湾港口群相对完善，管理体系合理，现代化程度较高，是广西经济高速发展的重要引擎。

（一）合作原因

1. 避免北部湾三港恶性竞争。长期以来，北部湾三大港口由于货源类似，地理位置接近，形成了"小而全"的格局，并导致了非良性竞争。这些港口经济腹地重叠，均为大西南地区，港口间竞争明显。三大港口由不同行政部门管辖，各市多以吞吐量作为考察港口发展的重要指标，打价格战容易导致港口发展出现雷同化现象。但是，随着新亚欧大陆桥的开通，来自西南地区的集装箱货物开始选择更快速的跨境铁路运输到欧洲，而北部湾三大港口的运输线路重叠，进一步加剧了它们之间的竞争，阻碍了港口资源的合理配置。

2. 港口群整体竞争力不足。北部湾三个港口之间的内部矛盾，使得湛江港区域的竞争对手在其中得利。2018年，湛江港的吞吐量高达3.0185亿吨，而广西北部湾港的货物吞吐量只有2.3986亿吨。尽管北部湾港区的货物吞吐量在2019～2020年逐年增长，2020年已经超过湛江港，达到29 567万吨，但与湛江港相比，北海港、钦州港和防城港的货物吞吐量仍存在较大差距。

3. 港口经营条件不足。随着全球经济的不断发展，港口发展更强调合作而不是盲目竞争，大港口、大物流、大数据已成为港口发展的重要方向。三大港口进行整合是顺应时代发展的必然趋势。尽管北部湾三大港口距离东盟较近，有着天然的优势，但整体上缺乏合作。

在三大港口整合之前，北海港相较而言整体实力偏低，在各港口打价格战的背景下，优势并不明显。如果有效整合三个港口，不仅可以避免重复建设，而且可以实现管理制度的统一，提高港口吞吐量，进一步提升港口的竞争力，扩大整体经济效益，从而在全球市场中占据更有竞争力的地位。

（二）合作内容

1. 建设高效港口运输通道，提高货物周转效率。在公路建设方面，北部湾经济区优先发展高速公路，以满足城市间的中长距离运输需求。此外，干线公路可用于连接高速公路和农村公路，连接中小城镇，而农村公路则用于连接干线公路、城乡和社区之间。因此，需充分利用现有的公路网，整合和优化路网，以满足规划的要求。在铁路建设方面，北部湾经济区以提升运输能力为目标，加快建设铁路网，优化货运发展质量，以便服务于广西和西南地区的需求。至于港口建设，北部湾经济区通过具体项目的实施，促进港口的现代化和专业化。未来，以港口扩能工程建设为抓手，通过建设深水航道、大能力泊位等一系列方式，进一步提升港口的吞吐能力，同时，利用多式联运建立公路、铁路和海上运输通道，为集装箱业务、干散货业务发展赋能，助力华南、中南、华北等地的企业走向世界。

2. 整合港口区域资源，推动保税区建设。在"一域三港"和"大物流、大港口"的整体规划下，三大港口加强协同合作，强化南宁国际物流园区的联合，建设保税港区，打造"三港一体"的发展模式。南宁保税区的成立提升了货物通关便利化水平，同时衍生发展了商品展示、保税仓储、货物加工等业务。此外，南宁保税区与广西沿海港口建立了"三港一体"的合作机制，进一步提升了港口物流的发展水平，扩大了港口保税区和贸易区的经济效益，推动了港口的全面发展。

3. 建设高效港口服务支持系统，促进服务意识的提升。广西沿海三港服务支持系统的完善需要建立标准化信息平台，该平台可以将检验检疫局、外汇局、海关、航运等多个相关机构整合在一起，促进互联互通和数据共享。为了减少货物停留时间，各口岸管理机构应该实行"大通关"业务形式。同时，需要树立高质量的服务观念，设立"一个窗口"服务，建立健全的口岸物流规章制度，并与国际惯例的发展步伐保持一致。为了最大程度地满足客户的需求，要多措并举严抓货物进出口检验，提升服务态度，加快通关效率。

4. 加强基础设施建设，降低物流成本。为了降低物流成本并提高物流效率，广西北部湾不断加强物流基础设施的建设。其中，需要重点关注疏港公路、铁路等基础设施的建设，推进云计算、大数据、物联网、区块链等智能技术在物流领域的应用，通过技术赋能进一步降低物流成本。在此基础上，需要进一步提升港口标准化建设，通过建立完善进出口保税物流服务平台，加强数据共享，提升物流效率。这样可以更好地适应市场需求，推动广西北部湾地区的物流发展，提升其在国内外物流市场上的竞争力。

（三）合作特点

1. 整合港口资源，统一港口规划与布局。广西北部湾国际港务集团有限公司自成立以来，一直在致力于整合港口资源，实现港口规划和布局的统一。在 2007 年，广西北部湾港成立后，港区主要码头泊位等资产整体上市，这标志着广西北部湾港的统一规划和建设已经完成。为了更好地整合行政资源，广西北部湾港口管理局成立，并下设钦州分局、防城港分局和北海分局，实现了规划、建设、管理和运营的"四个统一"模式。

随着 2018 年广西北部湾国际港务集团有限公司和西江集团的战略性重组，北部湾港口体系、西江水运体系、江海联运体系、集疏运体系、港口经济体系、通道经济体系和服务保障体系等体系得以构建。综合体系的建设不仅加速了北部湾城市群和西江经济带的建设，还促进了东南亚物流枢纽、南向通道和中国—东盟区域性国际航运中心的建设。通过开放合作和体制机制创新，广西北部湾国际港务集团有限公司为实现港口资产整合和统一规划作出了巨大的贡献。

2. 明确定位港口功能，实施差异化发展。根据《广西壮族自治区沿海港口布局规划》，广西北海、钦州、防城港三个港口进一步明确了自身发展定位。其中，北海港重点挖掘旅游优势，推动国际旅游业迈上更高台阶，重视扶持高科技产业和出口加工业，提升扩展出口加工区保税物流功能，成为一个以保税物流为主打的港口。防城港和钦州则将发挥深水大港的优势，建设保税港区，重点打造临海重化工业和港口物流，发展成为集加工制造和物流于一体的港口。三个港口由广西北部湾国际港务集团统一管理，结合港口自身优势划分业务和路线，有效推动港口差异化发展。

3. 优化布局港区，提升港口服务功能。中转运输枢纽港区是一个包括渔澫港区、大榄坪港区、龙门港区和铁山港西港区的区域，位于防城湾、钦州湾和铁山湾。这些港区通过不同的分工和协作，拓展了联程中转运输、物流、保税和信息服务功能，促进了港口综合运输的规模化发展。这一枢纽港区为"三南"物资的转运和对外贸易提供了重要的支持，成为建设中国—东盟国际大通道的关键口岸。

临港工业枢纽港区位于防城湾、钦州湾和铁山湾，包括企沙西港区、金谷港区和铁山港西港区。这些港区主要为广西北部湾经济区的企沙工业区、钦州港工业区以及铁山港（龙潭）组团（东岸）工业区提供服务。建设大型的临港工业区是现代化港口功能拓展的重要方向之一，对优化产业布局和结构、促进地区经济发展具有重要的意义。

国际海上旅游服务功能区主要是指石步岭港区，以客运、旅游、运动休闲和集装箱运输为主。该港区立足于开拓现代物流和集装箱运输市场，充分发挥国际邮轮母港功能，打造以客运、旅游和航运服务为主的现代化临港国际客运和商务中心。

渔澫港区、大榄坪港区和铁山港西港区主要提供散矿、粮食、集装箱和石油等专业化中转运输服务。而企沙西港区、金谷港区和铁山港东港区主要为临港重化工、石化、能源电力、煤化工、装备制造业等临海工业服务。石步岭港区则主要提供国际海上旅游服务。这些港区之间互相配合，形成了一个完善的港口产业链，有效地推动了北部湾区域经济的高质量发展。

四、"一带一路"背景下跨国港口合作案例

"一带一路"倡议是中国提出的全球性经济合作倡议，旨在推进亚欧非等地区的合作和发展。其中，中国提出了重点建设三条"蓝色经济通道"，致力于加强海上合作。近年来，中国在印度洋、地中海和大西洋沿岸布局，进行了一系列投资并购活动，旨在促进地区间的贸易和投资。例如，中国在斯里兰卡、希腊和西班牙等国家进行了投资和并购活动，以加强和扩大双方在贸易和投资方面的合作。

随着中国港口一体化改革的推进，国内涌现出许多实力较强的综合港口运营公司，其中以中远海运、招商局集团等大型国有企业为引领，上海国际港务集团、宁波舟山港和连云港港等地方性港口企业为后发力量，他们积极参与国外港口的投资和经营，以推动"一带一路"倡议的实施。合作模式主要包括投资建港、兼并收购或投资控股、互为友好港和港口网络合作等。这些举措不仅促进了中国与其他国家之间的合作和贸易，也有助于提高中国企业的国际竞争力，同时也对于推动全球贸易和经济的发展形成了积极的影响。

（一）宁波舟山港与中东欧港口合作

作为世界级大港，宁波舟山港在全球港口体系中的地位越来越重要。宁波舟山港全球货物吞吐量位列第一、集装箱吞吐量全球前三，亦是"一带一路"建设的重要节点之一，为中国和中东欧国家之间的贸易往来作出了重要贡献。

自2013年以来，"一带一路"建设的航线数量和航班数量都有了很大的增长，宁波舟山港已成为"一带一路"建设的核心航运枢纽之一。此外，宁波舟山港还与中东欧国家的主要港口建立了友好的港口关系，促进了双方之间的贸易和经济合作。为进一步拓展与中东欧国家港口之间的合作，宁波舟山港提出了一系列创新性的举措。

其一，推进"中欧班列＋海铁联运"模式创新。宁波舟山港与已开辟欧洲班列的城市进行合作，有效组织中欧班列货源，切实强化铁路无水港建设，打造国家海铁联运示范通道。

其二，依托产业基础，拓宽合作内容。宁波舟山港以其在保税区建设、管理和运营等方面的经验为支撑，重点聚焦波兰格但斯克港和罗马尼亚康斯坦察港的自由贸易区，以港口带动临港产业园、港航物流、航运金融等业务的综合发展。它的目标是打造一个集加工制造、保税仓储、产品展示、综合物流等业务于一体的产业体系，进一步推动中东欧国家与中国之间的贸易和经济合作。

（二）中远海运集团和比雷埃夫斯港合作

比雷埃夫斯港位于巴尔干半岛南端、希腊东南部，地理位置优越，因与欧亚非三地相连被称为欧洲的"南大门"，也是"21 世纪海上丝绸之路"的重要节点之一。自 2009 年起，中远海运集团开始在比雷埃夫斯港运营 2 号、3 号集装箱码头，2016 年起更是控股整个比雷埃夫斯港。中远海运集团在当地直接创造了超过 3 000 个就业岗位，间接创造了 1 万多个就业岗位，累计为当地带来的直接社会贡献已经超过 14 亿欧元。2021 年 10 月 25 日，中远海运集团完成了对比雷埃夫斯港务局第二期股权的收购交易，成功收购比雷埃夫斯港港务局 67% 的股权。

中远海运集团实施的比雷埃夫斯港项目涵盖了两个主要方面：第一，中远海运与当地企业合作，推动基础设施建设，扩大海运业务，谋求互利共赢。中远海运深入分析了当地产业发展优势和发展方向，科学制定了关于集装箱码头、物流仓储、渡轮码头等业务板块的发展战略，比雷埃夫斯港码头已成为希腊最大、技术最先进的现代化集装箱码头之一。此外，中远海运持续投资比雷埃夫斯港的基础设施，推进港区"流程化"提升和优化港口运营能力。

第二，中远海运坚持本土化发展和管理，积极履行企业社会责任。自收购比雷埃夫斯港以来，中远海运为当地创造了大量就业机会，推行本地化的施工劳动力、管理人员和作业队伍等措施。同时，中远海运引入经过欧洲港口组织认证的环境管理系统和港口环境评估系统，为有效监控空气、噪声和海洋环境创造了便利。此外，中远海运根据相关法律，加强对港口粉尘和污水的处理和有效回收；充分利用清洁能源的节能优势，推广太阳能光伏发电，提高能源管理效率和精准度。

（三）天津港打造中蒙俄物流通道桥头堡

"中蒙俄经济走廊"建设是推进"一带一路"倡议的重要组成部分。该项目旨在打造连接中国、蒙古国和俄罗斯的重要经济走廊，推动合作伙伴的共同繁荣发展。2016年9月，国家发改委发布了《建设中蒙俄经济走廊规划纲要》，明确了该项目的发展方向和目标。根据规划，"中蒙俄经济走廊"构建了西、中、东三条物流通道，共有21条客货班列线路，将有效缩短各国之间的距离，降低贸易成本，促进贸易和投资合作的深入发展。

作为"丝绸之路"经济带的重要组成部分，"中蒙俄经济走廊"具有重要的地缘政治和经济意义，其中天津港是关键的节点。天津港是中国北方地区最大的综合性港口，位于环渤海经济圈中心，是连接中国和世界的重要门户。依托区位优势和物流资源，天津港正在成为中蒙俄物流通道的"桥头堡"，具备良好的发展机遇和潜力。目前，天津港已经建立起与俄罗斯、蒙古国等国的多个班列运输线路，开通了多条货物运输通道，为"中蒙俄经济走廊"的发展提供了重要的支持和保障。未来，天津港将继续深化合作，加强物流、贸易等领域的交流与合作，共同推动"中蒙俄经济走廊"建设取得更加丰硕的成果。

目前的发展状况如下：第一，天津港已经建成了"两桥三通道四口岸"的陆桥通道格局。天津港以其独特的区位优势成为了"一带一路"的重要海陆交汇点。其中，陆路交通建设是其发展中欧路桥运输的核心。天津港的陆桥通道格局，使得中欧班列货物的快速运输成为可能。2021年，天津口岸共发运中欧班列497列，中欧班列货物总量达到53 132标准箱，同比增长25.5%和24.4%。此外，在海上运输方面，天津港有超过50条集装箱班轮航线与40多个港口进行连接。[①] 在公路运输方面，中蒙俄国际运输道路的建成为天津港提供了道路运输服务保障，这将有助于"中蒙俄经济走廊"的建设。除此之外，天津港还与多个港口建立了友好港关系或签署了友好交往备忘录，其中包括阿联酋迪拜港、比利时安特卫普港、德国汉堡港和法国马赛

---

① 2021年天津口岸发运中欧班列货物超5万标箱［N］. 中国新闻网，2022 – 01 – 10.

港。这些举措将进一步推动天津港的国际化和全球化进程。

第二，内陆港建设成果颇丰。天津港集团在内陆腹地已经建立了 5 个区域营销中心和 25 个无水港，这些港口的覆盖范围涵盖了东北、华北和西北等内陆腹地的物流网络。其中，2021 年 12 月建成的赤峰无水港项目在蒙古国和中国两地之间打通了新的海铁联运通道，这个项目的落成标志着天津港集团在物流领域的持续发展和创新。在海铁联运方面，天津港集团陆续打通了 44 条海铁联运通道，包括"天津港—中亚"国际联运直达班列、"银川—天津港""邢台—天津港"铁海联运专列。这些联运服务不仅辐射了 13 个省、市、自治区和四大陆桥口岸，而且为内陆腹地的经济发展提供了重要支持。此外，天津港集团还持续推进中蒙物流通道建设，开创了"东北亚—天津港—大陆桥—中亚、西亚和欧洲"双向多式联运模式。天津港集团的物流网络已经突破了沿海地区，逐步覆盖至全国。

第三，通关流程更加便捷。2021 年，天津港在海铁联运货物方面采用了创新的"船边直提"模式，通过提高效率，使得货物的批次和集装箱量分别比 2020 年增长了 41% 和 53%。同时，天津港积极推进"智慧海关、智能边境、智享联通"建设，与满洲里等边境口岸海关加强关际协作，进一步提升中欧班列贸易便利化水平。为了更好地服务于贸易，天津新港海关与天津市商务委员会、天津港集团和中国铁路总公司协作创新，开展"无纸申报 + 自动核放"和"疏港分流 + 分散仓储"通关模式，大力推进作业场站的建设和运力的增加，以提高疏运相关货物铁路效能达到 50%。

（四）中哈（连云港）国际物流基地建设

2014 年，中哈（连云港）物流合作基地一期工程建成启用。该园区位于庙岭作业区后方，毗邻集装箱和散粮泊位，北侧紧邻陇海铁路，周边多条疏港道路相连，交通便利。作为"丝绸之路经济带"建设的首个实体平台，该项目在连云港贯彻"一带一路"倡议的进程中起到了举足轻重的作用。

自园区启用以来，中哈物流基地一直运营良好，共完成货物进出库量 1 850 万吨，集装箱进出场量 115 万标准箱。截至 2020 年 5 月 15 日，中哈物流基地到发中欧班列突破 10 000 车，合计开行 244 列。此外，按照《中欧班列建设发展规划》，连云港港开发了连云港至阿拉木图等中亚班列和至伊斯坦布尔等中欧班列 2 条精品通道，率先开行过境和出口两类班列，并实现对主要站点的全覆盖。这些举措让连云港港成为中欧铁路货运的重要中转站。

此外，中哈物流基地还实现了"连云港—哈萨克斯坦—阿塞拜疆—格鲁吉亚—土耳其"沿线"站到站"全程铁路运输，为国际班列运输突破"重来重去"格局，奠定了坚实基础。而连云港港还与中远海运集团合作，收购霍尔果斯东门无水港 49% 股权，构成了新亚欧陆海联运通道上的"双枢纽"，并成功复制多式联运场站管理操作系统到霍尔果斯东门无水港，实现了信息互联、人员互派、业务互动，形成了整体互动的空间和时间。这些举措促进了区域经济的发展，推动了"一带一路"倡议的实施。

五、经验借鉴

（一）对比分析

通过比较纽约—新泽西组合港、日本东京港口群、欧洲海港组织、京津冀港口群、珠三角港口群和北部湾港口群的几个方面，包括合作模式、特点、适用条件、优点和不足等方面，本书对各港口群之间的合作特点进行了详细介绍（见表 3-4）。同时，结合当前长三角港口群的发展现状，本书分析了国内外主要港口群对长三角地区港口群发展的启示。

表 3-4　　　　　　　　　国内外港口群的对比分析

项目	纽约—新泽西组合港	日本东京港口群	欧洲海港组织	京津冀港口群	珠三角港口群	北部湾港口群
合作模式	政府主导型	国家主导型	港口协会模式	政府引导、市场运作主导兼有模式	企业资本渗透模式	省域主导，以资本为纽带模式
合作特点	共同建立管理机构，统一规划、开发和管理；"地主港"模式	国家主导，运输省协调各港口业务	港口独立性强，有序合理竞争	整体规划，错位发展，以资本为纽带	港口与企业合作	以资产为纽带，以整合港口资源为基础，全面推进港口整合

项目	纽约—新泽西组合港	日本东京港口群	欧洲海港组织	京津冀港口群	珠三角港口群	北部湾港口群
合作适用条件	港口位置非常接近、数量有限	基于临港产业的港口职能划分	市场经济高度发达、法律制度较为完善	港口区位接近，业务同质化较明显	市场化运行程度较高	地理位置、行政区划较为接近
合作优点	有利于港口之间公路、铁路等基础设施的规划和建设；有利于同一港口群内各港口之间进行明确分工	国家主导，利于港口资源的整合；港口的合理定位与分工实现港口的有序竞争	保持港口之间的竞争性和自主建设能力以及协调港口之间的竞争	有利于港口错位发展，形成区域性内河支线运输网络	市场协调港口发展与定位，港口与市场需求关系更加密切；港口层面的竞争引向企业层面的竞争	港口定位更加明晰，有助于实施大港口战略，开创全国跨行政区域的港口资产整合先河
合作不足	可能削弱某些港口的竞争力，从长期来看，对港口成长不利	可能削弱某些港口的竞争力，不利于单个港口的综合发展	港口协会不存在实质的全面管理规划权	区域枢纽港与其他港口的资源分配与政策倾向	加剧港口间的恶性竞争	对港口集团的顶层设计、总体规划、经营能力等要求更高

纽约—新泽西组合港是政府主导型合作模式的一个典型案例。在长三角地区，由于港口建设是一个巨大的工程且建设周期较长，市场存在着滞后性，因此政府的参与是必不可少的。政府部门、港口管理者和港务企业需要共同参与，协商达成具有行政约束力的政策，以保证各港口都能严格遵守组织的政策，并对违反政策者进行相应的惩罚。同时，为了实现统一规划、开发和管理，长三角地区港口合作应该建立类似于纽约—新泽西港务局的管理机构。不过需要注意的是，中国政府主导与市场化运营需要相互协调，推行财政上自给自足的"地主港"模式不太适合长三角港口群。

日本东京港口群的港口职能划分模式具有很高的参考价值。长三角港口群可以借鉴这个模式，但需要针对自身的特点进行调整。在日本各港口的分工中，主要体现在散货运输方面，而长三角港口群的竞争主要在集装箱运输。由于中国正处于工业化后期，港口对于地方经济的发展有着重要的促进作用，在此背景下港口之间的竞争会长期存在。中央政府部门关于长三角港口群的定位和作用等已经有所规划，但规划来源于不同部门，应加强地方规划之间的协调。

欧洲海港组织是一种港口协会合作模式，核心是通过港口协会的组织和领导，协调各港口间的合作与竞争关系，共同推动整个区域港口的发展。这种模式的成功在很大程度上取决于市场经济的发展和法律制度的健全。然而，与欧洲海港组织相比，长三角地区的港口数量众多，分布在不同的行政区域，港口之间的自主经营能力也比较强。因此，要实现长三角地区港口的一体化发展，采用国家或地方主导模式难以取得很好的效果。为了协调和构建长三角地区港口的战略协同发展，协会主导模式是比较适合的选择。这种模式可以通过协会的组织和领导，协调各港口之间的合作关系，共同推进整个区域港口的发展。当然，针对长三角地区的实际情况，必须制定出具体的实施方案，避免出现形同虚设的情况。

京津冀港口群则采用政府引导和市场运作相结合的港口合作模式。在2015年京津冀协同发展战略的支持下，京津冀港口一体化布局不断提速。其核心是由政府确定决策部署和港口功能定位，然后制定港口规划，再由市场和资本推动港口群内港口的合作、错位发展和转型升级。这种模式在京津冀地区得到了成功的实践，也在长三角地区的港口合作中得到了广泛的借鉴和应用。

珠三角港口群采用企业资本渗透模式的市场化运行方式，实质是通过企业的资本渗透进入港口，并在其中形成利益共享集团，从而实现了港口和企业的互惠互利。这种模式在促进港口之间的竞争中具有一定的作用，但是如果仅仅依靠企业的资本渗透，也许无法实现长远发展。因此，在推进港口竞争合作的过程中，可以采用港口一体化模式和港口协会模式相结合的方式，以实现更加协调的效果。

广西北部湾港口群采用资产整合模式，通过整合港口资源，实现了广西沿海三港的统一规划、建设、经营和管理。而在长三角港口群中，省域港口集团不断扩大其范围，但仍存在未覆盖全部港口的问题。为了实现长三角港口群的一体化建设，需要摸索更为有效、跨越行政区域的合作模式，并在此基础上，继续推进港口资源的整合和重组，以实现港口集团的更加完整和统一。同时，应该关注内河港口和实力相对较弱的港口的发展，促进全面而平衡的港口发展。

（二）经验借鉴

观察全球港口发展趋势，可以从纽约—新泽西组合港、日本东京港口群、欧洲海港组织、珠三角港口群、京津冀港口群、北部湾港口群的协同发展中汲取经验教训。借鉴这些经验，本书期望为长三角港口群的一体化和高质量发展提供有益的思路。

1. 港口群协同发展的关键在于管理机制的有力创新。港口群的辐射范围较广，由多个行政部门进行管理，需要积极探索有效的管理体制和经营模式来进行管理和运营，美国纽约—新泽西港务局的管理模式则是进行机制创新的有益示范。其在管理模式上采取了"地主港"的方式，州际协议由纽约和新泽西州政府进行签署，长期经营协议则由港务局与专业公司进行签订，收益利润用于港口的改扩建。港口管理委员会由纽约和新泽西两州州长进行任命，该委员会主要负责统一规划、经营和协调两大港区。在这种方式之下，有效提高"纽约—新泽西港"的经营效率，着力打造美国东海岸第一大集装箱港。

除了纽约—新泽西港务局的管理模式之外，还有许多其他的成功案例。例如，我国的港口集团公司采取"公司＋港口"的模式，将港口和相关服务进行打包，形成集团公司，既实现了资源共享和规模效应，又加强了整个港口集团的综合竞争力。

2. 港口群协同发展的基础在于基础设施的统筹协同。要实现港口群的协同发展，必须统筹规划和建设现代化、专业化、规模化的港口基础设施。例如，"一带一路"倡议提出了"陆海联运"等概念，旨在加强共建国家和地区之间的互联互通，推动经济合作和发展。为了实现这个目标，必须建设先进的港口基础设施，包括码头、航道、仓储设施、物流园区等。此外，还需要发展铁路、公路、水路等多种运输方式，构建多式联运体系，提高运输效率和服务水平。通过这些措施，可以实现港口群的基础设施的统筹协同，为经济发展提供强有力的支撑。

美国的港口也在积极推进多式联运体系的建设，通过铁路、公路、水路等多种运输方式进行协同运营，提高运输效率和服务水平。纽约—新泽西港铁路集疏运能力不断增强，多式联运覆盖区域不断扩大，拥有多条欧亚航线。这些措施不仅促进了美国的经济发展，也为国际贸易的繁荣作出了重要贡献。

3. 港口群协同发展的核心在于信息共享的平台化。港口群协同发展的成功离不开港口航运信息的共享和互通。20 世纪 90 年代中期，德国汉堡 EU-ROKAI 集团和不来梅 BLG 物流集团将双方的集装箱码头业务合并，成立了欧门集团（EUROGATE），通过共享信息系统，将两个港口的信息整合成一个整体，提升了港口的转运服务水平，在将经济腹地的范围进一步扩大的同时也增强了自身的竞争力。新加坡在这方面也作出了一定努力，政府机构、货运代理、企业等相关部门的信息化共享已经迈上了高度协同的台阶。

4. 港口群协同发展的基石在于政策供给的联动发展。港口群协同发展需要制度保障，各国都意识到了这一点。日本制定了一系列法律法规，包括《日本国土港湾法》（1950 年）、《首都圈整备法》（1956 年）、《东京湾港湾计划的基本构想》（1967 年）和《东京都长期规划》（1982 年），通过这些政策促进了港口的规范化、高质量发展。在日本，港湾局全权把关全国港湾发展五年计划的制定，紧抓港口功能定位和港口协同发展等工作，并统筹港口建设、生态保护等。在港湾局的统筹之下，东京湾港口群中的各个港口都有不同的发展方向，形成了多功能"复合体"，各司其职的"广域港湾"。这些港口相互协作，形成一个有机整体，为日本的经济发展提供了坚实的基础。

第四章

长三角港口群的区域协同发展

第一节　长三角港口群协同发展的
模式及其影响因素

一、长三角港口群协同发展的模式

（一）港口群协同发展模式

国内外实践经验表明，区域港口群协同发展是国家和地方政府实施区域发展竞争、推动港口经济发展的一种战略表现。

政府在实施区域竞争战略时，往往表现出对港口经济发展的强烈愿望，区域内港口竞合协同发展的成功与否，有两个关键影响因素：一是政府作用，政府作为监管者或投资方，在各个阶段发挥着不同的作用，直接或间接参与到港口群竞合发展中来；二是市场作用，在市场作用中，港口企业又发挥着主要作用，涉及不同港口的产权融合。产权融合包括控股、持股及合资新建等形式。根据政府和企业在港口群发展中的作用和角色，本书将港口群协同发展模式总结如下。

1. 政府主导型协同模式。政府主导型协同模式指在国家区域规划为指导下，立足国家战略，遵循港口市场发展的规律，综合协调省际省内中心港与喂给港之间的衔接与合作，政府对区域港口规划、基础设施、航运发展、环境保护、安全生产等履行统筹规划、组织协调、提供服务和检查监督等管理职能，按照协同的紧密程度可分为政府主导下紧密型协同模式和政府主导下松散型协同模式。

（1）政府主导下紧密型协同模式。以政府为主导的紧密型协同模式，强调政府对区域港口协调发展的主导性作用，并通过构建多层次、多形式、多渠道合作协调机制来达到政策、法规以及管理标准一致的目的，主要特点如表4-1所示。

表4-1 政府主导下紧密型协同模式

项目	内容
特点	在港口群协同发展中，政府扮演着主导或决策的角色，但其作用并非具有持久性；以产权为纽带，将不同港口的港口管理局整合为一个直线型管理模式，实现中央控制下的统一管理
优点	因政府行为具有强制性，港口整合迅速且整合后相对稳定；这种协同形式通常是与地方政府更高层次的经济发展战略挂钩；港口群协同后政府能够较好地解决集疏运体系与公共基础设施之间的匹配
缺点	政府通过行政手段分配港口资源，难以实现帕累托最优；港口整合倾向于设立国有股份介入或国有独资特大型港口企业，若无法构建有效的公司治理机制则难以提升港口的经营效益
典型代表	广西壮族自治区北部湾港口群以及河北港口群

（2）政府主导下松散型协同模式。该模式又称政府主导型契约式协同模式（见表4-2），由管辖港口的地方政府或上级政府发起，由港口管理部门具体运作，以约定或者文件的方式明确双方的权利、义务和利益分配，并在港口规划、信息共享和安全环保领域进行广泛的制度化合作，而各港口的市场监管、运营规划等职能仍由各港口自主承担。

表4-2 政府主导下松散型协同模式

项目	内容
特点	要实现港口协同发展，必须确保各地政府直接参与，而非仅限于港口管理部门的独立参与。这是因为港口发展关联公路、铁路、国土、海事等多个领域的事权，而港务局的事权受限，只有由地方政府主导才能协调解决跨部门的港口事务

续表

项目	内容
优点	有利于及时化解不同港口之间的摩擦，推动港口企业之间的合作与交流，营造一个相对公正的市场环境
缺点	合作的稳定性受到外部环境变化的影响，一旦发生变化，合作的依据与内容可能会随之变化
典型代表	上海组合港管理委员会、长三角港口管理部门联席会议制度

2. 企业主导型协同发展模式。企业主导型协同发展模式是指港口企业作为推动区域港口竞合的主导力量，对于通过资本的方式构建竞合关系是有益的探索。按照港口企业之间是否有股权资本的连接可以分为企业主导下股权式协同发展模式和企业主导下非股权式协同发展模式。

（1）企业主导下股权式协同发展模式，是指港口企业各方保持各自独立实体资格，通过参股、投资等资本流动形式形成共同经营、共担风险的合作关系，实现更大范围内的资源整合（见表4-3）。根据是否组建新的具有独立法人资格的经济实体，可将该模式分为两种类型。类型一是以合资形式组建具有独立法人资格的联合经营体，各方占有新联营体一定比例的股份，对等比例或是一方控股等形式均可。类型二是不组建新的独立实体，各方以参股形式拥有合作方一定比例，一般为少量的股权，还可以共同拥有第三方企业的部分股份，用资本纽带和港口协议维系各方的合作关系。与类型一不同的是，类型二不涉及设备和人员等要素的合并。

表4-3 企业主导下股权式协同发展模式

项目	内容
特点	以港口企业作为主体，产权作为纽带，平等自愿地通过入股、互持、控股以及合资新建等多种方式，促进港口群内不同港口企业之间的战略性合作。该模式纯属市场行为，符合市场规律，是港口企业谋求自身利益最大化的战略决策，但是它需要以良好的商业环境和清晰的港口企业所有制为前提
优点	这对于节省港口资源、防止重复投资、优化港资源配置具有十分重要的意义；有利于各港口之间形成更加稳固的合作关系，以更好地适应不断变化的市场环境；有利于港口集群中"有效合作，有序竞争"的港口层级结构的合理构建
缺点	港口群内容易出现垄断，阻碍了港口间的自由竞争
典型代表	上港集团实施的"长江战略"

其实早在 20 世纪 80 年代初，就有外资企业参与了我国港口的建设和运营领域。比如新加坡港务集团与我国港口企业合作，以合资的形式新建或运营港口码头，从而掀起了我国中外合资建设经营港口的第一个高潮。此外，位于美国北部华盛顿州相距不远的西雅图港和塔科马港，为了增强地区的港口整体竞争力，实现双赢，两港共同投资建设了桥梁、铁路集疏运系统等港口基础设施，并在融资方面积极合作，共同筹集资金，解决资金短缺问题，从而形成利益共同体。国内外各港口企业的这种合资合作方式正是股权协同式发展模式的体现。在当前形势下，港口企业合作发展战略实施的主要方式将是采用股权协同式的发展模式。

（2）企业主导下非股权式协同发展模式。港口群内的港口企业自主发起非股权式的协同发展模式，通过契约式战略联盟的构建或多港口企业共同参与的行业协会的成立，实现了企业主导下的协同发展（见表 4 - 4）。该模式可由政府参与指导，但做决定的还是港口企业，港口企业以民主、自愿、公平为原则构建双边或者多边的战略联盟关系。

表 4 - 4　　　　　　　　　企业主导下非股权式协同发展模式

项目	内容
特点	松散的组织结构，由于缺乏独立的经济实体，从而稳定性不足，无法确保经济活动的可持续性；合作平等性，参与协同的企业之间存在着一种平等的关系，这种关系是相互依存、相互促进的；复杂的管理，基于联盟的成员之间是一种非正式的互动关系，这种关系的协调和管理具有很大的不确定性；知识具有外溢性，通过信息和技术的共享来推动共同进步
优点	它既可以避免恶性竞争、增强议价能力，又可以通过物流资源整合来获得新的利润增长点
缺点	联盟协议和协会文件缺乏约束力

3. 专项业务一体化协同模式。专项业务一体化协同（协作联营式战略联动）模式，是指各港口依据其基础设施、码头类型、智慧化、专业化程度等相对优势，基于货源市场、货种、航线、客户、技术发展等项目，按照一定的契约协议建立单项或多项业务合作关系，推动港口间形成错位竞争和有序竞争，提升港口群竞争力（见表 4 - 5）。这种业务上的合作可以基于某一货源市场、某一货种、某一航线、某一客户、某一技术开发项目来展开，合

作的内容包括港口企业的揽货机制、集疏运网络、生产活动、技术开发、数据通信网络及信息资源共享等，这种合作可以是单项业务的合作，也可以是多方面的，通过相互协作，为客户提供更快、更高效率的优质服务，提高港口企业的竞争力，获得共同的发展。比如，不少港口都存在"定时间、定港区、定航线、定船舶、定货种"的五定航线，港口群内不同港口之间也可建立这种纯业务合作的战略联动。联动各方保持各自的独立性，以自愿原则签订合作协议，用协议来规范和约束各方的行为并确定各方利益。在当今港口竞争日益激烈的新形势下，该联动模式需要港口企业积极主动地寻求合适的合作伙伴，建立业务上的联动，通过这种合作关系实现共同利益的提升。

表4-5 专项业务一体化协同模式

项目	内容
特点	通过分析港口或港口群之间难以协同的原因，可以发现主要的障碍之一就是港口涉及的货种类型多样，码头业务繁杂。专项业务一体化运作协同模式，就是通过调研分析出主要港口的码头类型与主要业务，围绕重点的专项业务成立专业化集团公司，统一安排专项业务在长三角区域内的一体化运作协同
优点	可以有效管控关键竞争业务，相较于港口一体化而言，实现企业整合的难度较小；有助于形成港口运输体系，完善枢纽支线布局
缺点	许多专业化码头，诸如集装箱码头等，已经形成了投资主体和经营主体的多元化，导致各投资方的利益难以协调平衡，内部管理也面临着较大挑战

4. 港口协会协同模式，是指港口群内港口企业及与港口行业相关的企事业单位为谋求一致而联合组成联盟，协商制定港口群组织的总体章程和政策（见表4-6）。探讨并协力解决港口码头及港口企业发展的共性问题，如港航市场价格秩序、信息交流、标准化、港航安全的管理与应急、航道的维护和管理等。该协同模式需要建立在行业协会具有话语权的基础上，通过协会制定行业公约，形成揽货、收费及管理上的自我约束和相互监督机制，制止和制裁不正当和不公平竞争，促使港口间保持正常的业务关系，为港口的业务合作牵线搭桥，包括协调加强各港口之间的关系和及时提供行业信息等，使竞争与合作达到一种相对平衡的状态。

表 4 - 6　　　　　　　　　　　　港口协会协同模式

项目	内容
特点	协会具有民间性质，以服务为中心，不以营利为目的，管理模式相对松散； 强调保持各港口的独立性，协会不直接参与港口的发展、建设，以及日常运营业务； 为确保港口的竞争优势，必须强调港口在法律上的自主经营地位。 港务局、港口行政部门以及港口协会等涉及的多个港口部门，通过协商的方式来对各个港口的利益进行协调，并用法律的形式来确保整体利益
优点	以协会为主体的港口不仅可以维持各港的独立地位，为其提供一个合理、平等的市场环境；又能在港口运输安全、环境等方面保持一致性，维护协会内各个港口的利益
缺点	该模式只有在市场经济高度发展、法律制度相对健全的基础上，才能有效地发挥作用；港口协会相对松散，没有实质性的全面管理规划权
典型代表	欧洲海港组织

5. "地主港"协同模式，来源于国外应用较多的地主港管理模式，此类港口管理的主体主要是政府和公司制的企业。地方政府主要承担和管理辖区内港口的整体规划、招商引资、土地使用、岸线资源、绿色安全等，港口的具体生产业务比如码头装卸搬运、堆场仓储和港口综合物流服务等一般交给另外的港口经营企业，实行港口的产权和经营权分离（见表4-7）。当前，全球综合实力强劲的集装箱港口/码头中的部分港口诸如美国纽约—新泽西港、荷兰鹿特丹港、德国汉堡港等均采用此管理模式。

表 4 - 7　　　　　　　　　　　　"地主港"协同模式

项目	内容
特点	不管是港口行政管理的一体化还是企业的一体化，其基本内容均仅限于港口岸线资源的整合、港口陆域、装卸以及仓储等单一业务，而现代港口则是融合临港产业、临港物流等业务的多功能的产业集群，已然呈现出大港口的趋势
优点	港口效率得以提升；政府和企业的利益均有考虑到，并予以平衡；促进建设港口基础设施，建立企业长期的固定投融资渠道；各种港航资源可通过市场整合、优化、减少重复投资；既能够适应港口企业发展的需要，又能够实现土地作用最大化
缺点	会出现垄断和同业联盟

6. 一体化集团式协同模式。一体化集团式协同模式，指不同行政区域内港口探索提升资源统筹能力，通过政府和市场力量的共同推动，综合考虑港

口间设施、技术、管理、服务、环境等要素，配置、优化、重组不同港口间的自然资源、行政资源、股权资源、经营利益，重组组织架构、优化股权治理结构，建立港口群的大型港务集团，通过集团化运作、一体化经营、协同化发展完成整合，以期形成区域港口发展合力。在实践中，根据港口的管理体制、历史沿革、股权结构和区域经济发展特征，制定合适的集团"一体化"策略和路径。大型港口集团发展需要更好地对存量业务进行一体化运营管理，重点考虑体系竞争力、改革创新力、市场控制力、品牌影响力和抗风险能力。根据港口集团的成员所在的行政区划范围可分为省域内集团协同模式与跨省域集团协同模式。考虑到港口成员企业的规模和实力，港口群企业集团可以采用以下两种基本模式。

（1）强强联合协同模式。在港口群内，若港口成员企业的规模与实力相当时，可以考虑采用这种模式。多家港口成员企业在集团中扮演着核心角色，它们通过相互持有股份的方式共同构成了港口企业集团的核心层。核心企业将其下属港口作为一个整体进行统一规划、统一经营管理、统一对外合作与竞争，并以股权为纽带形成紧密型联盟关系。在完成自身的股份制改革后，核心企业通过控股或参股集团内其他港口成员企业，逐步实现了港口群一体化集团的形成。在这种情况下，各港口成员企业之间的关系不再是一种简单的隶属关系，而是形成了以母公司为中心的"利益共同体"形式（见表4-8）。

表4-8　　　　　　　　　　　　强强联合协同模式

项目	内容
特点	区域港口群内港口成员规模相当，核心成员企业互相持股
优点	有利于推动区域港口物流网络的完善和中转资源的增加；可以加快资源整合、发挥港口群体优势和港口群的"集聚效应"，提升该区域港口的整体竞争力
缺点	核心成员实力相当，港口集团的稳定性和可持续发展方面会受到影响

（2）"金字塔"协同模式。在港口群内，当各港口成员企业的规模和实力存在较大差异时，可以考虑采用此种模式。以某一港口为"龙头"，将众多港口联合起来形成一个整体，企业集团核心层通常以一家具有较强实力的港口企业作为集团母公司，集团母公司有纯粹控股公司和混合控股公司之

分，其中，紧密层采用控股子公司形式，半紧密层采用入股关联公司形式，松散层采用没有资产联系而具有固定合作关系的企业形式，松散层组成频繁变动，完全取决于市场经营变动情况。这种以"核心—联结"为主线的管理模式主要由母公司运用其资产优势对各子公司的发展进行控制，以契约、产品及技术纽带等方式对各个关联公司及合作公司施加影响（见表4-9）。

表4-9   "金字塔"协同模式

项目	内容
特点	港口群内港口规模和实力呈梯状结构
优点	港口群内不同实力的港口优势互补、实现"多赢"；有利于实现港口群协调发展，有效地分配运量和服务
缺点	港口集团里实力强劲的港口有可能会占用小港口的资源；随着小港口货源量的增加，可能会影响原来核心港口的货源，而且会成为核心港口的竞争对手

（二）长三角港口群协同模式演变

长三角港口群协同发展是一个不断认识、不断发展的过程。从生产要素与业务合作、省内港口资源整合、跨省域港口整合，再到港口一体化发展，长三角港口群协同发展的竞合历程，大致可以划分为四个阶段（见图4-1）。

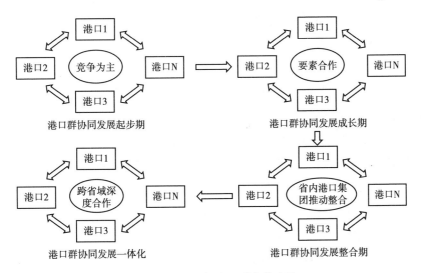

图4-1   长三角港口群演进过程

第一个阶段：长三角港口群协同发展起步期。在起步期阶段，区域经济的发展带动了对港口生产和物流的市场需求，长三角港口侧重于港口自身生产规模的扩张，空间集聚性和外部经济性均不明显。港口群竞争主要集中在腹地件杂货和散货货源的争夺上，集装箱发展尚在起步阶段。港口群内港口发展基础相差较大，最大港口陆向联系相对单一，海向联系也刚开始起步，港口体系与腹地呈现"轴—辐"形态。

第二个阶段：长三角港口群协同发展成长期。2005 年，长三角沿海港口拉开了资源整合的序幕。港口之间的要素合作态势明显，港口群协同发展以企业主导型协同发展模式和专项业务一体化协同模式为主，以浙沪合作推进大小洋山港开发、宁波舟山港实施组合化发展、上海港的"长江战略"等为标志，长三角港口间资源合作越来越频繁，港口群的雏形初现。2009 年，《国务院关于推进上海加快发展现代服务业和先进制造业建设国际金融中心和国际航运中心的意见》提出，建设以上海为中心、以江浙为两翼，以长江流域为腹地，与国内其他港口合理分工、紧密协作的国际航运枢纽港。此阶段，中心港口已经具有相当规模，集聚经济性开始显现，港口群的辐射范围更广，成为长三角区域发展的重要增长极。

第三个阶段：长三角港口群协同发展整合期。随着长三角一体化升级为国家战略，安徽省全面加入长三角，上海组合港管理委员会进而扩大充实。长三角港口群的协同发展朝向更高层次的资本输出与资源分配，港口群内知识与技术创新、高等级生产要素的合作成为新的发展动力。长三角港口群协同发展以政府规划为引导，以资本为纽带，一体化集团协同模式发展迅猛，沪苏浙皖均已在省市级层面成立港口投资运营平台，上港集团、浙江省海港集团、江苏省港口集团以及安徽省港航集团也与中远海运等国内航运巨头在港口、航运、物流等领域签署了各项合作协议。

第四个阶段：长三角港口群协同发展一体化。2021 年，长三角港口集装箱吞吐量已突破 1 亿标准箱，意味着长三角港口群在世界级港口群中的国际竞争力越来越大，港口群对合作发展达成共识，谋求全面整体的发展方案，省级港口集团之间的合作越来越紧密，比如浙江省海港集团与江苏省港口集团的战略合作，安徽省港航集团与上海港集团、浙江省海港集团的战略合作等。建设长三角港口群一体化主要体现在交通、航运服务以及制度合作的一体化等方面，国家的重要政策意见比如《长江三角洲区域一体化发展规划纲要》《关于建设世界一流港口的指导意见》《关于协同推进长三角港航一体化发展六大行动方案》等，均重点强调了加快推动区域港口一体化发展、着力打造长三角世界级港口群。

（三）长三角港口群协同发展的原则与模式

1. 发展原则。第一，坚持顶层设计、可持续发展。推进长三角区域港口一体化，覆盖范围广、涉及领域多、工作政策性强，需要在国家级和省级层面进一步加强顶层设计，制定发展思路，编制改革方案、发展规划，推动港口发展由数量规模型向质量效益型转变，发挥长三角区域优势，代表国家在更高层次上参与国际航运合作和竞争。同时，党的十九大报告提出"建立更加有效的区域协调发展新机制""以共抓大保护、不搞大开发为导向推动长江经济带发展"，必须立足长三角港口群发展与资源、土地、环境要素的全面协调可持续发展，实现长三角港口群绿色高效发展。

第二，坚持政府引导、市场主导。明确和调整政府在推动港口群一体化发展的作用领域，在港口群整体规划、功能布局、岸线资源、临港产业结构等方面发挥引导和监管作用，特别是在跨省域的港口群资源整合中发挥引领和顶层设计的功效；充分发挥市场资源配置的基础作用，消除区域市场壁垒，促进生产要素在港口群与腹地城市之间的自由流动，以资本为纽带，以业务为合作抓手，在资本和业务层面形成利益共同体，构建合作联盟，推进长三角港口群省内与省域之间的资源有效整合，凝聚共识形成合力，共同推进。

第三，坚持统筹兼顾、平衡协调。推进长三角港口群协同发展关联多方利益主体，需要顶层设计和基层治理良性互动有机结合，进而有效推动深化改革。在港口群协同发展实施过程中，应加强政府、企业间的沟通协调，既加强统筹协调，又充分调动地方港口发展的积极性，维护地方现有利益，切实解决好港口资源整合中利益不一致的核心矛盾。

2. 发展模式。在交通强国战略指引下，长三角港口群协同发展目标，已经不再局限于提高港口群内资源合理配置水平，而是通过推动港航一体化深度融合，打造长三角世界级港口群，巩固提升上海国际航运中心的地位，进一步深化与"一带一路"沿线港口在不同层级与领域的合作，增强长三角港口群的国际竞争力。长三角港口群协同模式的演化已经由第三阶段转向第四阶段，这个过程是动态的、系统的、重叠的，关联到政府和市场力量的角色分配，涉及顶层设计、模式研究、方案选择、实践推动等诸多问题。本书借鉴国内外区域港口整合的成功经验以及长三角港口的发展现状，对长三角港口群协同模式进行分析。长三角港口群协同探索方向可从三点展开：创新协同机制、高效协同经济、挖掘协同潜力。具体体现在以下四个方面：

第一，统筹发展，顶层设计推动港口群一体化。在长三角港口群协同发展顶层设计层面，首先，需要有强有力的区域性管理机构，特别是在跨省域层面。其次，充分发挥政府引导、市场主导、资本为纽带、业务为抓手，优化长三角港口群资源配置。最后，建立与世界级港口群相适应的口岸管理机制，推进港口与公路、铁路、航空等其他交通运输体系的信息对接与共享。

第二，方向引导，政府主导转向市场主导。目前，长三角港口群协同发展主要表现为政府主导。随着市场在资源配置中决定性作用的进一步增强，长三角港口群协同发展将由现有的以政府为主导转变为以市场为主导，市场发挥主导作用的范围包括港口内部、港口之间、港口与航运企业、港口与船公司等。以资本为纽带盘活港航资源，进而创新物流模式，拓展多式联运空间，降低运输成本；以资本合作驱动资源共建共享与模式协同创新，包括港口生产要素、信息大数据、人才与培训等。针对长三角港口建设可设立长三角港口集团股份有限公司（见图4-2），谋划各方均能接受的统一规划。

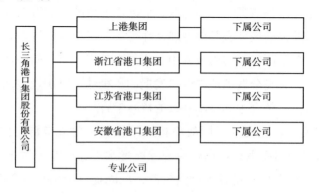

图4-2　长三角港口集团组织架构示意

第三，整合联动，集约高效利用港口资源。伴随着长三角一体化已提升到国家战略高度，各地方政府从不同层面正积极推动长三角港口协作融合联动，从港口岸线、航道、锚地资源等基础设施建设，到港航交通、港口物流、信息平台等方面，推动海港和内河港口联动发展，港口与腹地城市融合发展，加强临港产业、腹地主导产业、腹地城市规划、物流园区之间的有效对接。

第四，价值提升，提高港口群综合实力。长三角港口群协同发展不仅体现在港口服务、集疏运通道等传统的硬环境领域，而且更需要体现在产业、功能、政策与制度等软环境领域，利用中国（上海）自由贸易试验区内金融制度创新和金融服务业开放的优势，建立覆盖长三角的港口服务交易平台、国际航运股权托管交易中心等，提升长三角港口群在全球价值链中的"位势"。

二、长三角港口群协同发展的影响因素

长三角港口群协同发展关联到中央政府、地方政府、港口集团、物流企业及货主等其他利益相关者的关系，港口群资源整合过程受到多重因素综合影响，就具体的影响因素而言，主要有合作理念因素、合作体制因素、合作机制因素以及经济技术因素（见图4-3）。

图4-3　长三角港口群协同发展影响因素

（一）合作理念因素

长三角港口群协同发展是构建长三角综合运输网络的重要抓手，是推动长三角一体化发展的重要支撑，是打造长三角世界级城市群的重要依托。港口群的协同发展不仅能推动区域港口的高效、绿色、智慧、可持续发展，而且能优化区域资源配置和产业布局。

在众多利好因素的影响下，长三角港口群内各港口有可能会自发地开展统筹合作，逐步形成协调发展的局面，实现"共赢"的效果。与此同时，每个港口又是独立的经济组织，从港口自身利益最大化角度考虑，港口合作整体利益最优方案不一定是个体最佳选择，比方说协同发展是否必要、协同发展策略措施是否可行、协同风险与收益分配是否合理等。

（二）合作体制因素

第一，2001 年我国港口管理体制改革以来，港口行业政策法规以及港口区域发展战略由国家层面制定，省级政府对本省内港口进行规划和管理，地方政府管理本地港口的具体发展事宜。长三角港口群是一个具有整体性特征的经济地理概念，包括了沪苏浙皖三省一市的沿海沿江港口，行政区划的客观存在也对港口间深入融合合作带来挑战，容易引发恶性竞争与互斥发展。目前，港口资源整合主要局限在本省范围之内，跨行政区域，特别是跨省域港口之间协调存在障碍，难以形成长三角区域港口间的分工协作和优势互补。

第二，目前浙江省、江苏省、安徽省港口集团的设立或合并都是由各自所在省政府推动下进行的，整合的都是港口企业和航运业务的国有资产部分，此举进一步扩大了国有股权在港口企业的比例，货主企业码头及其他所有者码头的组合推进较为缓慢。同时，港区内的机构组织性质比较丰富，包括国有性质、私营性质以及混合经营，这些不同的所有制性质形成了不同类型的管理体制和运行机制，影响着港口发展的模式选择、经营目标，以及实施路径。

（三）合作机制因素

促进长三角港口群协同发展就是在谋求差异化良性竞争的同时也要保持港口市场经营主体灵活独立，仍需创新合作机制。由于协同关系的复杂性和不确定性，仅强调树立合作愿景是不够的，应通过建立对参与方均有约束的规章制度，使协同成员之间建立稳定而持久的信任关系。

第一，区域合作中必然会发生利益的让渡与转移，港口合作需要一个科学合理的利益分配和补偿机制。通过这一机制，港口合作所带来的附加利润在港口合作主体之间进行合理公平分配，由于各参与方在利益分配原则上存在差异，因此需要制定相应的收益分配政策。利益分配和补偿机制以维护港口合作主体既得利益为手段，发挥合作主体的激励作用，把效益同资源投入及实际产出结合起来，推动合作主体间利益转移，体现公平性。

第二，港口协同合作风险主要源于协同控制权配置层面，控制权越大，合作方就越有可能对他方造成伤害，合作各方须通过磋商，建立良好的风险监控机制，以保障港口群的风险识别、处理以及管控有章可循。可在已有的合作机制下通过创设有约束力的规则，并以此为契机，随着合作的深入，在更多港口合作具体领域增加实质性约束内容，建立起具有法律约束力的长三角港口区域合作规范体系。

（四）经济技术因素

第一，"经济→需求→港口→经济"这样一个循环充分说明了区域经济与港口发展之间紧密的关系。港口的发展推动了腹地城市要素资源的流动与集聚，腹地城市经济发展也对港口发展的动力、支撑产生影响。具体来说，包括城市的经济发展总量、外贸发展水平、产业结构、主导产业以及城市的基础设施建设、综合交通体系网络等。

第二，港口群发展与公共基础设施整合存在矛盾。单个港口内码头有公共码头和私人码头，不同港口的航道、锚地、岸线更是隶属不同主体，港口集疏运所关联的公铁航空运输的相关基础设施的资产整合也有难度。从服务角度来说，港口装卸作业、堆场作业、物流集散作业的统一定价、统一标准、统一管理更难。同时，港口工程技术以及相关产业技术包含物流园区规划、5G互联网技术、大数据技术、云计算技术和公路铁路航空技术等多个层面，这些技术的进步均直接或间接影响着长三角港口群的发展和布局。

第二节　长三角港口群层次布局及功能定位

一、长三角港口群层次布局

（一）社会网络分析方法

在社会学理论中，社会是由个体构成的网络组成的，网络包括许多节点，各节点间往往具有某种依赖与协作关系。社会网络是由社会行动者作为节点与其间的关系构成的集合。社会网络分析方法（social network analysis，SNA）是一种社会学研究方法，核心在于从"关系"视角讨论了网络的构造和属性特征，其中包括个体和整体属性。社会网络分析法通过不同网络统计量的分析，揭示不同社会个体或社会群体形成的关系结构及其属性，是一种刻画网络整体形态、特征与结构的一种重要分析方法。

社会网络分析的概念与方法已经在社会学、管理学、经济学等多个学科中得到了广泛应用。SNA 最初起源于社会科学领域，作为一种重要的量化研究网络的方法，近年来被越来越多的学者运用到港口领域的研究并取得了一定成果。

本书运用目前普遍使用的社会网络分析软件——UCINET 软件进行港口网络结构的研究。在港口网络，将港口作为节点，以港口间的往来连接作为边，即把两个节点之间即港口之间的联系运输航线抽象化为一条边，依据港口和航线之间的联系来研究港口网络内部港口之间的相互关系以及各个节点所处的位置和重要程度。

（二）基于社会网络分析的长三角港口群网络结构

1. 构建长三角港口群网络模型。复杂网络是建立在图论的基础上，将节点及节点之间的联系所组成的网络图作为研究对象，并进一步探讨网络的复杂拓扑结构和动态特性。本书借鉴此理论，构建以港口为节点、港口间的航线为边、点线间连接而形成的港口网络，通过此网络模型，可探究各港口间的关系及其在港口群体系中所处的位置，进一步明晰长三角港口群的空间体系。

为了研究长三角港口群的网络结构和层次布局，本书对中国港口网、长江船运网、锦程物流网、中国船舶网、中国航运网网站以及中外运和中谷班轮公司的船期表等进行各港口航线运输资料的查找，梳理得到长三角港口群内 31 个港口的航线数据。长三角港口群各省市主要港口的数量分布见表 4 - 10。

表 4 - 10　　　　　　　　　长三角港口群各省市主要港口数量　　　　单位：个

港口区域	上海市	浙江省	江苏省	安徽省
港口数量	1	8	15	7

为便于研究，本书将 31 个港口：上海港，浙江省的宁波舟山港、温州港、台州港、嘉兴港、嘉兴内河港、杭州港、绍兴港、湖州港，江苏省的苏州港、太仓港、南京港、镇江港、南通港、连云港港、无锡港、江阴港、泰州港、扬州港、徐州港、常州港、盐城港、宿迁港、淮安港，安徽省的芜湖港、安庆港、马鞍山港、合肥港、铜陵港、池州港、蚌埠港依次以 1～31 的顺序进行标号，代表港口节点，本书后续出现的节点序号均与此港口节点的顺序相对应。

长三角港口群网络模型的构建步骤如下：（1）每个港口代表一个网络节点。（2）若港口 i 和港口 j 是任一航线上的两个相邻港，则存在从节点 i 到 j 的边，表明两节点间有连接。（3）根据港口节点 i 和 j 的连接情况，构建 A $= (a_{ij})0-1$ 矩阵。若 $a_{ij} = 1$，则说明港口节点 i 和 j 有连接，否则 $a_{ij} = 0$，节点间无连接。

据此，建立了长三角港口群的拓扑矩阵，即 31 个港口联系的 0-1 矩阵。将上述建立的长三角港口群拓扑矩阵输入 UCINET 软件中，绘制出如图 4-4 所示的长三角港口群网络拓扑图。

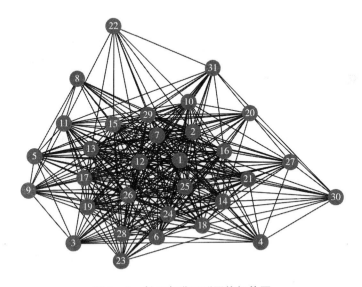

图 4-4　长三角港口群网络拓扑图

根据图 4-4 可知，长三角港口群呈现出复杂网络的特征，各港口节点之间的连接分布明显不均，少数节点如上海港、宁波舟山港等边数较为密集，而大多数的节点如盐城港、绍兴港、池州港等边数较少。

2. 长三角港口群拓扑网络指标分析。

（1）节点度分布。节点度是指网络节点间该节点所有连边的数目，体现着该节点在网络中的重要性。其中，节点度越高的港口，往往处于货物航运运输的交通要道，较趋于港口群网络的中心。因此节点度的测算在网络拓扑分析中较为重要，其数学表达式为：

$$k_i = \sum_{i \neq j} a_{ij} \qquad (4-1)$$

其中，k_i 表示节点 i 的度，j 为所有和节点 i 相邻的港口节点。

根据长三角港口群网络拓扑图，可以得到各港口的度分布，如表 4 - 11 所示。

表 4 - 11　　　　　　　　长三角港口群各港口节点度分布情况

序号	节点名	度数	序号	节点名	度数
1	上海港	30	17	江阴港	24
2	宁波舟山港	28	18	泰州港	25
3	温州港	17	19	扬州港	25
4	台州港	16	20	徐州港	19
5	嘉兴港	20	21	常州港	21
6	嘉兴内河港	20	22	盐城港	10
7	杭州港	28	23	宿迁港	16
8	绍兴港	12	24	淮安港	23
9	湖州港	19	25	芜湖港	28
10	苏州港	23	26	安庆港	24
11	太仓港	23	27	马鞍山港	20
12	南京港	30	28	合肥港	19
13	镇江港	25	29	铜陵港	25
14	南通港	26	30	池州港	13
15	连云港港	25	31	蚌埠港	16
16	无锡港	24			

　　为了更直观清晰地观察节点度的分布情况，将表4-11中的度分布绘制成折线图，如图4-5所示。从节点度分布看，长三角港口群整体的节点度分布比较不均匀，折线趋势波动较大。其中，上海港、南京港、宁波舟山港、杭州港、芜湖港等港口的节点度较高，表明它们在港口群网络中具有重要位置，而这些港口在实际中正是长三角区域的重要航运要道。上海港作为国际航运中心，是长三角区域内的重要枢纽港，与其他港口间的联系最为紧密，在整个港口群网络中占有重要地位；趋于网络中心较重要的港口节点，宁波舟山港、南京港、杭州港等港口的发展潜力以及对周边港口的影响力相对较大；安徽省的港口虽在规模上相对较小，但芜湖港、铜陵港、安庆港的度分布在一定程度上体现了其重要性。绍兴港、池州港、盐城港等港口的度值相对较低，港口发展比较薄弱，港口影响力有限，应充分发挥江海联运优势，加快构建物流大通道，着力打造长三角区域强港，提升港口竞争力。

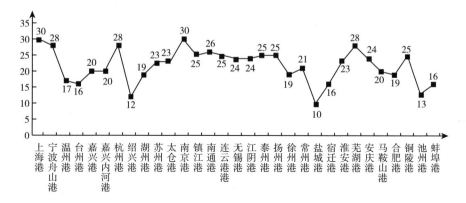

图4-5　长三角港口群节点度分布折线图

　　（2）聚类系数。网络节点的聚类系数用来衡量节点集聚的程度，反映了网络中各节点之间相互连接的密度。对于港口而言，利用聚类系数指标可以测量各港口之间的协作配合度。港口节点聚类系数的大小是其在港口群网络中心性的集中体现，一般聚类系数越大，表明港口网络的连接越紧密，反之越松散。其计算公式为：

$$C_i = \frac{n_i}{k_i(k_i - 1)} \tag{4-2}$$

其中，C_i是港口节点i的聚类系数，n_i是节点i与其余节点之间实际存在的连边数，k_i是节点i的度值。若$C_i=0$，则表示港口节点i与相邻港口间不存在联系；若$C_i=1$，则表明港口节点i与网络中的所有港口均存在联系。C_i值越大，说明相邻港口之间的关系越密切。

按照上述计算公式，得到长三角港口群各港口节点的聚类系数（见表4-12）。

表4-12　　　　　　　　长三角港口群各港口节点度聚类系数

序号	节点名	聚类系数	序号	节点名	聚类系数
1	上海港	0.706	17	江阴港	0.848
2	宁波舟山港	0.743	18	泰州港	0.803
3	温州港	0.831	19	扬州港	0.793
4	台州港	0.867	20	徐州港	0.795
5	嘉兴港	0.821	21	常州港	0.810
6	嘉兴内河港	0.821	22	盐城港	0.978
7	杭州港	0.733	23	宿迁港	0.850
8	绍兴港	0.864	24	淮安港	0.834
9	湖州港	0.871	25	芜湖港	0.759
10	苏州港	0.794	26	安庆港	0.812
11	太仓港	0.735	27	马鞍山港	0.863
12	南京港	0.706	28	合肥港	0.895
13	镇江港	0.763	29	铜陵港	0.777
14	南通港	0.748	30	池州港	0.769
15	连云港港	0.760	31	蚌埠港	0.833
16	无锡港	0.797			

由表4-12可知，盐城港在整个长三角港口群网络中的节点聚类系数最高，表明该港口与邻居港口节点的联系较为紧密，港口的发展前景较好，较具发展潜力。同时，合肥港、湖州港、台州港等港口因其地理位置比较优越，港口容纳能力较强，其聚类系数也较高。

平均聚类系数是港口群网络中所有港口节点聚类系数的平均值，用以衡量整个港口群网络的平均集聚程度，其运算公式为：

$$C_{avg} = \frac{1}{N} \sum_{i=1}^{n} C_i \qquad (4-3)$$

其中，C_i 是港口节点 i 的聚类系数，N 表示港口群网络中港口节点的总数。

结合表 4-12 数据计算可知，平均聚类系数为 0.58，这表明长三角港口群网络具有一定的集聚性，各港口之间虽有联系，但港口群整体网络结构的紧密性有待增强。

（3）平均最短路径。在复杂网络中，可能存在多条路径致使任意一对节点 i 和 j 之间产生连接，其中最短路径是指节点 i 和 j 之间经历最少的边数建立连接的若干路径，最短路径长度即指节点 i 和 j 之间的最短路径经过的边数。事实上，港口间运输距离一般不用单纯航运距离来表示，往往选择两个港口间中转次数最少的方式，即港口平均路径长度。该指标为港口网络结构中节点对间最短路径长度均值，它代表港口中转能力，体现货物从节点 i 向 j 输送的难度，是网络总体连通性特征指标。比如，在港口群网络中，有些港口节点可与其他节点直接建立联系，有些则需要通过一个或多个港口来建立联系。因此，港口之间的平均最短路径越短，越能减少货物在不同港口间的中转量，而越强的港口群网络的连通性，则越发提高了港口货物的运输效率。平均最短路径长度的计算公式为：

$$L = \frac{1}{N(N-1)} \sum_i \sum_j d(i,j) \qquad (4-4)$$

其中，$d(i,j)$ 是港口节点 i 和 j 在港口群网络中的最短路径数，若 $i=j$，则 $d(i,j) = 0$；N 为港口群网络中港口节点的总数。

根据式（4-4）计算得到长三角港口群各港口节点平均最短路径长度（见表 4-13）。

表 4-13　　　　　长三角港口群各港口节点平均最短路径长度

序号	节点名	平均最短路径	序号	节点名	平均最短路径
1	上海港	1.000	3	温州港	1.433
2	宁波舟山港	1.067	4	台州港	1.467

序号	节点名	平均最短路径	序号	节点名	平均最短路径
5	嘉兴港	1.333	19	扬州港	1.167
6	嘉兴内河港	1.333	20	徐州港	1.367
7	杭州港	1.067	21	常州港	1.300
8	绍兴港	1.600	22	盐城港	1.667
9	湖州港	1.367	23	宿迁港	1.467
10	苏州港	1.233	24	淮安港	1.233
11	太仓港	1.233	25	芜湖港	1.067
12	南京港	1.000	26	安庆港	1.200
13	镇江港	1.167	27	马鞍山港	1.333
14	南通港	1.133	28	合肥港	1.367
15	连云港港	1.167	29	铜陵港	1.167
16	无锡港	1.200	30	池州港	1.567
17	江阴港	1.200	31	蚌埠港	1.467
18	泰州港	1.167			

由表4-13可知，上海港和南京港在整个长三角港口群网络中的平均最短路径长度最小，说明上海港、南京港与其余30个港口均有直达航线，不需要中转即可实现货物的运输和港口的连接，港口的通达性最强，网络效率最高。除上海港以外的其他港口的平均最短路径长度均保持在2以下，表明港口群网络中任意两个港口之间的分离程度较低，即一个港口向另一个港口运输货物仅需平均转运两次以下，较为便利。整个长三角港口群的连通性较强，港口运输网络效率较高。

（三）基于聚类分析的长三角港口群层次布局

港口网络层次结构是指港口布局网络内部基于自然条件、腹地经济、地理通达性以及港口服务效率、服务质量等因素把港口划分为枢纽港、干线港、支线港或喂给港等层次，各层次之间相互联系，协调促进。

1. 指标选择。港口货物吞吐量和集装箱吞吐量反映了港口规模及其能力，是港口生产经营活动成果的重要数量指标。本书结合地理因素、吞吐量等因素选取长三角三省一市 31 个主要港口 2020 年的货物总吞吐量和集装箱吞吐量。

2. 层次划分结果。根据吞吐量指标，利用系统聚类法来划分港口群中的港口层次布局。本书对长三角不同规模的 31 个港口样本进行聚类分析，在 SPSS 软件中选择系统聚类分析命令，并将货物吞吐量和集装箱吞吐量的标准化 Z 分数作为分析变量，同时将港口序号作为标记变量。运算结果如图 4 - 6 和图 4 - 7 所示。

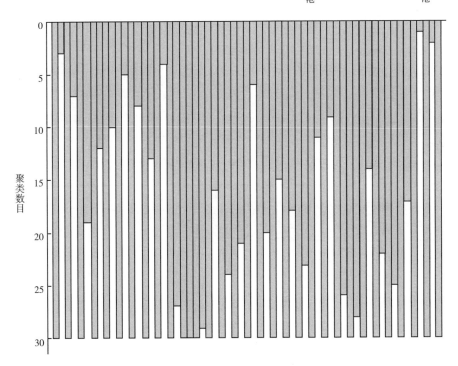

图 4 - 6 长三角港口群聚类分析的总体结果

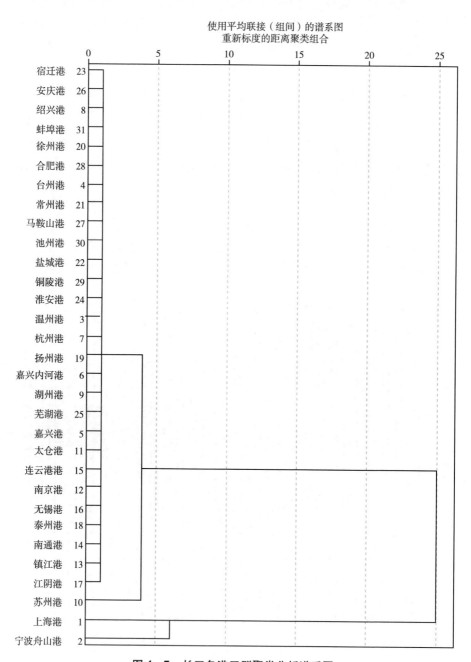

图 4-7　长三角港口群聚类分析谱系图

由图4-6和图4-7可知，采用系统聚类法可将长三角港口群中的各个港口划分为以下三个层次（见表4-14）。

表4-14　　　　　　　　　长三角港口群各港口层次布局

港口层次	港口名称
第一层次	宁波舟山港
第二层次	上海港
第三层次	苏州港、江阴港、镇江港、南通港、泰州港、无锡港、南京港、连云港港、太仓港、嘉兴港、芜湖港、湖州港、嘉兴内河港、扬州港、杭州港、温州港、淮安港、铜陵港、盐城港、池州港、马鞍山港、常州港、台州港、合肥港、徐州港、蚌埠港、绍兴港、安庆港、宿迁港

一般港口的规模越大，港口吞吐量越高，港口区位和基础设施条件越好，港口影响力或者中转能力往往会呈现比较高的层次。其中，作为全球货物吞吐量第一大港的宁波舟山港，是我国综合运输体系的重要枢纽和大陆重要的集装箱远洋干线港，是长三角港口群中的重要中转港口；作为国际航运中心的上海港，是中国沿海的主要枢纽港，在航线数、覆盖面范围和集装箱航班密度等方面都处于国际领先位置。宁波舟山港和上海港是我国重要的枢纽港，其货物吞吐量和集装箱吞吐量远超于其他港口，港口规模较大，港口的影响力和中转能力等较为突出，在长三角港口群中处于非常重要的"领头羊"地位，因此将它们单独划归为第一层次和第二层次。

作为江海联运大型干线港口的苏州港，具有较强的区位优势和资金资源优势，是长三角地区的港口物流中心、综合物流运输系统的主要枢纽港；连云港港作为重要物流中转港，江阴港作为苏南地区多种运输方式相衔接的重要枢纽，杭州港作为长三角南翼的"枢纽港"，以及镇江港、南通港、无锡港等均处于第三层次，是上海港和其他枢纽港的重要支线喂给港。

通过对港口层次进行划分，结合各港口的政策规划、地理位置、经济腹地、区位条件、发展现状、经营货种等因素，明确长三角港口群内各个港口的功能定位，可以有效统筹、配置、整合港口资源，从而在一定程度上缓解港口内耗，避免港口的同质化发展和恶性竞争。

二、长三角港口群功能定位

（一）总体定位

考虑到"一带一路"倡议对综合运输服务体系的实际需求和"长江经济带"战略实施的发展要求，本书提出如下的长三角主要港口的战略定位规划格局。

1. 建议以上海港为中心，打造"上海港—宁波舟山港—苏州港"世界级港口群。上海港牵头宁波舟山港、苏州港组合世界级大港，上海港与宁波舟山港、苏州港之间应当展开全面深层次的合作，共享资源，互惠互利，充分激发港口发展潜能，在促进港口经济高质量发展的同时，共同谋划建设成为国际枢纽港。而在未来的国际航运中心体系建设当中，上海港仍将发挥核心港的地位，而宁波舟山港和苏州港应当发挥各自在地理区位和资源设施等方面的优势，三港之间以合作为主，竞争为辅，最终建设成为三枢纽港模式。

2. 向北以连云港港为主枢纽、南通港协调发展，对接丝绸之路经济带，带动苏北、皖北等地区货源走出去，并辐射环渤海湾港口群对接"中蒙俄经济走廊"。以长江经济带为界，从上海港出发向北，则以连云港港和南通港为中转枢纽，带动江苏沿海港口群发展，并发挥连云港港新亚欧大陆桥东方桥头堡的地位，进一步对接"丝绸之路"经济带，促进江苏省和安徽省北部地区港口群的部分货源，经"丝绸之路"经济带与国际接轨。并通过辐射环渤海湾港口群对接"中蒙俄经济走廊"，形成长三角港口群与环渤海湾港口群的友好合作。

3. 向南以宁波舟山港为主枢纽，联合温州港、台州港打造沿海"港口经济圈"，对接"海上丝绸之路"，并辐射珠三角港口群对接中南半岛经济走廊。以长江经济带为界，从上海港出发向南，以宁波舟山港为主枢纽，发挥浙江省沿海五大港口的整体优势，打造沿海港口经济圈，并以此为基础落实"海上丝绸之路"建设，带动上海港和宁波舟山港的货源走出去与国际接轨。进一步推动沿"海上丝绸之路"与珠三角港口群形成业务等方面的合作，并逐步实现长江经济带中上游港口群的货源直接通过浙江、福建和广东等地区的沿海港口群"走出去"。

4. 向西以苏州港为枢纽，南京港为江海联运枢纽，以"芜马合港口群"为重要支撑，实现长江中下游港口群的协同合作，贯通长江经济带。上海港与江苏、安徽等长江中上游地区的港口群的进一步合作，则应主要发挥长江经济带的衔接作用，从基础的业务合作到港口群之间的战略合作，逐步实现长江经济带上的通关、费用标准和信息交流一体化。

5. 向东以提升港口群综合软实力为契机，加强发展国际中转业务，进一步推进国际化战略，并以此辐射国际。以上四点主要围绕上海港在国内的发展战略定位，而以上海港为核心的国际航运中心体系的打造，则应以目前上海港的国际化战略为基础，加强发展国际中转业务，在做好量的积累的同时，实现港口整体实力质的转变。

（二）主要港口分层战略定位

在长三角港口群整体在国际环境的定位前提下，基于地理区位、政策规划等方面因素，从长江经济带、"一带一路"和全球定位三个层次出发，对长三角地区部分重点港口及港口群进行战略定位（见表 4 – 15）。

表 4 – 15　　　　　　　　　　主要港口战略定位

港口	长江经济带	"一带一路"	全球定位
上海港	国际航运中心；"上海港—宁波舟山港—苏州港"组合港中心港	集装箱航运枢纽；海上重要战略支点	国际航运中心，全球货物转运中心，东北亚国际枢纽港
宁波舟山港	上海国际航运中心南翼次中心港；"立足全国、辐射海事"的航运服务枢纽	海上丝绸之路特色能源中转港、大宗散货枢纽港；海陆联运新枢纽	国际多式联运中心与分拨中心，全球多式联运国际枢纽港；中欧陆上海铁联运大通道主要枢纽
苏州港	上海国际航运中心辐射长江经济带主枢纽港；综合型江海转运主枢纽港	地区性集装箱干线港和多式联运中转港	上海国际航运中心北翼集装箱干线港

续表

港口	长江经济带	"一带一路"	全球定位
连云港港	长三角地区及全国的煤炭装船港，能源和原材料运输的重要口岸	丝绸之路经济带起点港，海铁联运重要节点	区域性国际枢纽港；中西部地区最便捷进海港，集装箱国际干线港；亚欧陆海联运通道和区域性国际物流中心
"宁镇扬"组合港	长江中上游地区近洋货物的中转枢纽，江海联运枢纽港；连接长江中上游与南方沿海地区间内贸运输的主枢纽中心	长江中上游地区近洋货物的中转枢纽，江海联运枢纽港；连接长江中上游与南方沿海地区间内贸运输的主枢纽中心	—
海洋港口发展先行区（浙南港口群）	区域性大宗散货中转港，集装箱支线港	"海上丝绸之路"重要节点及运输中转枢纽	近洋航线干线港和远洋航线支线港
"芜马合"组合港	连接长江中上游地区与上海国际航运中心的重要喂给港	—	—

第三节　促进长三角港口群协同发展战略举措

一、创新长三角港口群协调机制，推动港口群资源深度联动发展

（一）健全完善港口行政管理部门间协调合作机制，构筑长三角港航发展新机制

提升长三角港口一体化发展水平，关乎港口各方的利益，在顶层设计上必须进行一定的尝试和创新探索，努力构建完善的机制，进而促进基层执行效率的提升。为了强化长三角港口群各参与主体之间的合作力度，要重点在制度设计上下工夫，探索建立高效的跨地区、跨部门乃至跨越行政级别的合作机制，推动信息流在各个层面上的流通。从国家层面创新港口管理模式，

全面强化长三角港口一体化发展的组织领导和统筹协调。设立长三角港口群集群管理机构，以"规划引领、机制先行"为原则，高起点高标准谋划长三角港口群战略定位，制定协同发展规划。

为保障规划的顺利实施，需要合力制定与其适应的产业、税费、准入等一系列保障政策。进一步加强港口群行政部门之间的信息沟通和业务合作，推进合作机制的常态化和高效化。健全长三角区域通关一体化制度，完善经费保障、集装箱运输、港航产业优惠等政策，重点攻克影响长三角港口群协同发展面临的难关。积极谋划建立长三角港口一体化发展领导小组，大力推进长三角港口群一体化重大政策落地、重大平台建设、重大项目实施。在资本渗透与融合的基础上，更好地采用港口间"协调协议"等途径，明确港口间协作权责、协商确定违约罚款和守约补偿具体数额和方式。

（二）完善企业化市场化运行机制，强化多元主体参与，构建政府主导、市场化运作、社会共治的治理格局

推进长三角港口群整体性治理必须坚持政府引导、市场主导，坚持目标导向、改革创新，充分调动起政府的调控职能、市场的配置功能、社会的协调功能，全面深化港口高质量发展水平。政府应重点关注航运市场环境的构建，构建良好的税收政策环境，积极助力航运企业发展融资，鼓励航运企业做大做强。

各级地方政府应加强组织领导，立足长三角港口群整体发展定位，重点用好港口发展规划和一系列保障政策，结合地方实际，引领区域港口朝着规范化、高效化、绿色化发展。高度重视市场导向作用，充分发挥资本纽带作用，积极组建省级层面的港口发展集团，以充足的产业基金、良好的投资平台、一流的人才队伍，全面整合港口资源，推动港口之间的协同合作。以上海国际港务集团等一批龙头企业为核心，以资本为纽带，充分发挥龙头企业的带动作用，通过兼并重组、参股控股沿江港口企业等方式，打造以企业为主体的网络化运营模式，促进不同区域范围内的企业利益共享，在防范化解经营风险上携手并进。另外，破除体制机制障碍，强化规划引领，有力地落实相关改革举措。在涉及港口发展的联席会议上，倡导多元化主体参与，即

参会人员除了相关政府部门之外，应积极鼓励大型航运企业参与到会议之中来，同时支持创新能力强、发展前景广阔的中小型航运企业参会，集思广益，群策群力，共寻发展之道。

二、加强长三角港口群顶层设计，全力建设具有国际影响力的世界级港口群

（一）协同制定长三角港口群发展规划，促进沿海沿江内陆港口共生发展

第一，持续推动港口群规划一体化。2015 年 8 月，国务院批准的《全国海洋主体功能规划》中提到要针对不同的海洋空间对港口资源及功能进行整合，推动港口功能调整升级。科学合理地规划长三角港口，对港口的功能以及港口发展方向进行合理的定位，地方港口的规划要综合考虑、对接国家层面顶层设计、长三角层面规划，加强错位发展，形成优势互补。

第二，从国家层面，结合每个港口的实际特点和未来发展定位，进一步调配资源的配置，切实加强区域层面的规划执行力度，积极参与长三角区域内的规划审查。各省市在具体推行时，应对接国家层面的规划，贯彻执行区域港口内统一的规划，大力开展法律法规层面的培训，切实提升港口高技能人才队伍建设，促进港口之间的科学良性竞争。

第三，高起点谋划长三角港口战略定位，增强全球航运资源配置能力，形成世界级的港口群，引领长三角区域合作模式。以重大平台建设为载体，率先构建利益共享、风险共担的高效专业化运营格局，打造长三角一体化的港航系统，成为长三角区域经济一体化发展的战略先导。

（二）完善"苏浙皖"三省内部港口合作模式，探索跨省域的港口企业合作，为长三角港口群整体战略协同提供有力支撑

第一，全面掌握三省内部港口实际情况，深刻认识浙江省海港集团、江苏省港口集团、安徽省港口集团目前发展现状与港口合作中存在的疑难问题、港口之间目前的互动模式及实际进展，进一步加强沟通联系和协同合作。在港口联动发展层面，秉持着海港和内河港口相互促进、优势互补的思想，积极释放宁波舟山港等一批龙头港的带动效应，系统深化温州、台州等

海港和义乌国际陆港的一体化运营，不断提升港口竞争力。同时，注重高标准建设内河港口发展企业，积极整合港航业务资源，大力开拓新项目，带动三省内河港口发展。

第二，结合三省内部港口的自然位置、功能划分以及国家层面的规划，合理定位港口，错位发展优势互补，避免无序竞争，引导特色化发展。

第三，分类分步骤推进区域港口一体化发展，研究沿海港口—沿江港口—内陆港口的带动与互动，较发达区域与欠发达区域的港口互动，大港与小港之间的互动；从国家主导、政府主导、港口协会、资本纽带等角度构建合理有效的港口合作模式，打造全局优势。同时，谋划建立长三角港口集团，集中优势资源，凝聚协同互补的强大合力，高效推进长三角一体化发展。

（三）推动长三角港口走出去参与国外重点港口的建设、运营，积极融入全球航运体系

第一，对于长三角港口群整体而言，要注重港口群总体功能分级，与亚太邻近港口错位竞争。对于上海港、连云港港和宁波舟山港等沿海干线港口，除了加强自身建设外，更重要的是可通过资本投资、市场化合作的方式加强与其他沿线国内外港口的运营与合作。"一带一路"倡议在深化我国同共建国家及地区的合作的同时，也为我国港航企业的发展带来了重大机遇，参与海外港口项目投资的港航企业日趋增多。2014 年，连云港积极响应国家战略，拓展对外合作力度，成立了中哈（连云港）国际物流合作基地。目前在上海港已有的 23 个友好港口中，位于"海上丝绸之路"节点上的就有 5 个港口。上海顺势而为，乘着"一带一路"发展的东风，紧抓国际航运中心的建设契机，充分发挥一流港口运营集团的优势，积极在中东等地布局多个友好合作港口，大力拓展"海上丝绸之路"沿线的港口格局。

第二，切实注重深化国际合作，持续加强长三角港口群同中远海运等国际性集团的合作力度，在港口建设、临港工业、海洋产业等方面加强国际合作。在"一带一路"倡议的大背景下，鼓励有条件的港口发挥自身优势，谋划投资沿线港口的基础设施建设和港口其他项目开发等。

三、构建服务高效的现代化长三角多式联运体系，协同长三角港口群多层次、多边性运作

（一）加快长三角港口群海铁联运建设，通过海铁联运发挥长三角港口群与外向型经济衔接的作用，实现长三角地区"以点带线、以线带面"的发展格局

第一，长三角港口群应依托"一带一路"倡议构建港口铁路网络建设，大力发展海铁联运，在上海港、宁波舟山港、连云港港、义乌港、合肥港、无锡港等重点港口已有的海陆通道和海铁班列的基础上，稳步拓展长三角沿海、沿江港口中长途海铁联运通道，带动与长三角陆港、集散中心、无轨站间的合作联系，借助北部新亚欧大陆桥和南部"义新欧"跨国专线，联通长三角地区沿海港口与丝绸之路经济带沿线地区，构建长三角地区通向中国内陆、中亚以及欧洲的物流通道。同时，拓展长三角海铁联运的服务对象和业务形式，增加铁路集装箱箱量，推广双层集装箱、驼背运输等海铁联运创新模式，加快铁路集装箱编组站建设，支持有条件的港口开设海铁联运短途疏港专列，推动长三角定点集装箱运输直达班列以及中长距离联运班列的常态化，畅通国内外贸易通道。

第二，完善长三角海铁联运基础设施建设，提升港口后方铁路通道运输效能，包括速度和重载能力；增加港口对外铁路运输通道，加强大型工矿企业专用铁路线建设，长三角主要港口进港铁路实现全覆盖，打通铁路进港"最后一公里"；提升海铁联运效率，推广海铁联运全程运输提单"一单制"模式，加强与长三角通关"单一窗口"的合作，搭建海铁联运信息服务和数据共享平台，推动港口与场站、本地与内陆港之间通关对接，加速国际国内要素资源流动。

（二）发挥市场的主体性作用，全域推广长三角江海直达新体系，构建通江达海、功能健全、服务高效的现代化江海联运服务体系

第一，加强长三角地区发展江海联运，即相关港口及政府、企事业各界单位，利用长江黄金水道，与沿岸港口共同形成具体规划、开发方案，合作

发展江海联运。就微观而言，长三角江海联运关联的主要港口的主体地位不可动摇，市场在长三角区域江海联运的发展过程中起主导作用，沪苏浙皖三省一市港口运营集团、主要港口、内支线港口之间立足各自资源优势，联合船公司、航运企业、货主、口岸单位等共同探索江海联运发展新模式，积极推进大宗散货江海直达运输和集装箱直达运输班轮化、常态化，拓展江海联运直达市场和"海进江""江进海"货源组织形式，全面提高长三角地区江海联运的竞争力。

第二，完善长三角江海联运系统，发挥舟山江海联运服务中心和芜湖马鞍山江海联运枢纽建设的服务效能，打造长三角江海联运中心节点港，布局合理的江海联运层次体系；优化改造宁波舟山港、上海港、连云港港等江海直达和江海联运、通道、配套码头、锚地等设施技术，推进内河船型标准化，进一步加大江海直达船型的研发、改造，推广江海直达船型在长三角规模化应用；积极推动长三角江海联运信息平台的构建，以宁波舟山江海联运公共信息平台2.0版为示范，不断丰富平台功能，深化信息平台与政府相关部门、货主企业、船公司、港航企业等多主体的有效对接和信息的互联互通。

（三）紧扣高效率联通，以互联互通为目标，完善长三角集疏运网络体系

第一，加强长三角集疏运网络的顶层设计与共同规划，拓展长三角集疏运网络体系覆盖范围，提升服务能级，以"一带一路"倡议为契机，加强与腹地城市的产业、服务合作，协同长三角地区自贸区、综保区、出口加工区，进一步优化长三角运输结构，持续推动公转水、公转铁，大力发展海铁联运、江海联运、江海直达、多式联运，提供"一站式"和全方位综合运输服务，共同推动长三角企业和要素资源"走出去"。

第二，完善长三角港口集疏运基础建设，在航道、船闸、桥梁建设等方面不断突破瓶颈。协同推进长三角内河高等级航道网建设，加强沪苏浙皖三省一市在航道建设规划、标准和时序等方面的互联互通，实施长三角干线航道扩能完善工程，加快尚未达到标准的长三角内河航道建设，重点畅通上海、宁波舟山、苏州等沿江沿海集装箱港区的河海联运通道，推进洋山深水港河海直达通道工程；持续推进长三角多式联运示范工程，推动沿海港口向

多式联运枢纽港转型升级，发挥龙头引领作用；共建长三角多式联运信息平台，不断完善数据和信息服务体系。

四、着重提升长三角港口群软实力，营造世界一流营商环境

（一）推进长三角航运服务高端化发展，拓宽港口服务领域，提升服务附加值

第一，提升长三角港口群软实力，构建多层次港航服务体系。长三角地区航运企业数量众多，覆盖产业链、生态链和价值链全环节，在做大做强港口基础生产、运输服务的同时，着力发展航运金融、保险经纪、信息咨询、法律仲裁、船舶公估、融资等高端港航服务业；重点发挥虹口北外滩、宁波舟山新城等高端航运服务集聚区的凝聚辐射效应，带动全球高端航运要素在长三角高度集聚、高效配置、高速增值；结合港航高端市场需求，建设国际航运人才专业市场，打造人才培育与助引平台，助力长三角港口与航运企业参与投资建设"一带一路"沿线重要港口。

第二，对标世界顶级中央商务区，力争引进国际一流的航运功能机构和航运要素企业总部入驻上海、宁波，并为其提供专项服务；优化地方营商与投资环境，完善港航便利服务，吸引国内外知名港航企业在长三角地区设立分支机构。推动长三角港航服务数字经济与平台经济相结合，持续加强上海国际航运中心建设，打造长三角航运衍生品交易平台、航运交易金融创新平台，提升国际海事仲裁话语权，加快航交所数字化转型，提升全球港航贸易凝聚辐射和服务创新能力，推动长三角港航高质量发展。

（二）全方位推进长三角一体化"大通关"建设，深入推进口岸监管一体化、口岸服务便利化

第一，持续推动长三角通关一体化的全域覆盖性和稳定畅通性。完善长三角口岸国际贸易"单一窗口"，拓展其功能服务范围，连接政府相关部门、贸易服务部门、综合运输服务提供商，进一步增加企业参与度。加强长三角三省一市跨关区合作，建立上海、宁波、南京、杭州、合肥五大直属海关间联合协调工作机制，搭建长三角海关与企业之间的信息互联互通平台，推广

关区监管作业点的智能化合作监管，大力推广联动接卸模式，推进跨关区监管系统对接、卡口信息互换、运抵监管互认、配载数据共享，真正实现长三角区域"一次报关、一次放行、一次查验"。同时，推动长三角与中部六省、川渝两地的通关平台跨区域通关合作，促进新亚欧大陆桥、渝新欧与其他海陆的连接。

第二，推动区域标准化建设。制定长三角港航信息平台对接准则，进出口检验检疫统一标准，海关在查验、监管、纳税及其他职能方面的标准准则；建立长三角港口地区间以及与"一带一路"合作伙伴各对口部门间可协调合作的标准执行、监督与追溯机制。

五、科技与环保引领，推动长三角港口群绿色化、智慧化建设

（一）打造综合性长三角港航公共信息平台，拓展智能技术的应用广度和深度，推动长三角港口领域智慧应用

第一，深入长三角港口群信息平台化、共享化建设。充分利用5G互联网、大数据、云计算、人工智能、区块链等现代化信息技术，推动长三角港航信息资源在不同区域、不同部门、不同主体之间的有效流转，构建港航信息资源公共服务平台，推进港口信息化及长三角港口电子口岸的互联互通，促进"大通关"信息资源整合和航运要素集聚，推动通关环节和物流、商务、支付环节的信息交流、流程衔接，打造港口贸易、口岸、航运等多种服务功能于一体的跨区域跨部门的长三角港航公共信息平台，通过打造港航数据生态圈，出台数据共享规范和安全体系准则，为长三角港航供应链整体服务能力的提升提供支撑。

第二，加快长三角港口数字化转型，持续推进码头运营智能化。加强长三角港口数码港建设，整合海关、海事、港务、货主、船司、货代等港口服务供应链全链路实时信息，构建关键信息共享、物流协同操作、物流运营服务、决策支持为核心功能的平台，提供一体化协同办公服务和一站式物流服务，加强码头、岸线和作业设施设备的智能化建设，逐步实现港区"物流自动化、服务便捷化、管理高效化"。

第三，紧跟长三角港口群龙头港智能化发展的势头，借鉴上海洋山港等

智能港口的先进经验，有步骤、有层次地提升长三角港口群的智慧化水平，在现有基础上拓展多式联运平台、物流园区服务平台和智慧物流大数据平台等功能，增强长三角主要港口的综合服务水平。

（二）强化港口生态优先、绿色发展理念，加快绿色港口建设，推进长三角港口群可持续发展

第一，坚持多维度、多部门联合推动长三角港口群绿色低碳转型发展。完善长三角各市监管联动机制，加强港口与港口之间、港口与腹地城市之间、单个港口之间在环保、土地、海关、检验检疫、住建等相关部门的联防联治，完善港口绿色综合治理体系与考核机制，推动绿色生态管理的制度化和规范化；抢抓国家政策机遇，继续深入谋划长三角绿色交通发展规划布局和重点项目，设立临港布点产业的进入门槛，限制高耗能、高污染产业进入；2016 年，长三角港口群在全国率先推动区域船舶污染联防联治，在长三角港口段全面落实《长江保护法》《长江干线水上洗舱站布局方案》《深入推进绿色港口建设行动方案（2018—2022 年)》《珠三角、长三角、环渤海（京津冀）水域船舶排放控制区实施方案》等国家相关政策规划，由点及面，全面推广。

第二，深化绿色航运技术的应用拓展，构建长三角港口绿色生态圈。加强港口船舶污染物接收、转运、处置设施建设，形成港口船舶防污治污常态化管理体系，提升港口应急处理与保障能力；积极推广清洁能源和新能源技术在港口装备上的应用，建立船舶污染排放控制区。打造港口绿色交通，推进港口可持续发展。实施"转变运输方式"战略计划，积极推进"陆改水""散改集""公转铁"，优化港口集疏运体系；推进港区生产生活污水、雨污水循环利用，实施龙门吊"油改电"、船舶接岸电全覆盖、LNG 集卡应用、龙门吊能量反馈改造等节能技改项目；加强港区空气质量监测，特别是煤炭码头，完善港口环境管理制度。

第五章

长三角港口群服务供应链协调发展

第一节　港口服务供应链理论

一、港口服务供应链的定义

当前，在内外贸运输业务迅猛发展的形势下，作为产业链重要节点的港口的功能日益完善，它连接陆运、水运、航空等各种运输方式，连接国内外市场，聚集了船公司、货主、货代、船代、仓储、运输公司、海关等多个相关主体，集成了丰富的商品流、信息流、资金流，港口从单一的货运集散中心转变为全球贸易和物流服务网络的重要节点。在此背景下，港口与各相关参与企业间构建形成有机服务的网链结构，港口服务供应链产生并迅速发展。

2017 年，国务院办公厅发布《关于积极推进供应链创新与应用的指导意见》，首次将供应链的创新与应用上升为国家战略。其中，对供应链的定义为：“供应链是以客户需求为导向，以提高质量和效率为目标，以整合资源为手段，实现产品设计、采购、生产、销售、服务等全过程高效协同的组织形态。”对供应链的认识和管理最初主要是基于制造型企业，随着物流等服务业的发展，对服务型供应链的研究和管理也越来越重视。在物流服务供应链中，港口服务供应链是一种比较典型的供应链。

目前对于港口服务供应链，尚未形成统一的定义，不同学者基于不同角度对港口服务供应链的内涵和概念有着不同的阐释，通过文献梳理和概括，本书主要罗列了四种视角的代表性定义，如表 5-1 所示。

表 5-1 港口服务供应链的几种代表性定义

序号	具体定义	定义视角	代表文献
1	以港口作为中心企业，把各种服务供应商（由运输、储存、装卸、加工、报关以及配送的公司等组成）与顾客（其中有船公司，也有付货人）进行有效的结合，在正确的时间内把正确的货物运送到正确的地点	从货物运输过程的角度定义	阳明明（2006）、施丽容（2007）
2	以港口为核心企业，实现了船公司、船运代理、装卸商、货运代理以及第三方物流公司的功能性整合，协调上下游企业和客户等，使得供应链上各个成员之间功能优势互补、分工明确	从供应链上下游企业间的协调角度定义	罗宾逊（Robinson，2002）、陈洁（2012）
3	是以服务供应链上节点企业的需求变化为主导，并以供需双方的整合、协调形成的从服务供应方到需求方的完整的供需纽带网络结构	在港口实际生产过程中从供需关系的角度来定义	李建丽和真虹（2009）、崔安迪（2020）
4	本质上是一种社会网络结构，是以系统集成化和协同化为指导思想，以港口企业为核心企业，将各类服务提供商、港口和客户进行集成，使物流、信息流和资金流顺畅地贯穿于供应链始终，同时构成服务型网链结构	从服务功能的链式结构定义	佩吉（Peggy，2006）、王玖河（2007）、邵万清（2014）

根据学者们对港口服务供应链的内涵划定，依据港口企业的实际运营情况，本书认为港口服务供应链是一种基于顾客需求，关注服务过程，以港口企业为核心成员，利用现代信息技术把各类服务供应商有效地整合成一体，诸如仓储、装卸、报关、运输、流通加工、配套服务、配送、金融、保险、贸易、商业信息服务等企业，货主及货运代理商、船东及船舶代理商等，以及港口管理、海关、海事、检验检疫、边防公安等相关政府监管机构，并对链上的物流、信息流、资金流等进行控制，以实现系统成本最小化、服务增值、将合适的货物以合适的量在合适的时间运送到合适的地点等目标的网络链状结构。

二、港口服务供应链的结构

由于港口服务的跨地域、服务内容的多样性和主体的多元化，港口服务供应链，特别是国际航运的港口服务链相对较长，结构也较为复杂。港口服务供应链由诸多节点构成，主要包括港口企业、功能型服务供应商（引航、船舶供应、金融保险、物流企业等）、客户（船公司、货主等）、政府有关监管机构（海事商检、边防等）等，由许多单链交织而成。其结构模型如图5-1所示。

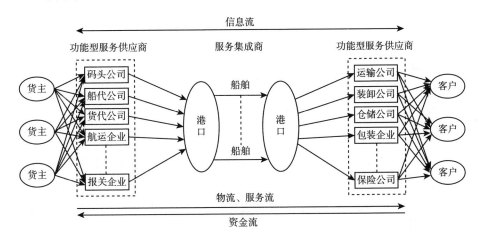

图5-1　港口服务供应链结构模型

（一）港口企业——服务集成商

供应链上的客户产生仓储、运输、装卸等物流及其他服务需求，而链条上的功能型服务供应商具备满足客户需求的能力。因此，港口企业作为物流活动的汇聚中心和相关需求被满足的重要场所，成为港口服务供应链的服务集成商，是将供应链上、下游企业集成在一起、支配经营的核心企业。港口企业利用其资源、技术、地位和管理能力，把提供运输、仓储、装卸、通关、货代、检验检疫、保险以及金融等各种业务的功能型服务供应商有机地结合在一起，并与之组建战略合作关系，向终端客户提供优质服务，满足终端客户的需求。

（二）功能型服务供应商——运输、仓储、装卸、货代等企业

在港口服务供应链中，存在一个或多个功能型服务供应商为服务集成商提供运输、仓储、装卸等服务，主要包括港口本身功能的码头公司、场站公司、航道疏浚公司、港航等服务供应商；面向船舶的船舶代理公司、船舶检验企业、船舶修造企业等服务供应商；面向货主的货运代理企业、口岸通关公司、内陆集运公司等服务供应商。受企业规模、能力等因素制约，功能型服务供应商虽数量较多，可提供专业性港口服务，但是业务功能相对单一，服务对象通常仅限于特定港口区域。港口企业对其进行集成并融入供应链，通过建立长期的战略合作关系，共同完成供应链上的服务需求供给。

（三）客户——货主和船公司等

港口服务供应链中的主要客户包括各航运公司、班轮公司、第三方物流企业以及货主（生产商、批发商、零售商等）。船公司服务于货主的水上货物运输，船公司的运输、仓储、装卸等物流服务由港口企业及其服务供应商提供。货主作为船公司的顾客，可根据业务类型和航线规划等指定船公司停泊其意愿的港口，而船公司又是港口企业的客户，港口企业根据自身资源条件等吸引船舶挂靠本港以进行货物的装卸，因此，港口企业以船公司作为直接顾客，以货主作为最终顾客，从本质上看，船公司与港口共同服务于货主。在港口服务供应链中，客户是服务的目标，也是其主要内容。

（四）政府有关监管机构——海关、检验检疫、边防等政府部门

港口因其地理位置和重要经济作用等原因，有关业务须受政府有关机构监督。例如海关、检验检疫和边防等政府部门并没有专门涉及港口和有关企业的经营管理问题，但保障了港口服务供应链运行的安全，所以其等同于服务供应链中的相对独立参与者。

港口物流运输的过程中涉及众多企业，它们之间相互协同，构成了一个完整的链条。在港口服务供应链上，港口企业担当港口服务集成商的角色，是核心企业；各服务供应商以需求信息为导向，运输、仓储、装卸以及货代等企业之间通过分工合作向顾客进行供应，并以物流、信息流、资金流和服

务流为中介，使整条供应链持续增值。港口服务供应链上的主要节点企业及其作用如表 5-2 所示。

表 5-2　　　　　　　　　　　港口服务供应链的主要节点企业

节点	主要作用
货主	供应链的源头动力、提供货源
航运企业	负责运输管理、船舶航线规划等工作，主要是运用船舶运输工具，为货主提供运输服务的项目企业
货代公司	主要负责货物的内外贸运输业务，为收货人或发货人提供有关货物运输的各种服务
船代公司	主要承担船舶进出口业务及有关手续办理，帮助船公司配合港口企业、港口部门确保货物正常装卸的顺利进行；完成船公司交办的各种事务及代签提单工作
码头公司	负责堆场管理、货物装卸等工作
陆上运输公司和驳船公司	向收货地的货物提供陆上及内河运输服务或者向内陆腹地的港口运送货物以供应船公司
保险公司	为船舶和货物提供保险服务
报关企业	主要职责是履行进出口货物收发件人委托事项并以收发件人或企业本身名义向海关行政部门申请报关业务
出入境检验检疫局	主要职责是负责出入境货物检验检疫，检查货物、人员、邮件包裹及集装箱等方面，确保人员、货物质量及卫生安全
海事局	承担保障海上行驶安全监管责任，预防船舶产生污染责任，海上行政执法责任，检查船舶和海上设施责任
港口管理局	主要职能为港口基础设施建设与养护，港口安全生产监督管理，港口危险货物装卸、堆存监督，船舶进出港引航

三、港口服务供应链的特征

港口服务供应链因其服务产品的无形性、异质性、不可分离性和不可储存性，而明显区别于传统制造业供应链。它以提供港口物流服务为主，其他服务为辅。鉴于港口业服务的特殊性，港口服务供应链具备以下特征。

（一）复杂性

港口服务供应链主要由港口企业、货代、船代、陆运、保险、金融、货主、客户等多类型企业及政府监管部门等组成，其链条中成员较多，组成关系也比较复杂。其中，港口企业凭借其拥有码头、装卸机械等设施设备、先进的信息平台以及强大的服务能力等在港口服务供应链中充当协调人的角色，能够直接或间接提供服务给最终客户。此外，港口服务供应链中涉及的各节点企业类型及其运作特点明显不同，各企业所追求的目标具有很大差异，甚至存在矛盾，这对港口服务供应链的整合和优化又进一步增加了挑战。

（二）响应性

港口服务具有不可存储性。这决定了港口不能预先进行服务生产和存储，所以港口服务供应链属于需求驱动拉式供应链并以顾客需求为导向进行建设。由于顾客需求的多样性与差异性，港口对于顾客服务的需求时长、需求量等较难预测，这必然要求港口服务必须具备充分的需求响应性。与此同时，港口在发展过程中所扮演的多重角色也使得港口的职能发生了变化，港口除具有装卸、储存、信息服务及增值职能之外，还具备运输、加工及配送等职能。作为港口服务供应链重要节点的港口企业，其功能将不再局限于某一个区域，而是辐射到整个港口网络。因此，为了满足不同客户的多样化需求，港口企业必须随时进行功能调整，以确保为客户提供个性化的服务体验。

（三）动态性

由于无法储存服务产品，因此服务产品更多依赖于服务能力进行缓冲，而港口服务供应链本质是建立在能力合作基础上的供应链，由于能力本身难以度量和控制，故而港口服务供应链对链条上的各类服务供应商的要求更高。合作过程中，港口服务供应商可能会因无法满足客户多变的需求而被迫退出，也可能因提供的服务产品绩效评价不符合契约标准而被终止合作。港口服务供应商的选择是随着综合服务水平的变化而变化的，是一个动态调整的过程。正是由于这种更高的服务能力要求以及市场瞬息万变的客户需求共同增强了港口服务供应链的动态性特征。

（四）增值性

传统的制造型企业供应链主要依赖于对生产、制造、装配等多环节进行精密加工，以创造出全新的商品，从而为企业创造更大的价值。由于港口服务供应链中的各节点企业虽然围绕货主的实体货物的流转开展业务，但并不创造新的商品实体，而是在货物流动的过程中提供增值服务，包括运输、装卸、搬运、仓储、加工等，以向客户传递价值为目标。所以，对港口服务供应链来说，对其服务能力进行优化并提高其服务质量，可在一定程度上增强港口的竞争力以创造收益点。

四、港口服务供应链的形式

（一）根据供应链的组织形态划分

1. 基于内部集成化的港口服务供应链。通过对上下游服务企业进行纵向兼并，内部集成化的港口服务供应链实现了企业内部供应链与外部供应链中供应商和用户管理部分的无缝集成，从而有效降低了交易成本。港口企业通过内部集成化，实现了对装卸、仓储、运输、报关、配送等全过程的协调和控制，从而提高了各个业务活动阶段的盈利能力。在港口行业中，通过与上下游的合作可以获得更大的收益。然而，港口企业在掌控上下游的其他企业时，需要进行大量的资本投入或资金控制，因此港口企业所承担的风险较大；港口企业与物流公司之间的关系复杂，容易形成"利益链"而降低管理效率。随着时间的推移，港口企业的负担不断加重，管理成本不断攀升，这可能会对港口的核心业务竞争力造成削弱，无法快捷响应客户需求的变化和应对市场激烈的竞争环境。

2. 基于契约制的港口服务供应链。契约制的港口服务供应链是指为了降低成本，实现"双赢"，通过签订交易契约，供应链合作伙伴之间可以建立起上下游企业之间的紧密联系，从而有效地解决内部集成化所带来的效率低下和反应迟缓等问题。契约制的港口服务供应链以满足多样化客户需求为导向，采用契约形式进行服务外包，实现港口服务供应链各个环节的无缝衔接，以满足最终需求，提升港口的整体竞争力。在这种模式下，港口服务供应链的企业之间可以采用标准接口技术进行组合，还可利用专用的 EDI（电子数据交换）系统或借助互联网实现信息的传递和交易，不仅降低了企业之间的交易成本，而且增强了港口服务供应链之间的紧密程度，提高了应对变化迅速的市场环境的能力。

3. 基于集成化动态联盟的港口服务供应链。为了实现共同的战略目标，港口服务供应链的上下游企业在信息集成的基础上，采用各种股权或非股权形式，形成了一个共担风险、分享利益的组织，这种组织被称为集成化动态联盟。它通过整合各成员资源，形成一种新的合作模式。它是一种具有高度灵活性的组织形式，能够快速适应客户需求并进行重构，通过大数据、物联网、区块链等主要信息技术的应用来整合企业成员以满足顾客需求，此动态联盟会在顾客需求消失时自行瓦解，又会在新需求产生的情况下，重新建立新的动态联盟组织，因此能很好地适应市场变化的需要。它将各企业视为整个港口服务供应链的一部分，在该链条上的所有企业相互依存，寻求港口服务供应链总利润最大化，同时满足顾客需求带来最大价值。

（二）根据供应链核心企业类型划分

1. 以港口企业为中心的模式。港口物流中货物的流向顺序是从货主到陆上物流运输公司，再到港口企业和船公司，最后送达收货人。港口企业是联系海陆运输与货主、收货人的中间主体，拥有独特的地理位置优势和信息集成能力。港口企业作为供应链管理者这一模式能较好地联系各主体、传递信息、强化供应链中枢运转、提高供应链综合地位。在港口企业主导模式下，港口能够整合上下游企业，做到港口物流"一站式"服务，达到"门到门"的物流形式并有效衔接货主与收货人。

2. 以航运船公司为中心的模式。港航合作已是大势所趋，以航运船公司为主导的主体正在通过自主增长、战略联盟以及兼并重组等多种方法来模糊港口和航运公司的边界，港航间的联系越发紧密，其业务深度融合。具有较强实力的航运船公司逐渐提高了其在供应链上的地位，港口所蕴含的物流功能也由航运船公司代替。

3. 以第三方物流企业为中心的模式。第三方物流企业作为行业中自主承接物流运输服务的公司，具有成本低廉、高效、快捷、迅速等特点，因此会吸引一些货主选择该企业来运输货物。它通过与港口企业、船公司等合作，达到了各航线无障碍运输的目的，建成了较为完善的供应链体系。

五、港口服务供应链的演化过程

港口服务供应链是在港口、物流服务商、客户的互动关系下逐步演化形成的。其演化过程分为以下四个阶段。

（一）第一阶段：萌芽阶段

港口服务于货物的水上运输，主要以装卸和堆存物流业务为主，很少对外与其他服务供应商发生直接业务联系。港口和供应链上的企业之间并不存在协作关系，仅是一种非正式的偶尔服务和被服务的松散关系。在这一阶段，港口在很大程度上是孤立的，但因港口业务运作而萌生港口企业间偶尔的沟通与联系。

（二）第二阶段：形成阶段

随着港口的工业功能发展，港口业务开始向加工、换装等工商业务拓展，港口企业与供应链企业之间的关系较为密切，而物流链上的企业关系比较松散。港口和物流等相关服务供应商之间因业务分工不同而具有自然的业务联系，但是因为港口很少重视它们之间的协作而显得松散。

（三）第三阶段：巩固阶段

伴随着国际贸易、集装箱运输以及多式联运等业务的蓬勃发展，港口服务已经开始走向物流增值服务，港口企业开始不断增强与外部服务供应商之间的协作。同时，信息技术的运用促使组织之间的交流与信息共享越发简单。因此，港口和其他服务供应商之间的业务联系变得越发紧密和稳定，港口也越来越成为物流链中的核心，实现物流链的融合。与此同时，港口和用户之间的联系越来越密切。港口渐渐镶嵌在供应链之中，成为供应链上享有权责的节点。

（四）第四阶段：发展阶段

随着物流链与供应链的日益紧密互动，港口服务供应链得以形成并快速发展。港口服务供应链是在原有单一港口功能基础之上，由众多独立运作的服务供应商组成的复杂网络。随着时间的推移，那些在港口服务供应链中扮演着客户角色的企业已经成为其不可或缺的一部分。在这一过程中，港口企业通过对供应链上各环节之间的信息传递及共享来降低物流成本，提高服务质量。作为连接物流供应商和供应链的关键节点，港口企业以其先进的信息系统和高效的物流运营，在港口服务供应链中处于核心地位，在整个服务供应链中起到协调作用。港口服务供应链作为一种拉动式的供应链，其成员将随着客户需求的变化而作出相应的调整和变革。在此阶段，港口聚焦的是敏捷性和精益性，港口间的竞争则演变为港口服务供应链之间的竞争。

根据四个阶段的主要特征，其发展过程如表 5 - 3 所示。

表 5 - 3　　　　　　　港口服务供应链的演化过程

项目	第一阶段：萌芽	第二阶段：形成	第三阶段：巩固	第四阶段：发展
时期	20 世纪 60 年代以前	20 世纪 60 ~ 80 年代	20 世纪 80 ~ 90 年代	20 世纪 90 年代以来
货物主要类型	件杂货	散杂货	散杂货/部分成组货	成组货
港口功能定位	港口只是各种运输方式的换装点	运输工业、商业服务的中心	商业化经营并致力向多式联运节点、现代物流中心方向发展	向物流生产要素整合平台方向发展，与国际接轨
港口主要业务	在船岸之间进行货物的移交，如运输、装卸等活动	货物的移交、工业及商业服务活动	物流增值活动、信息技术服务	面向客户需求的敏捷、精益服务

项目	第一阶段：萌芽	第二阶段：形成	第三阶段：巩固	第四阶段：发展
港口组织特点	港口的业务活动是彼此分离的，港口与外界的关系是松散的	港口与用户的关系紧密，各项活动之间存在着松散的联系，形成暂时性的港城关系	业务联系更加紧密，港口间的协作不断增强	全球化、绿色化，信息共享，拉动式供应链
港口生产特点	仅有基本的货流，功能简单	除简单的运输、装卸外，提供有限增值服务	强化货流和信息流，提供全面的综合服务和高附加值的物流服务	重视港口服务质量与水平，加强港口人员技能培训以更好地响应客户需求
港口决定因素	劳动力与资本	资本	技术与专长	信息技术

六、港口服务供应链的形成动力机制

港口服务供应链的形成不仅是社会分工的结果，亦是各种动力相互作用的结果，其中既有港口内部的因素，也包括港口外部的因素。

（一）外部动因

1. 政策环境。为了推动港口所在地城市经济的繁荣发展，政府必须充分利用港口所带来的促进力。近年来，政府一直致力于推动港口发展，采取了宏观规划和政策引导措施，例如制定相关激励政策、提供土地使用便利和优惠、提供资金支持、减免税收等，以吸引有实力的企业进入港区或在港开展业务。同时，政府出台一系列法规来规范港口业的运作管理，提高港口服务水平。政府推动了多式联运的发展，使得运营经营人能够跨越地域和模式，更好地为客户提供一体化和个性化的物流服务，并促使单一的运输服务供应商向物流服务供应商转型，从而有效地降低了运输成本和费用。

2. 技术环境。在港口发展变革的进程中，现代信息技术的迅猛发展扮演着催化剂的角色。港口作为一个重要的产业集群，能够有效地带动所在区域内的工业与服务业的快速发展。随着信息技术的不断发展，企业之间的联系变得更加便捷高效，而港口管理也越来越离不开信息技术的有力支撑。港口服务供应链是港口与相关行业之间通过信息化系统建立起来的相互关系及其运作方式，其核心环节是以信息流为主线形成的一个动态复杂的网络型组织结构。通过先进的信息技术，港口服务供应链的各个节点可以实现信息共享，同时优化整合、缩短时间、提高效率，从而增强港口服务供应链的竞争实力。随着全球经济一体化进程加快，国际市场竞争日益激烈，港口作为一个国家综合实力体现的窗口，其功能将不断拓展。应用各种物流信息技术（如 EDI）和构建物流信息平台，为港口提升服务质量和水平、增强整体竞争实力、提高客户满意度等提供了重要手段。

3. 行业环境。首先，生产力迅猛发展加速社会分工精细化程度。提供物流的主体已从制造商企业逐步向专业物流公司过渡，物流外包应运而生。由于采取外包的方式，生产者固定成本转化为可变成本，因而企业可分配更多的时间与资源到企业的核心活动中。通过港口的货物除装卸、加工和仓储服务之外，还要进行陆路运输、报关和检验检疫等服务。这些数量庞大、结构复杂的业务既需要港口本身拓展其业务范围，也更需要推动港口与所提供业务关联的物流服务供应商之间开展协作，这为组建港口业务供应链奠定了基础。

其次，伴随社会分工的日益细化，产品生产对于各国的依存度日益增强，港航服务需求发生变动。港口运输的货物种类日趋多元化，不断增多的不规则货物催生了更多小件货、拼箱货、成品货等运输需求，对于港口的装卸、分拣、包装等服务提出了更高的要求，同时，货主对时效性越来越高的要求引发了简便港口货物的通关等各种手续的要求。

最后，由于各港口现有服务功能的单一化，对港口客户多样化需求的满足较为缺乏，且为了求得有限的生存和发展，吸引更多航线挂靠，许多享有共用经济腹地的港口纷纷采取降价行为，破坏了行业间价格机制的平衡，它们由互相争夺本已十分有限的船公司货源逐渐演变为港口间的恶性竞争。而在供应链环境下，港口企业不仅面临着来自港口间不断加剧的竞争，而且还有供应链上下游成员企业如船公司的联盟等造成的竞争压力。在这种形势下，只有将港口装嵌到港口服务供应链中，并给货主带来更多价值，才有可能使港口获得竞争优势。

（二）内部动因

1. 港口自身的迭代发展。随着供应链管理思想的不断成熟，港口供应链中的每一个企业不再是孤立的节点，都可看作是供应链上的一个环节。处在供应链环境下的企业追求的是整个链条的利益最大化，而非自身利益的最大化。因此，港口对于供应链所发挥的作用正在发生改变。一方面，港口为谋求自身的长期发展，越来越追求为供应链中的企业提供差异化、个性化的高质量高水平的服务，这需要将港口装嵌到供应链中；另一方面，港口与其建立合作关系的物流服务供应商之间的关系类似于供应链，特别是当货主和船公司在市场中占主导地位时，港口要生存就必须与货主和船公司建立更紧密的合作关系，这更促使将港口引入供应链中对其进行管理。随着港口功能的不断完善，世界港口发展从运输枢纽中心向全球资源配置枢纽转变。港口作为全球配送中心和现代物流中心，它的发展会联动整个腹地的经济，将其嵌入到全球供应链中，有利于促进其与供应链上各节点企业间产生更为频繁的经济活动，加强业务联系，从而提高港口的竞争能力和服务水平。

2. 港口功能的整合。尽管近些年港口已经意识到其服务功能存在不足，并不断拓展服务业务，但是受其能力和核心竞争力所限，港口无法为顾客提供全部服务，就当前服务功能而言，港口企业通常只能把其服务功能定位于装卸、仓储、配送以及其他相对简单的物流功能。但随着客户需求的日益多样化和柔性化，很多相应的增值服务伴随而生，服务需求越来越多样化。因此，为了实现信息和技术的优化整合，港口需要与具备其他更多服务能力的功能性服务商建立全链条的战略合作伙伴关系，以满足客户多样化的需求，并推动这些企业成为港口服务供应链中的高价值节点。

3. 港口资源的网络化。在产品供应链中，大型供应商及生产商对货运的需求量往往较大，这类公司一般都与港口订立长期运输合同，以减少运输成本，并享有优惠价格和较高服务水平。通常还会有一些客户企业为了实现成本和时间的双重节约，会选择到港口所在地或者附近区域设立厂房或者办事处。另外，为降低成本、减少风险，港口还与公路、铁路、航空、管道等多种运输方式展开联合运输，大力发展多式联运，以顺应港口服务链条化和国际化发展要求，向顾客提供更为宽广的选择及更为方便的服务，并将其运输收入共享给其他运输营运商。节点企业向港口集聚促使港口服务供应链的节点关系更加密切也更加稳定。此外，港口汇集着供货方、货代、船公司、船代以及其他有关参与主体的物流信息，为了充分发挥港口在信息与枢纽方面的优势，更好地服务城市和经贸发展，提高港口的辐射能力，港口可协同管理这些聚集的节点企业，形成网络化服务，并引入贸易、金融、产业资本等参与到港口资源的整合，积极构建一体化的港口运输体系，延伸港口服务功能，以更好地衔接供应商、运输商和消费者，提升港口的网络化和物流服务能力。这些均对港口服务供应链的形成产生了一定程度的推动力。

第二节　基于服务供应链角度的长三角港口协作案例研究

本节选择宁波舟山港作为研究对象，对该港口企业集团的港口服务供应链协同进行案例研究，进一步发挥其示范带动作用并为其他港口地区发展提供参考。

一、宁波舟山港服务供应链发展现状

宁波舟山港作为全球供应链与大宗散货供应链的重要节点，直接参与对接全球货物供应与需求。该港口是全球集装箱远洋干线港和国内重要的中转基地，涵盖了铁矿石、原油、液体化工、煤炭和粮食等方面的储运基地。2022年7月，《关于支持国家综合货运枢纽补链强链的通知》明确提出支持宁波舟山大宗商品储运基地建设，并提供资金和政策等多方面的支持，以进一步提高其国际竞争力。自新冠疫情暴发以来，外贸行业面临着舱位和空箱紧缺以及国际海运价格暴涨的挑战，作为"全球第一大港"，宁波舟山港积极打造双循环枢纽，通过加强多式联运体系，并运用数字化手段，实现对港区生产作业、港口物流和集疏运等多种需求的智能化响应。2021年，宁波舟山港货物吞吐量达到12.24亿吨，同比增长4.4%，连续第13年位居全球第一位；完成集装箱吞吐量3 107.9万标准箱，同比

增长 8.2%，成功跻身全年港口年集装箱吞吐量 3 000 万标准箱以上的"俱乐部"，继续位居全球第三位。[①] 宁波舟山港是世界上航线最密集的港口之一，也是各大船公司必靠的母港之一。2021 年，宁波舟山港首次进入国际航运中心十强。

（一）宁波舟山港港口服务供应链的组成

港口服务供应链是一个复杂的网络，由多个节点组成，包括船公司、货主、港口企业、引航、船舶供应、海事商检、金融保险和物流企业等。这些节点各自承担着货物供应链、物流供应链以及港口间供应链合作的不同角色。节点企业之间存在着"竞合"关系，既追求自身利益最大化，又致力于维护供应链整体目标，以满足客户需求为出发点来获取收益。

在宁波舟山港的港口服务供应链体系中，港口企业是最强大的核心节点。港口企业通过沟通和协调，连接各个节点形成网络状供应链体系，使得供应链运作呈现出复杂和国际化的特点。在宁波舟山港的港口服务供应链中，节点企业之间的结构关系呈现出三级结构，如图 5-2 所示。

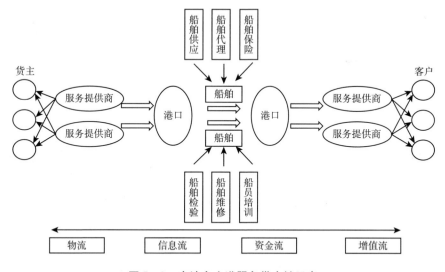

图 5-2　宁波舟山港服务供应链示意

---

① 《中国港口年鉴（2022）》。

（二）宁波舟山港港口服务供应链的特点

1. 港口服务供应链整体意识不断转变。随着"一流设施、一流技术、一流管理、一流服务"标准要求的提出，港口行业正在逐渐转变为高质量发展模式。港口服务不仅关注船舶和货物的服务，也在朝着提供全方位解决方案的方向发展。近年来，宁波舟山港采用"网格化动态管理＋数字化能力提升"模式，继续深化优化集卡运输链的"专班运作＋封闭管理"措施，强化海上物流链的"港航协作＋统筹管理"模式。

宁波舟山港在集装箱业务的信息化、数字化方面处于行业前沿，但大宗散货港口服务供应链的发展相对滞后。由于舟山是一个典型的"大港小城"，大量中转货物需要穿过城市，大宗散货方面的一些业务仍然沿用传统模式，难以满足客户的不同服务需求。因此，需要运用数字化技术、思维和认知突破传统发展理念，在创新服务理念、流程优化再造、制度体系完善三方面进行探索，这包括在多个行业交叉领域和新兴业态方面进行探索，将港口服务供应链不断延伸至贸易、交易、金融、保险、电子结算等领域，致力于打造一个高能级、创新型的全球港口服务供应链平台。

2. 港口融入全球供应链体系深度不断增强。面对全球疫情形势的严峻挑战，国际集装箱海运面临多方面挑战，例如运力不足、运转不畅、一舱难求、一箱难求等。为了应对这些挑战，宁波舟山港积极与航运公司、铁路部门等单位合作，不断完善集装箱航线网络和海铁联运网络。目前，宁波舟山港已拥有超过300条集装箱航线，覆盖61个地级市，充分发挥了其位于"丝绸之路经济带"和"21世纪海上丝绸之路"交汇点的区位优势，有效地连接中西部广大腹地和"一带一路"共建国家和地区，为区域企业扩大外贸业务提供了有力支持。同时，宁波舟山港也积极利用全球最大的自贸协定——《区域全面经济伙伴关系协定》（RCEP）的机遇，不断推进航线网络拓展。

此外，宁波舟山港还致力于推进舟山江海联运服务中心建设，优化江海联运运输体系，扩大江海联运规模和产业链延伸。目前，江海联运数据中心已实现了江苏、安徽、江西、湖北四省船舶物流动态数据全覆盖，海进江全程物流业务也在不断拓展。同时，宁波舟山港的水水中转不仅深入长江经济带腹地，还通过双向海铁联运连接欧亚大陆桥，成为全球物流枢纽网络的重要组成部分，推动了"通道＋枢纽＋网络"的高效运作体系的形成。

3. 港口服务供应链平台化运作仍然面临挑战。宁波舟山港通过建立信息管理、运输管理和安全监管等系统，以及"易港通""天港通"和宁波航运订舱平台等"互联网＋"港口服务平台，构建了数字化港口服务体系。然而，实现港口服务供应链一体化平台，让供应链成员之间实现实时对接，仍面临一些挑战。

首先，宁波舟山港信息化平台需要与长江沿线小码头进行连接。虽然浙江海港供应链服务公司的信息化平台已初步连接包括马钢在内的货主平台，但长江上缺乏定位和轨迹，很多货主使用公共码头，信息共享存在一定的困难。因此，需要建立一个强大的供应链信息整合平台来提升信息化服务水平。

其次，考虑到国内港口大宗散货供应链平台建设的特殊性，各大港口信息化平台之间的衔接与互动也需要更多的关注。虽然各大港口在打造自己的平台，但仍存在信息孤岛现象，因此，需要建立一种有效的港口间信息共享机制，以促进各大港口之间的协调。

4. 数字化赋能推动港口服务供应链智能化发展。宁波舟山港集团在2020年确定了"数字海港"建设的总体目标，宁波舟山港集团不断推进智慧化码头前沿技术的创新应用，并加大自动化软硬件建设投入，推进智慧化码头示范项目建设。通过数字孪生技术和理货业务的融合，宁波舟山港集团持续提升梅山港区自动化作业效率。通过数字化改革，提高港口的信息化和服务水平，提高管理效率和服务水平，以吸引更多的贸易客户。最终将宁波舟山港打造成为世界级贸易枢纽。

5. 港航服务业服务能力和辐射层次仍需提升。宁波舟山港是以"货"为核心的航运服务体系，其中船队、船代、货代、引航、拖轮、理货、船舶交易和燃油加注等为主要组成部分。港口在港航基础服务方面具有显著的优势，并在全程物流服务平台、港航物流平台和其他港航辅助服务方面持续发展。此外，宁波舟山港的航运交易市场正在扩大，船舶燃油加注服务业务迅速增长，已成为国内最大的保税燃料油供应港。

宁波舟山港的港航衍生服务也初具基础，涵盖海事仲裁、法律咨询、航运金融、航运保险、信息服务和文化展览等。但是与其他国际一流港口相比，宁波舟山港的港航服务能力仍存在短板，宁波舟山港的航运保险和航运金融业务规模相对较小，国际辐射能级较低，高端航运增值服务水平和业态仍有待进一步提升。

二、宁波舟山港争取全球供应链体系更重要地位的对策

为了更好地发挥宁波舟山港在全球供应链体系中的作用，提升港口服务供应链的稳定性和韧性成为了该港发展中的关键课题。如何不断创新，确保港口服务的高效运作，以适应挑战重重的市场环境，成为宁波舟山港必须应对的任务。

（一）以国际视野促进港口服务供应链国际化发展

宁波舟山港一直秉持着国际化战略，努力提升与国际物流网络和国内集疏运系统的衔接。已与近 20 个"一带一路"共建港口建立了友好关系，新开辟了 90 条航线，年集装箱运量超过 1 000 万标准箱，[①] 成为连接东南亚国家输往日韩、北美等地国际贸易货源的重要中转站。在国际化合作方面，港口投资主体已逐渐转型为输出运营技术和管理经验，自身管理水平和服务质量不断提升。

此外，宁波舟山港还积极寻求与全球供应链体系高端的国际港口和港口联盟的合作，引入和对接国际港口供应链数据库、全球物流系统、全球商品交易系统和全球客户服务系统等大数据分析决策体系，以自由贸易为核心优势，致力于构建开放自由的港口发展模式。同时，依托城市国际贸易、经济和金融中心的功能，参与共建全球供应链金融体系，提升宁波舟山港在全球供应链中的地位和影响力。此外，还将继续加强与"一带一路"合作伙伴的海运民航合作，推动海空立体联通，促进国际产能合作，助力本土交通运输企业"走出去"，加速推进"一带一路"交通互联互通。

（二）以协调运作增强港口服务供应链协同化发展

通过资本一体化运作，浙江省海港集团和宁波舟山港集团正迅速整合全

---

① 宁波舟山港：开通"一带一路"集装箱航线达 90 余条［N］. 法制日报，2019 - 03 - 14.

省岸线港域，构建"一体两翼多联"的新格局。该新格局以宁波舟山港为核心枢纽，联动发展嘉兴港、温州港、台州港、义乌陆港以及内河港口，开启了浙江省海洋港口一体化发展的新里程碑。

为推动港口企业、港口和区域城市的一体化协同发展，宁波舟山港需要加强与各方的合作，形成多元互补的利益共同体。同时，要协调和理顺其服务供应链上各成员之间的关系，积极协调优势服务资源，实现优势互补效应，推进港口企业、港口和区域的一体化发展模式。此外，宁波舟山港还应当加强与浙江及其他省市腹地的协同，建立更广泛的合作，共同打造长三角供应链物流大通道核心枢纽和供应链企业总部基地。通过投资入股、合作共建、改造升级等方式，优化区域众多物流基地的网络化联通，推动长三角服务供应链的一体化，以实现更高效的发展。

（三）以增值服务推动港口服务供应链高端化发展

首先，提升宁波舟山港的港口物流服务能力，满足巨大的全球货运需求。进一步提高揽货能力，构建全球揽货服务体系，增强面向船舶的服务保障能力，推动口岸服务便利化，并搭建各类港航服务要素交易平台，以促进各类港航服务要素的快速集聚和服务的辐射能力的扩大。积极吸引更多国内外总部公司入驻，进一步拓宽港口服务领域，提升服务水平。

其次，积极推进服务创新，提高高端航运服务业在港口服务供应链中的比例，打造集航运、金融、保险、贸易等多项服务于一体的国际航运服务中心。提升航运经济信息、第四方物流、航运指数、航运经纪、集装箱舱位交易、船舶交易等服务的能级与量级，积极引导港航金融产品创新，探索多元化的港航融资方式，培育发展产业基金、海事基金，积极发展离岸金融、完善国际结算与支付系统，开展跨境贸易业务。

同时，推动海事法律、咨询服务体系的完善，吸引高层次法律机构和专业人才入驻。

（四）以信息技术赋能港口服务供应链智慧化发展

首先，持续推动数字化改革在宁波舟山港的整体应用。一方面，提升港口信息采集、监测、分析和决策支持能力，构建多层次、多功能、互联互通、高效安全的港口服务供应链信息化支撑平台，深入大数据、云计算、5G 等先进技术在港口生产运营、集疏运、口岸通关等服务中的应用；另一方面，借助智慧港口等技术创新，加速实现港航作业证件的电子化，推行无纸化、非接触式作业，以数字化推动行业转型升级，推广新能源、智能化、数字化、轻量化的港口和航运设备，推广智慧港口相关的科技成果应用和行业标准制定。

其次，在港口服务供应链成员中组织建设基于信息技术和智能技术的货物运输"绿色通道"。宁波舟山港口可以采用以港口为核心的集成信息管理模式，建立共享信息平台，包括供应链信息管理系统，港口、海关、商检、货主、代理等组织管理系统，EDI、RFID 等基础信息服务和维护。数据和服务必须能够覆盖港口、船公司、物流服务商以及供应链中其他节点企业和政府监管机构。

同时，利用平台大数据的信息，为风险管理、生产运营和港口集团决策提供大数据支持，探索智能决策，并开展与其他港口及第三方平台的合作，推动宁波舟山港港口服务供应链数字化的新发展。

第三节　长三角港口群服务供应链协同模式

一、长三角港口群服务供应链发展问题分析

港口服务供应链在供应链的供应途径、运作模式等方面有其明显的独特性。港口服务供应链利用信息与通信技术优化配置供应链各类资源，以降低成本、提高效益。

长三角港口群服务供应链主要强调港口与所在供应链上其他服务商的合作关系，最重要的就是要与所在供应链相融合，充分发挥港口在供应链上传递价值的作用。港口企业在港口服务供应链上能够充分地发挥其功能，较好地整合供应链资源以满足货主更多的需求。目前，长三角港口群的货主分布非常广泛，港口通过将更多具有市场地位的运输公司与船公司联合起来，达成供应链契约来统筹开辟新航线，发展新业务，构建港口国际物流服务供应

链，以达到互利共赢的初步目标。长三角港口服务供应链在其发展过程中不断优化，但总体来看，长三角港口服务供应链的发展存在以下问题。

（一）港口服务供应链管理整体意识有待进一步增强

长三角三省一市港口服务供应链发展步调不一致。长三角港口群整合，以 2018 年长三角区域合作办公室的设立和《长三角港航一体化发展六大行动方案》的出台为主要节点，之后逐步推进，安徽省港口群整体纳入的时间较晚。三省内部港口群发展程度也不同，部分港口发展增速较慢，没有形成长期的港口服务供应链。当前，长三角港口对组织间合作的意识有所增强，开展了不同形式的合作，然而这种合作非港口服务供应链和港口群之间的合作。港口间的竞争依然局限在港口与港口本身，而不是港口所处的服务供应链。从总体看，港口对其在供应链上所处的地位还不是很清晰，也没有从供应链的角度看待其与服务供应商和客户之间的关系。

（二）港口服务供应链协同程度有待进一步提高

长三角港口群当前港口的发展更多关注的是港口内部，主要包括港口自身表现以及内部业务流程的优化等。对港口与其他组织间跨组织的资源的利用、流程的重组等实践还并不多见。港口群核心企业和上下游货主企业、物流服务企业的联系还不够紧密，相近区域内不同港口的发展定位与策略类似，由于货源竞争挤压大、经营形式粗放，未发挥自身优势而形成统一的协调机制。另外，长三角港口群各港口存在航线交叉的情况，没有形成良好的契约协调机制进行航线的分配；港口企业间存在着激烈竞争，物流运输公司和船公司之间的竞争亦是。港口现有契约发挥的作用较小，集中表现为企业间在订立合作意向时签订的契约对整个服务供应链的协调效果影响较小，港口服务供应链发挥不到应有的效应。

（三）港口服务供应链信息集成程度有待进一步提升

长三角港口群内存在信息不对称。它包括三方面：市场状况，港口服务供应链运行情况，以及服务企业私有的服务质量等信息。这种信息不对称在港口整体服务供应链上表现为彼此协作的不协调，不利于长三角整体港口群的发展。港口群信息平台处于较低级的集成阶段。虽然一些港口已经拥有了较为先进的信息技术，已经或是正在建设公共的信息平台，然而还有大量的港口信息化主要局限在港口内部，港口与其他服务供应商之间的信息系统尚未实现集成。已有的公共信息平台基本只处于流程互连的集成阶段，即只是将各服务供应商和客户的信息系统进行连接、进行部分数据的传输，信息的共享还不充分，如客户对货运的总体要求的信息还没能在所有服务供应商间进行共享。此外，数据的保密性、安全性、规范性以及传输质量等也缺乏有效保障。

（四）港口服务供应链柔性有待进一步加强

港口服务供应链柔性可以理解为在港口内外部条件变化的时候，兼具考虑成本和服务的平衡，对客户需求做出反应。目前，长三角港口群适应多变的环境和反应的灵敏度还是不能达到理想的柔性程度，港口上下游客户越来越重视差异化、个性化服务。港口服务网络、港口服务过程的协作、服务对象均具有不确定性。港口服务供应链以港口为核心企业，连接服务供应商共同组成。由于这些服务供应商都是相对独立的企业，相互之间产生经营和利益的冲突，进而无法很好地完成客户的需求。近年来，外部环境更趋复杂严峻，港口业务模式柔性和敏捷性更需进一步提高。

（五）港口服务供应链协调机制待进一步完善

第一，长三角港口群服务供应链利益分配机制不够清晰。由于内部信息交流不畅和港口功能趋同，港口服务供应链上各成员均为各类独立企业，使港口服务供应链收益挤压激烈。三省港口集团的组建虽使收益得到了一定程度的提高，但是提高的幅度相差很大，收益分配不够明确。

第二，长三角港口群服务供应链的质量监督体系不健全。港口服务供应链上物流服务供应商所提供的商品以服务为主，而服务链中的合作能力至关重要。服务商在提供优质服务的同时，相应地会支付较多成本，而有些服务商所提供的服务与成本的性价比较低，造成服务供应链的不协调，不利于长三角港口群服务供应链的发展。

二、长三角港口服务供应链协同发展原则

（一）整体性原则

长三角港口群服务供应链内、外部系统集成化为协同发展提供重要支持。港口供应链以港口企业作为核心企业，与若干节点企业共同构成，谋求供应链系统的全面优化。港口服务供应链系统表现出网络化的结构体系，这一网络集成化的体系应以能够适应内外部环境变化，为顾客提供复杂、多元化的物流服务作为其核心目标。

（二）动态性原则

长三角港口群服务供应链是以港口物流服务为中心，供应链系统内部各个节点企业之间存在着物流、资金流和信息流的流动，系统同外界环境间还存在着物质、能量、信息等方面的交换与流通。因此，供应链各组成要素要根据供应链系统自身需求及外部环境变化及时进行更新。它针对不同顾客的个性化需求，能根据环境变化和顾客的个性化需求而作出适应性调整。

（三）协调性原则

一方面遵循港口服务供应链构建与长三角港口群建设相融合的协调性，坚持规模与效益、港口与腹地城市、产业与资源、发展与绿色协调发展；另一方面要考虑到港口服务供应链上节点企业之间的协调，除了要关注合作伙伴的技术能力和管理水平，企业文化和人才培养等软实力也是需要考虑的因素。

（四）创新性原则

港口服务供应链研究作为一个新兴问题的相关研究还相对缺乏，从具体设计到组织实施都将遇到挑战。借鉴一般供应链成熟的研究方法，同时具有创新性思维与理念，才能有针对性地完成长三角港口群服务供应链的协同研究。

三、长三角港口群服务供应链协同发展模式

当前，协同不足的供应链运行方式已逐步显露出环节众多、协调不佳、信息失真、资源浪费、整体效率不高、对环境变化应变能力不足以及忽略最终客户需求等问题。在此背景下，港口供应链上的企业有必要突破企业组织边界，增强供应链组织各成员间的沟通与合作，产生协同效应以降低供应链的整体成本，进而提升港口企业的服务水平。港口服务供应链协同指港口服务供应链构建完成之后，供应链成员间通过动态共享资源，集成化管理各项经营活动之间的相互依赖关系，以提高供应链中各成员和整体供应链的绩效水平。

（一）长三角港口群服务供应链协同含义

1. 长三角港口群服务供应链协同的含义。根据相关研究成果，作为复杂系统的港口服务供应链，基于其运作的层次进行划分，长三角港口群服务供应链协同可以从战略、组织、业务、支撑四个层面理解（见表5－4）。

表5－4　　　　　　　　　长三角港口群服务供应链协同概念理解

总括	分点	含义
长三角港口群服务供应链协同	战略层面	港口服务供应链运作的指导，涵盖供应链成员间战略匹配程度、信任程度、目标一致程度、利益分配合理程度等
	组织层面	主要包括港口与港口服务供应商、港口与港口客户、港口服务供应商与港口客户之间的协调策略
	业务层面	是港口服务供应链节点企业在实际经营活动中的协同配合，将节点企业之间的业务流程进行集成，从而实现各环节业务的紧密对接和资源的高效利用
	支撑层面	支撑港口群服务供应链协调的技术、手段、方法，主要包括信息、金融、标准和技术方面等

2. 长三角港口群服务供应链协同的实施范围与方向。从实施的节点企业来看，长三角港口群服务供应链可以划分为两类：一类是内部系统，包含构

成港口服务供应链的各节点企业和构成供应链作业的各子系统；另一类是外部系统，包括海关、商检、银行、保险等外部环境。系统中各要素间存在着横向和纵向两种关联关系。

基于长三角港口群横向整合发展到今天，就实施范围与方向而言，长三角港口服务供应链协同可划分为港口服务供应链企业内部协同和外部协同，港口服务供应链外部协同又包括港口服务供应链纵向协同与横向协同（见图5-3和表5-5）。

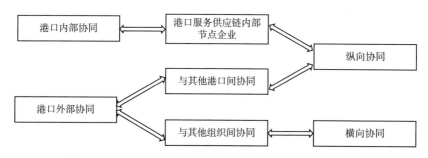

图5-3 长三角港口群服务供应链协同的实施范围与方向

表5-5   长三角港口群服务供应链协同内容

长三角港口群服务供应链企业内部协同	长三角港口群供应链外部协同	
	纵向协同	横向协同
港口服务供应链中的各节点企业，通过维护节点企业内部业务流程的制定、职能部门的运作与总体目标的协同，使港口企业在各阶段、各层次、各部门之间的运营和规划协同，保持港口企业内部的平衡发展，例如，港口基础设施的投入和生产经营协同以及港口企业服务质量和费用之间的协同等	纵向协同区域涵盖了港口服务供应链上、中、下游的各节点企业，港口依托自身在供应链中的主导地位，与上下游企业建立战略伙伴关系，对供应商至顾客的各项业务及信息进行整合与融合，用统一的战略目标引导港口服务供应链各成员的行为方向，从而达到港口服务供应链整体协同运行	伴随着港口集群的不断扩张，港口群内部产生横向互动，港口和区域外围港口之间出现协调发展现象，比如各港口联盟共享腹地资源、服务资源等

（二）长三角港口群服务供应链协同发展的模式

长三角港口群服务供应链的协同发展模式既有短期的动态联盟，又有长期的战略联盟，基于不同的类型，研究其具体合作事宜。本书主要讨论以港口为核心的长三角港口群服务供应链协同模式，结合实践，主要有以下四种协同发展模式，如图 5 - 4 所示。

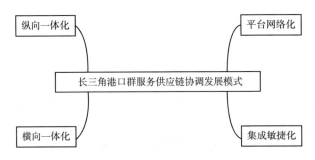

图 5 - 4　长三角港口群服务供应链协同发展模式

1. 长三角港口群服务供应链纵向一体化。港口与相关的各类上游、下游以及口岸机关协同工作，完成各环节活动，推动港口功能扩展。一方面要在港区一体化的基础上，扩大港口的综合功能，促进港城一体化的发展。通过整合资源和优势，形成新的竞争优势。另一方面要拓展港口与航运、物流及临港产业等的合作范围。支持港口和航运公司建立"港航联盟"；推动港口与物流企业在集疏运、配送及其他业务开展合作，促进港口与物流、产业园区间实现"港区联盟"，港口与临港产业形成前港后厂等模式的"港企联盟"。

2. 长三角港口群服务供应链横向一体化。长三角港口群服务供应链横向一体化包含三个维度：第一，基于长三角港口群资源整合，以上海港、宁波舟山港为主体，以江苏港口集团、浙江海港集团以及安徽港口运营集团为联盟，借助区域枢纽港与支线港的分工专业化、分级定位，深入推进"港口联盟"或者"组合港"建设。以战略投资、业务合作、泊位运营、协调运价、股权控制、资产重组、合理利用码头岸线资源等多元化方式，推动长三角港口资源布局的优化，促使港口资源得到合理分配和使用，打造长三角世界级港口群。第二，长三角港口群为了达到与区域经济合作发展的目的，其服务供应链与其所处腹地的社会经济形成了协同关系；主要包括港口群服务供应链与港口临港产业的协同发展、与所在港口城市的协调发展。在互联网、云计算、物联网、区块链等技术的支持下，港口、产业、城市和区域经济一体化将得到进一步加强，促进港航协同、集疏运以及港、产、城、区协调发展。第三，为进一步提升长三角港口群的服务能力和增值能力，长三角港口群与其他港口群的服务供应链进行结盟，其联盟成员之间存在着竞争与合作的关系。

3. 长三角港口群服务供应链平台网络化。供应链平台网络化是数字经济时代背景下的创新模式。长三角港口群服务供应链平台网络化是指以港口为核心，将从供应商到消费者所涉及的多种要素如国际国内供应商、生产商、销售商、物流商、海事服务、金融保险、电子商务、消费者等融合集聚到港口群服务供应链平台。港口群服务供应链平台网络的主导方呈现多元化的特征，例如，以港口、自贸区、第三方物流、船企等为主导，形成港、产、城、区一体化，全球供应链一体化的模式等。

长三角港口群服务供应链平台的网络化主要包括以下三方面：第一，构建港口服务供应链服务平台。将产业客户、港口码头、期货交易所及金融机构等产业链上下游主体有效地串联起来，开辟贸易、物流、港城货物、第三方应用平台等各种数据信息的联通，实现供应链的上下游信息的整合。通过平台聚集跨界的经营主体，形成跨界共赢的格局。第二，通过对物联网、大数据、区块链以及人工智能等信息技术的应用，解决业务场景的真实性、可视化以及风控问题。第三，逐步实现港口内部平台与外部平台互联互通、数据共享，从而实现港口服务一体化深度发展，为客户提供一站式服务，使港口服务供应链平台更加绿色、开放、共享、便捷、高效、经济以及安全，从而达到可持续性发展的目的。

4. 长三角港口群服务供应链集成敏捷化。长三角港口群服务供应链集成网络是纵向一体化与横向一体化的综合体。在对港口企业内各子系统进行管理的基础上，对港口上下游企业的关联进行纵向协调，并对港口群内各港口进行横向竞合，从港口内、外和纵向、横向四个维度形成港口供应链的协调关系。集成网络化的组织结构有利于信息交换，进而使供应链系统成员的功能协同。客户可直接对接港口集成物流供应商，再由其将信息传递给不同功能的成员，通过并行计划，实现一体化的综合物流方案，满足客户个性化需求的同时，减少资源错配产生的浪费。

四、推动长三角港口群服务供应链协同发展措施

港口服务供应链协同发展，有利于港口竞争力跃升，同时也有利于区域

经济的发展。港口的发展亦需要构建和完善港口服务供应链，结合前文各章节的内容，本书提出推动长三角港口群服务供应链协同的措施建议。

（一）增强长三角港口群服务供应链整体意识，优化服务供应链结构

第一，推动长三角港口群服务供应链中各节点企业的竞争观念和服务观念的转变，以拓展服务的灵活性来增强港口服务供应链的机敏性，利用港口优势，提升港口竞争力。在时间与服务上突出优势，强化港口服务供应品质，充分利用供应链的快速响应特征，加速长三角港口群服务供应链建设步伐，打造"拉式"港口服务供应链。

第二，在服务供应链中，各个企业都是以供应链为中心，以系统化的思维方式，将各个运作环节融入服务供应链体系中，从而形成一个稳定、安全的服务供应链运行环境。在现有的优势基础上，积极主动地与长期货主、海陆运输商建立信息沟通的平台，最大限度地发挥港口企业的自身优势，促进港口服务供应链各个环节的协调发展，为长三角乃至全国港口服务的客户提供一个全面、优势互补的综合性供应链物流系统，吸引更多的货主使用优势港口资源来推动港口多服务、高质量地发展，促使港口物流资源良性循环，提升长三角港口群的国际竞争力。

（二）提高长三角港口群服务供应链协同度，增强服务供应链契约协调效果

长三角港口群服务供应链能否正常运作，关键是服务能力的传递、管控和实施能否有效及时，这主要依赖于合作伙伴关系的整合及其协调机制的健全程度。第一，要充分发挥政策优势，在统一整合思路下，对长三角地区港口群资源进行深度整合，避免港口腹地相交、货源抢夺等问题，在此过程中各个职能部门和航运管理企业借助政策优势对港口服务供应链上的货主企业、港口企业、物流以及船公司等各个参与方进行宣传、拉动和影响，推动供应链服务一体化。

第二，鼓励各方制定各种形式的供应链契约来协调包括供应链管理者港口、陆上物流/第三方物流公司、船公司、货主和目标港口等各种主体。顺应国内国际双循环发展，以供应链契约的方式，结合各成员企业的现实情

况，协调各方对供应链的需求与诉求，进行长三角港口群物流服务供应链的总体布局，探索供应链契约合作新模式。

（三）加强长三角港口群服务供应链信息集成度，促进服务供应链信息共享

信息共享对于长三角港口群服务供应链的协调发展起着非常重要的作用，有助于供应链成员更快捷准确地制定决策，高度共享信息是港口服务供应链运行的有效保障，信息共享程度直接影响着港口服务供应链的运行效率。

加快构建信息共享平台。港口作为核心企业，应从最大限度地发挥整体功能的高度出发，制定建设涵盖供应链整体信息化平台的标准和约定，推广技术，宣传理念，由此形成一个涵盖港口、海关、检验检疫、物流企业、船公司、保险金融、货主、代理等在内的供应链信息化平台。通过建立港口物流在线协同、综合信息以及跨境电商等服务平台，在港口服务供应链中实现信息的传递、共享和整合，促使长三角港口服务供应链协调发展成为可能。

（四）提升长三角港口群服务供应链柔性，提高服务供应链客户满意度

第一，提高核心港口的综合服务水平。在服务供应链的柔性运作中，核心港口往往作为关键节点，是整个供应链组织、计划与实施的主导者。因此，需要聚焦长三角港口企业综合服务业务，改变管理、竞争、服务等相关理念，以合作竞争取代零和博弈，以一体化服务取代传统的单一服务模式，基于服务的集成状况选取相应的服务功能型企业及有关组织机构，综合考虑货物种类及组合的灵活变动，谋划运输计划、模式、策略的调整以及协同配送等，并根据内外部环境的变化及时重构战略、结构及运营柔性，再造业务流程，提高成员企业响应市场变化的能力。

第二，推动港口服务标准化和个性化。以突出长三角港口群服务供应链各成员之间的能力互补为基础，以协同的管理方式、并行的运作流程、网络化的组织结构，对各节点的核心业务及其能力进行科学规划，使供应链整体能力达到最佳。同时，推动长三角港口群服务标准化、管理标准化、技术标准化，以提高供应链运营效率，满足客户的全方位一体化服务需求。

（五）完善长三角港口群服务供应链管理机制，提升服务供应链管理效益

第一，健全港口服务供应链激励与约束机制。长三角港口群服务供应链不同节点企业的目标在实现的过程中可能会存在冲突，港口企业期望船舶能够按预定计划靠/离港口，以港务费和时间成本平衡成本利润并最大限度地利用港口资源；物流服务供应商期望在降低服务成本、提高服务效能的前提下，增加自身在供应链中的市场占有率；船公司以减少船舶停留时间、提升船舶装载效率与速率的方式获取利益最大化；货主期望加快货物在途运转速度，以较低成本更方便地把货物运到目的地。通过建立激励约束同盟，包括订单式激励、信息激励和新技术激励等，推动港口服务供应链上节点企业的同步运作。

第二，发展长三角港口群集成服务供应商。对集成服务供应商来说，其供应商是指传统的功能性服务提供者，例如运输企业、仓储企业等，这些都是以单一的服务为基础的。同时，集成服务提供商可以吸引全国乃至世界各地的传统服务提供商，并较为便利地加入港口服务供应链，并能根据敏捷化和动态联盟的要求方便地进行生产的组织和运营，从而推动港口服务供应链的创新协同发展。

参考文献

[1] 安娜，刘金兰．基于满意度指数的港口竞争力测评［J］．中国港湾建设，2009（1）：72-74．

[2] 白世贞，张琳．不对称信息下的物流服务供应链质量监督［J］．商业研究，2010（10）：207．

[3] 鲍勃·杰索普．治理的兴起及其失败的风险：以经济发展为例的论述［J］．国际社会科学（中文版），1999（1）：31-48．

[4] 本刊编辑部．2020年终盘点：时间无法重启 未来请勇毅前行［J］．中国港口，2020（12）：1-3．

[5] 毕一力．山东半岛三大港口竞合策略研究［D］．青岛：中国石油大学（华东），2015．

[6] 蔡书文．基于Hotelling模型的港口群内竞合关系研究［D］．秦皇岛：燕山大学，2018．

[7] 曹杰．高质量推进长三角世界级港口群一体化发展的思考［J］．中国港口，2020（9）：1-4．

[8] 曹玮，于清波．基于DEA和Malmquist指数的福建沿海港口效率分析［J］．华东交通大学学报，2013，30（4）：89-96．

[9] 曹智．津冀合力打造世界级港口群［N］．河北日报，2021-04-12．

[10] 陈春芳，赵刚，陈继红．长三角港口群演化周期问题［J］．中国航海，2016，39（1）：104-109．

［11］陈航. 海港形成发展与布局的经济地理基础［J］. 地理科学，1984，4（2）：125－131.

［12］陈佳. 泸州港与宜宾港的竞合发展研究［D］. 重庆：重庆交通大学，2016.

［13］陈健威. 转型升级背景下广州港各港区的可持续竞争力分析及其竞合演化研究［D］. 广州：华南理工大学，2016.

［14］陈洁. 基于风险辨识的港口物流服务供应商选择与优化研究［D］. 大连：大连海事大学，2012.

［15］陈俊杰. 宁波舟山港数字化改革重塑港口供应链［N］. 中国水运报，2021－11－03.

［16］陈丽玲，雷智鹊，朱逸凡，马陵，蒋柳鹏. 基于改进 L-V 模型的多货种多港口竞合关系［J］. 长沙理工大学学报（自然科学版），2018，15（3）：40－47.

［17］陈宁，张程，陈翔宇，喻圆，乐婉. 基于伯川德博弈的港口集装箱海铁联运竞合策略［J］. 武汉理工大学学报，2018，40（8）：40－47.

［18］陈炜，吴宇. 港口物流服务供应链利益风险协同分配研究［J］. 现代商业，2019（3）：132－133.

［19］陈辛. 基于主成分分析法的我国沿海港口竞争力评价研究［D］. 杭州：浙江工业大学，2011.

［20］陈园月，郭建科. 近 30 a 长三角地区港口规模分布演化分析［J］. 长江流域资源与环境，2017，26（11）：1743－1751.

［21］陈再齐，曹小曙，阎小培. 广州港经济发展及其与城市经济的互动关系研究［J］. 经济地理，2005（3）：373－378.

［22］程佳佳，王成金. 珠江三角洲集装箱港口体系演化及动力机制［J］. 地理学报，2015，70（8）：1256－1270.

［23］褚斌. 发挥天津港龙头作用 加快津冀港口群协同发展［J］. 产业创新研究，2021（15）：1－3.

［24］崔爱平，刘伟. 物流服务供应链中基于期权契约的能力协调［J］. 中国管理科学，2009（2）：59－65.

［25］崔安迪. 辽宁省港口国际物流服务供应链契约协调研究［D］. 大

连：大连海事大学，2020.

[26] 单汨源，吴宇婷，任斌．一种服务供应链拓展模型构建研究 [J]．科技进步与对策，2011（21）：10 - 16.

[27] 丁琳．港口服务供应链网络的分析与优化研究 [D]．大连：大连海事大学，2015.

[28] 丁永健．港口治理机制研究 [M]．北京：经济科学出版社，2012.

[29] 董岗，陈心怡．区域扩围视角下长三角港口群空间结构演化及协同策略 [J]．大连海事大学学报（社会科学版），2017，16（4）：61 - 66.

[30] 董洁霜，范炳全．国外港口区位相关研究理论回顾与评价 [J]．城市规划，2006（2）：83 - 88.

[31] 董晓菲，韩增林．辽宁省港口体系时空演化分析及驱动机制研究 [J]．地域研究与开发，2015，34（3）：27 - 33.

[32] 樊琦．物流服务供应链收益分享的变权激励模型 [J]．工业技术经济，2008（12）：117 - 118.

[33] 范厚明，马梦知，温文华，屈莉莉．港城协同度与城市经济增长关系研究 [J]．中国软科学，2015（9）：96 - 105.

[34] 范荣，张廷龙．"芜马合"组合港合作模式研究 [J]．港口经济，2017（2）：15 - 19.

[35] 冯路，胡碧琴．进一步提升宁波舟山港在全球供应链体系中的功能和地位 [N]．宁波日报，2017 - 05 - 25.

[36] 冯文强．山东半岛港口群空间布局优化研究 [D]．青岛：中国石油大学（华东），2016.

[37] 甘爱平，茅峰．论长三角港口群从吞吐量竞争到产业链增值的联动 [J]．中国市场，2021（7）：24 - 26，81.

[38] 高飞，龚本刚．长江港口物流服务供应链柔性构建问题研究 [J]．物流技术，2015，34（17）：222 - 226.

[39] 高飞．长江港口物流服务供应链柔性构建问题研究 [M]．合肥：合肥工业大学出版社，2015.

[40] 高惠君，孙峻岩．世界典型国家港口管理体制模式对我国港口体制改革的借鉴作用 [J]．水运科学研究所学报，2002（4）：1 - 9.

［41］高洁，真虹，沙梅．港口服务供应链信息集成模式及协作机制［J］．水运工程，2012（2）：148－153．

［42］高洁．基于第四代港口模式的港口服务供应链集成研究［M］．上海：上海交通大学出版社，2013．

［43］高立娜．基于共生理论的山东半岛港口群耦合性研究［D］．青岛：中国海洋大学，2011：45－48．

［44］高爽．京津冀协同发展背景下津冀港口群协同发展研究［J］．环渤海经济瞭望，2020（1）：67．

［45］高素英，滑娜，张烨，王羽婵．基于生态位理论的京津冀港口群竞合策略研究［J］．港口经济，2016（10）：5－8．

［46］顾波军．一体化背景下的宁波—舟山港港口物流供应链构建［J］．水运管理，2011，33（6）：32－33，43．

［47］管楚度．交通区位论［M］．北京：人民交通出版社，2000：4－5，249－263．

［48］桂云苗，龚本刚，张廷龙．考虑供应能力不确定性的物流服务供应链协调［J］．北京交通大学学报（社会科学版），2012（2）：27－31．

［49］郭建科，韩增林．中国海港城市"港—城空间系统"演化理论与实证［J］．地理科学，2013（11）：1285－1292．

［50］郭晓玲．环渤海港口群复合系统协同度预测研究［D］．天津：天津理工大学，2021．

［51］郭政，董平，陆玉麒，黄群芳，马颖忆．长三角集装箱港口体系演化及影响因素分析［J］．长江流域资源与环境，2018，27（7）：1423－1432．

［52］国家发改委，中国物流与采购联合会．2021年全国物流运行情况通报［N］．现代物流报，2022－02－14．

［53］韩丹丹，陈家举．基于系统动力学的港口供应链风险演化研究［J］．物流技术，2016，35（3）：152－154，180．

［54］韩震，王菡，孟好．基于系统动力学的港口危险品管理演化博弈分析［J］．大连海事大学学报，2019，45（2）：28－35．

［55］航运评论．宁波舟山港 数字化改革重塑港口供应链［EB/OL］．

中国水运网，2021 - 11 - 03.

[56] 何瑶. 中国集装箱港口体系演变及航运网络联系分析 [D]. 大连：辽宁师范大学，2019.

[57] 贺向阳，唐斐. 国内外港口一体化发展现状 [J]. 港口经济，2017（8）：22 - 25.

[58] 滑娜. 基于竞合的京津冀港口群协调发展研究 [D]. 天津：河北工业大学，2016.

[59] 黄昶生，王丽. 区域港口协同发展评价与对策研究——以"山东半岛"为例 [J]. 河南科学，2018，36（10）：1642 - 1650.

[60] 黄冬. "一带一路"战略下长三角港口竞合关系的研究 [D]. 杭州：浙江财经大学，2016.

[61] 黄洁婷. 三峡库区港口群联动模式研究 [D]. 武汉：武汉理工大学，2010.

[62] 黄景源. 长三角港口群集装箱年吞吐量突破 1 亿标箱——上海港集装箱吞吐量连续 11 年保持全球首位 [J]. 上海商业，2021（12）：2 - 3.

[63] 贾红雨，李珊珊，董燕泽，刘巍. 基于社会网络分析的港口竞合关系模型 [J]. 大连海事大学学报，2012，38（2）：51 - 55.

[64] 贾远琨. "一体化"起航：长三角港口群探路新型竞合机制 [N]. 经济参考报，2020 - 07 - 02.

[65] 姜宝，李剑. 港口管理模式、治理结构与经营绩效——中国港口上市公司的实证研究 [J]. 东岳论丛，2015（9）：85 - 91.

[66] 姜超雁，真虹. 港口经济贡献的投入产出乘数模型 [J]. 中国航海，2012，35（4）：100 - 103，118.

[67] 姜乾之，戴跃华，李鲁. 全球城市群演化视角下长三角港口群协同发展战略 [J]. 科学发展，2019（5）：55 - 63.

[68] 姜乾之，李娜. 新形势下长三角城市港口群协同发展研究 [J]. 中国名城，2020（2）：12 - 16.

[69] 姜乾之，李娜. 长三角议事厅丨长三角城市港口群协同发展的现状与瓶颈 [EB/OL]. 澎湃新闻，2020 - 06 - 04.

[70] 蒋可意. 江苏省港口物流与区域腹地经济发展耦合协调度分析

[J]. 中国水运, 2022 (6): 23 – 26.

[71] 蒋自然, 曹有挥. 长三角集装箱港口体系的集疏演化 [J]. 经济地理, 2017, 37 (8): 114 – 121.

[72] 交通运输部. 交通运输部办公厅、天津市人民政府办公厅、河北省人民政府办公厅关于印发《加快推进津冀港口协同发展工作方案 (2017—2020 年)》的通知 [EB/OL]. 中华人民共和国交通运输部网站, 2017 – 07 – 05.

[73] 交通运输部. 交通运输部关于学习借鉴浙江经验推进区域港口一体化改革的通知 [EB/OL]. 中华人民共和国交通运输部网站, 2017 – 08 – 17.

[74] 金琳. 泰国主要港口经济腹地范围划分及其演化特征研究 [D]. 昆明: 昆明理工大学, 2018.

[75] 金校宇. 上海组合港管委办主任徐国毅: 时代赋予长三角港口群重大历史使命 [EB/OL]. 交通发布, 2020 – 07 – 08.

[76] 金校宇. 以世界级港口群支撑航运中心建设 [N]. 中国交通报, 2020 – 07 – 07.

[77] 赖成寿, 吕靖, 李慧, 高天航. 基于演化博弈的港口竞合策略选择及仿真研究 [J]. 重庆交通大学学报 (自然科学版), 2018, 37 (11): 112 – 118.

[78] 李昌明, 刘海滨, 王大江. 京津冀一体化下津冀港口群联动发展研究 [J]. 中外企业家, 2019 (9): 33 – 34.

[79] 李广芹, 李剑. 港口上市公司治理结构与港口绩效研究 [D]. 青岛: 中国海洋大学, 2014.

[80] 李海东, 王帅, 刘阳. 基于灰色关联理论和距离协同模型的区域协同发展评价方法及实证 [J]. 系统工程理论与实践, 2014, 34 (7): 1749 – 1755.

[81] 李建丽, 真虹, 徐凯. 港口服务供应链的价值体系分析 [J]. 中国管理科学, 2009 (10): 442 – 443.

[82] 李晶, 吕靖. 腹地经济发展对港口吞吐量影响的动态研究 [J]. 水运工程, 2007 (11): 49 – 51.

[83] 李婧. 山东沿海港口群资源配置评价及整合对策研究 [D]. 大连: 大连海事大学, 2008.

［84］李军．基于服务供应链的港口服务功能组成及天津港服务功能现状分析［J］．物流工程与管理，2020，42（10）：92，115－116．

［85］李君．粤港澳大湾区主要港口间的竞合演化研究［D］．广州：华南理工大学，2018．

［86］李兰冰，刘军，李春辉．两岸三地主要沿海港口动态效率评价——基于 DEA-Malmquist 全要素生产率指数［J］．软科学，2011，25（5）：80－84．

［87］李亮．基于大营销平台构建的环渤海港口企业战略整合研究［D］．天津：天津理工大学，2009．

［88］李娜，姜乾之，张岩．新时代下长三角港口群发展新趋势与对策建议［J］．上海城市管理，2019，28（4）：46－50．

［89］李珊珊，刘巍，高红．基于基元的区域港口群竞合网络分析［J］．智能系统学报，2017，12（1）：15－23．

［90］李珊珊．基于 SNA 的港口群竞合关系分析模型研究［D］．大连：大连海事大学，2012．

［91］李珊珊．区域港口群的竞合关系网络研究［D］．大连：大连海事大学，2017．

［92］李思茜，杨家其．基于协同学理论的港口服务供应链协同度评价研究［J］．武汉理工大学学报（交通科学与工程版），2023－10－27：1－8．

［93］李思茜．港口服务供应链协同与供应链绩效的关系研究［D］．武汉：武汉理工大学，2019．

［94］李谭，王利，王瑜．辽宁省港口物流效率及其与腹地经济协同发展研究［J］．经济地理，2012，32（9）：108－113．

［95］李艳，曾珍香，武优西，李艳双．经济—环境系统协调发展评价方法研究及应用［J］．系统工程理论与实践，2003（5）：54－58．

［96］李云华．集成场视角的陆港发展演化机理及模式研究［D］．西安：长安大学，2016．

［97］李志军，曹朝霞．国际竞争优势增强 助推港口供应链平台经济［N］．现代物流报，2022－06－20．

［98］李志伟．"一带一路"视域下京津冀港口群发展路径研究［J］．

河北学刊，2016，36（3）：139－144.

［99］连俊翔，陶欣卓."三年成绩单"凝聚创新动力民生温度［N］.解放日报，2021－11－03（14）.

［100］林贵华，程荣，单仁邦.考虑服务水平与协调契约的港口服务供应链［J］.物流技术，2019，38（1）：98－103.

［101］刘邦凡，张贝.整合京津冀港口资源 推进"港—产—城"融合优化提升腹地经济［J］.中国集体经济，2015（31）：36－37.

［102］刘超，陈祺弘.基于协同理论的港口群交互耦合协调度评价研究［J］.经济经纬，2016，33（5）：8－12.

［103］刘芳余，刘宏伟，刘轶婷.考虑效率的长三角港口群耦合协调度研究［J］.物流工程与管理，2021，43（8）：135－139.

［104］刘桂云，陈珊珊.宁波—舟山港港口服务供应链的结构及优化对策［J］.宁波大学学报（人文科学版），2015，28（5）：86－90.

［105］刘辉，范林榜.供给侧视角下我国物流市场结构的影响因素研究［J］.物流科技，2020，43（8）：127－130.

［106］刘晶.考虑非期望产出的我国沿海港口效率评价与分析［D］.合肥：中国科学技术大学，2015.

［107］刘俊舒.基于CA-BPNN模型的港口陆域演化研究［D］.大连：大连理工大学，2016.

［108］刘沛，穆东.港口陆路集疏运系统的演化机理——基于基础设施投资政策［J］.软科学，2016，30（6）：119－123.

［109］刘涛，张广兴，霍静娟.我国环渤海地区主要港口技术效率的时空差异分析［J］.技术经济，2013，32（8）：75－81.

［110］刘伟华.三级物流服务供应链最优收益共享系数确定方法［J］.西南交通大学学报，2010（5）：811－816.

［111］刘伟华.物流服务供应链能力合作的协调研究［D］.上海：上海交通大学，2007.

［112］刘雅奇.虎口港港口治理问题研究［D］.桂林：广西师范大学，2015.

［113］刘怡然.秦皇岛港口转型发展中政府职能研究［D］.秦皇岛：

燕山大学，2018.

[114] 刘银芬，刘钧. 长三角港口群一体化发展必要性研究 [J]. 商业经济，2012（10）：45 - 46，58.

[115] 刘云霞. 基于复杂网络的长江三角洲港口群协同发展研究 [D]. 淮南：安徽理工大学，2020.

[116] 刘再起，肖悦. 新冠疫情下的国际经济格局与中国畅通 "双循环" 的发展路径 [J]. 学习与实践，2021（2）：21 - 30.

[117] 刘之豪. 港口服务供应链的构建策略分析与研究 [J]. 时代金融，2018（35）：316 - 317.

[118] 刘遵峰. 转型期港口资源优化配置与管控体系研究 [D]. 天津：河北工业大学，2014.

[119] 六大行动协同推进长三角港航一体化 [J]. 集装箱化，2018，29（11）：27.

[120] 卢安文，杨东华. 关于物流服务供应链契约协调研究 [J]. 铁道运输与经济，2018，40（6）：42 - 47.

[121] 鲁渤，王辉坡. 基于演化博弈的政府推动绿色港口建设对策 [J]. 华东经济管理，2017，31（8）：153 - 159.

[122] 罗俊浩，崔娥英，季建华. 基于DEA-TOBIT两阶段法的集装箱港口效率及效率影响因素研究 [J]. 科技管理研究，2013，33（5）：236 - 239.

[123] 吕靖，乔雨，徐鹏. 4PL港口供应链企业竞合与利益协调策略 [J]. 大连海事大学学报，2020 - 03 - 03：1 - 9.

[124] 马建章. 对我国现行港口管理体制的几点思考 [J]. 港口经济，2015（8）：15 - 16.

[125] 马建章. 河北省港口管理体制深化改革思路与对策 [J]. 港口经济，2015（7）：24 - 26.

[126] 茅伯科. 应重视长三角港口一体化的资源配置方式 [J]. 交通与港航，2019，6（1）：1 - 2.

[127] 孟妮. 七成港航企业看涨运价 [N]. 国际商报，2021 - 01 - 07.

[128] 牟盛辰. 先驱经验镜鉴与亚太门户进路：长三角港口一体化发展新途径探析 [J]. 经济与社会发展，2020，18（1）：41 - 46.

［129］沐凡．港产城融合是一剂良方［N］．中国航务周刊，2023 - 05 - 22.

［130］Nguyen Thi-yen，张锦，李国旗，崔异．东盟集装箱港口体系的演变规律研究［J］．人文地理，2017，32（4）：108 - 114.

［131］倪蒋军．港口物流服务供应链的协调和利润分配研究［J］．经贸实践，2018（22）：151.

［132］宁凌，欧春尧．经济新常态下我国海上丝绸之路主要港口动态效率研究［J］．广西财经学院学报，2016，29（6）：19 - 27.

［133］牛思佳，刘崇献．天津港打造中蒙俄物流通道桥头堡的对策研究［J］．物流科技，2019，42（7）：123 - 127.

［134］潘文达．从组合港视角看我国区域港口一体化发展［J］．水运管理，2019，41（1）：1 - 5，12.

［135］庞瑞芝，李占平．港口绩效评价与分析探讨［J］．港口经济，2005（5）：43 - 44.

［136］秦静，张磊．"一带一路"倡议下滨海新区农业对外合作研究——基于涉农企业调研分析［J］．产业创新研究，2019（6）：14 - 17.

［137］邱晨．上海港与长三角港口的联动发展［J］．水运管理，2020，42（8）：30 - 32，42.

［138］屈莉莉，陈燕．集成化的港口物流服务供应链体系研究［J］．物流工程与管理，2014，36（3）：83 - 84.

［139］屈莉莉，陈燕．以港口为核心的服务供应链协同管理机制［M］．大连：东北财经大学出版社，2015.

［140］全球治理委员会．我们的全球伙伴关系［M］．伦敦：牛津大学出版社，1995.

［141］上海市人民政府发展研究中心课题组．上海积极主动融入"一带一路"国家战略研究［J］．科学发展，2015（5）：79 - 90.

［142］邵万清．港口服务供应链的协调和优化［M］．杭州：浙江工商大学出版社，2014：24 - 26.

［143］邵万清．港口服务供应链的协调机制研究［D］．上海：东华大学，2013.

［144］沈兆楠，李南．秦皇岛港口与城市耦合协调研究［J］．华北理工大学学报（社会科学版），2017，17（4）：34 - 39.

［145］施丽容．港口供应链的构建及其管理初探［J］．物流科技，2007（3）：35 - 36.

［146］石徐荣．长三角一体化、专业化分工与区域经济增长［D］．南京：南京审计大学，2021.

［147］宋向群，蒋欣昀，王文渊，张祺．基于 CA-Markov 模型的港口陆域演化研究［J］．港工技术，2015，52（3）：5 - 8.

［148］宋向群，魏群易，彭云，王文渊，张祺．基于位序 - 规模法则的区域港口群发展演化规律［J］．水运工程，2018（3）：59 - 62，74.

［149］孙海泳，王新和．沿海港口在"一带一路"建设中的战略支点作用探析［J］．大陆桥视野，2017（7）：56 - 60.

［150］孙建军，胡佳．欧亚三大港口物流发展模式的比较及其启示——以鹿特丹港、新加坡港、香港港为例［J］．华东交通大学学报，2014，31（3）：35 - 41.

［151］孙玺菁，司守奎．复杂网络算法与应用［M］．北京：国防工业出版社，2015.

［152］孙珍洪．南通市地主港建港模式研究［D］．苏州：苏州大学，2011.

［153］唐宋元．珠三角港口群协同发展的内容与重点［J］．港口经济，2015（6）：21 - 25.

［154］唐宋元．珠三角港口群协同发展模式研究［J］．港口经济，2014（2）：13 - 17.

［155］田贵良，许长新．"一带一路"倡议与沿海港口资源整合：以江苏为例［J］．学海，2017（5）：127 - 129.

［156］田宇．物流服务数量折扣与回购分包合同模型［J］．商业经济与管理，2005（11）：34 - 37.

［157］佟继英．基于竞合机制的京津冀港口群发展［J］．开放导报，2016（5）：108 - 112.

［158］童孟达．中国港口整合向以经济手段整合转变［J］．中国港口，

2019 (1)：15 – 16.

[159] 汪传旭. 对新形势下长三角港口一体化的路径与对策的思考 [J]. 交通与港航，2018，5 (3)：23 – 25.

[160] 汪德荣. 北部湾港口产业集群发展中的政府治理问题 [D]. 桂林：广西师范学院，2010.

[161] 汪洁. "一带一路"经济总量约 21 万亿美元 约占全球 29% [N]. 金陵晚报，2014 – 10 – 21.

[162] 王爱虎，吴文玲. 基于三阶段 DEA 模型的珠三角港口效率研究 [J]. 工业工程，2017，20 (3)：82 – 88.

[163] 王爱华. 国内外港口一体化发展经验借鉴 [J]. 水运管理，2017，39 (12)：11 – 14.

[164] 王彩娜. 京津冀一体化背景下津冀港口竞合研究 [D]. 天津：天津财经大学，2016.

[165] 王丹，柴慧，崔园园，谷金，王玮. 国际代表性港口群一体化治理经验及对长三角港口群的启示 [J]. 科学发展，2022，158 (1)：78 – 84.

[166] 王丹，彭颖，柴慧，谷金. "十四五"时期深化上海国际航运中心建设面临的挑战及对策 [J]. 科学发展，2020 (6)：50 – 55.

[167] 王东磊. 津冀港口群系统协同发展与演化研究 [D]. 秦皇岛：燕山大学，2019.

[168] 王建红. 日本东京湾港口群的主要港口职能分工及启示 [J]. 中国港湾建设，2008 (1)：63 – 66，70.

[169] 王健龙. 珠三角港口群的演化机理与协调发展研究 [D]. 广州：华南理工大学，2013.

[170] 王杰，陈卓，王爽. 山东沿海主要港口腹地的动态演化 [J]. 地域研究与开发，2017，36 (5)：1 – 6.

[171] 王景敏. "一带一路"倡议下北部湾港口群竞合发展问题研究 [J]. 经济研究参考，2017 (47)：101 – 104.

[172] 王景敏. 港口—腹地供应链高效运营何以可能——系统论视域下运营效率的影响因素分析 [J]. 大连海事大学学报（社会科学版），2022，21 (6)：59 – 71.

[173] 王玖河. 港口企业供应链结构优化与分析 [D]. 秦皇岛：燕山大学，2007.

[174] 王军，邓玉. 港口物流与直接腹地经济耦合协调性研究——以天津、营口等九海港型国家级物流枢纽为例 [J]. 工业技术经济，2020，39（11）：62 - 68.

[175] 王列辉，苏晗，张圣. 港口城市产业转型和空间治理研究——以德国汉堡和中国上海为例 [J]. 城市规划学刊，2021，262（2）：45 - 52.

[176] 王玲，孟辉. 我国内河港口与沿海港口的效率对比——基于共同边界和序列 SBM-DEA 的研究 [J]. 软科学，2013，27（3）：90 - 95.

[177] 王启凤，钟坚，汪行东. 建设国际航运中心背景下粤港澳大湾区港口群治理模式研究 [J]. 经济体制改革，2020（6）：64 - 70.

[178] 王绍卜. 我国沿海集装箱港口体系的空间结构及演化 [J]. 经济地理，2016，36（8）：93 - 98.

[179] 王通. 山东半岛港口物流服务供应链柔性评价研究 [D]. 昆明：昆明理工大学，2018.

[180] 王喜红. 国外港口群联动发展的经验及启示 [J]. 烟台职业学院学报，2014，20（4）：4 - 6，14.

[181] 王宪明. 日本东京湾港口群的发展研究及启示 [J]. 国家行政学院学报，2008（1）：99 - 102.

[182] 王越，罗芳. 基于灰色关联分析法的港口物流与区域经济协同发展研究——以宁波—舟山港为例 [J]. 中国水运，2020（4）：30 - 33.

[183] 魏俊辉，程军. 广西北部湾港口整合经验回顾 [J]. 交通企业管理，2020，35（2）：20 - 22.

[184] 魏群易. 基于数据挖掘的港口群发展演化规律研究 [D]. 大连：大连理工大学，2018.

[185] 翁士洪，顾丽梅. 治理理论：一种调适的新制度主义理论 [J]. 南京社会科学，2013（7）：50 - 56.

[186] 吴瑟致. 长江三角洲港口群的区域治理：政府主导的竞合关系 [J]. 远景基金会季刊，2014（4）：153 - 200.

[187] 吴瑟致. 长三角港口群政府主导下的竞合关系研究 [J]. 上海经

济研究, 2016 (1): 92 - 101.

[188] 吴松弟. 港口—腹地与中国现代化的空间进程 [J]. 河北学刊,
2004 (3): 160 - 166.

[189] 夏胜. 上海港港口供应链发展研究 [J]. 物流工程与管理,
2022, 44 (2): 61 - 63.

[190] 向坚, 刘洪伟. 技术创新绩效评价研究综述 [J]. 科技进步与对
策, 2011, 28 (6): 155 - 160.

[191] 辛明. 粤港澳大湾区港口群协同发展策略研究 [J]. 中国经贸导
刊 (中), 2021 (1): 69 - 71.

[192] 胥会云, 葛中华. 长三角一体化 2020 划重点: 推动港口群市场
化整合 [N]. 第一财经日报, 2020 - 01 - 17.

[193] 徐峰. 长三角自贸试验区航运政策联动与创新 [J]. 科学发展,
2021 (3): 62 - 70.

[194] 徐鑫. 珠三角港口群与腹地区域经济互动发展研究 [D]. 广州:
暨南大学, 2008.

[195] 徐毅. 宁波港航服务业发展现状及对策研究 [J]. 宁波经济 (三
江论坛), 2019 (2): 7, 28 - 30.

[196] 郇恒飞, 焦华富, 韩会然, 戴柳燕. 连云港市的港—城协调发展
模式演化及影响要素 [J]. 人文地理, 2012, 27 (1): 77 - 81.

[197] 阳明明. 香港的港口服务型供应链 [J]. 中国物流与采购, 2006
(10): 56 - 58.

[198] 杨波峰. 多式联运背景下基于收益共享契约的港口供应链协调研
究 [D]. 成都: 西南交通大学, 2018.

[199] 杨丛璐. 基于合作博弈的港口供应链企业协同机制研究 [D].
秦皇岛: 燕山大学, 2017.

[200] 杨开林, 孙子安. 中欧班列运输专家工作组会议在连云港召开
[J]. 大陆桥视野, 2019 (8): 12.

[201] 杨甜甜, 李南. 环渤海港口群与其直接腹地经济互动发展的实证
分析 [J]. 华北理工大学学报 (社会科学版), 2021, 21 (1): 59 - 65.

[202] 杨吾扬, 梁进社. 高等经济地理学 [M]. 北京: 北京大学出版

社，1997．

［203］杨扬，袁媛．基于演化博弈的国际陆港与海港协同演化研究
［J］．昆明理工大学学报（社会科学版），2017，17（5）：73－80．

［204］杨应科，叶钦海．深圳港和惠州港协同发展思路探析［J］．交通
与运输，2019，32（S1）：222－225．

［205］杨再静．港口物流服务供应链的构建及合作问题研究［D］．成
都：西南交通大学，2009．

［206］叶彩鸿，董新平，庄佩君．港口群协同发展中的资源整合机制模
型［J］．物流技术，2016，35（6）：81－85，153．

［207］叶翀，邵博，李若然．港口经济腹地划分与促进区域经济发展关
系研究——基于厦门港海铁联运带动腹地经济发展案例的分析［J］．价格理
论与实践，2021（10）：181－184，196．

［208］易东．深圳港稳居第四增幅上升［N］．深圳特区报，2021－03－14．

［209］余思勤，孙佳会．长三角港口群与城市群协调发展分析［J］．同
济大学学报（自然科学版），2021，49（9）：1335－1344．

［210］俞可平．全球化：全球治理［M］．北京：社会科学文献出版社，
2003．

［211］俞可平．全球治理引论［J］．政治学（人大复印报刊资料），
2002（3）．

［212］禹良昊，金万红，金相九．海港城市港口治理制度：韩国港湾公
社制度为例［J］．世界海运，2012（6）：5－9．

［213］元晓鹏，黄大明，汪超．珠三角港口群发展现状评述［J］．交通
企业管理，2017，32（6）：19－22．

［214］袁旭梅，蔡书文，张旭．京津冀协同发展视阈下津冀港口群自组
织演化研究［J］．燕山大学学报（哲学社会科学版），2017，18（4）：55－
60，96．

［215］翟梦瑶．基于共生理论的京津冀港口群耦合性研究［D］．大连：
大连海事大学，2017：28－34．

［216］詹姆斯·J．罗西瑙．没有政府的治理［M］．张胜军，刘小林，
等译，南昌：江西人民出版社，2001．

[217] 张澍宁. 港口转型升级研究 [J]. 交通运输部管理干部学院学报, 2015, 25 (1): 31-35.

[218] 张云婧. 港口企业基于服务供应链的物流服务合作模式研究 [J]. 港口科技, 2011 (6): 1-4.

[219] 章强, 何凯, 王学锋. 基于大数据分析的港口绩效评价研究 [J]. 重庆交通大学学报 (自然科学版), 2019, 38 (5): 66-73.

[220] 章强, 马彦勇, 王学锋. 港口治理模式研究: 一个基于多元主体互动的新分析框架 [J]. 浙江海洋学院学报 (人文科学版), 2016 (12): 1-8.

[221] 章强, 王学锋. 中国港口行政管理体制改革的回溯性研究 [J]. 中国航海, 2015, 38 (4): 43-47.

[222] 章强, 殷明, 周琢. 长三角地区港口群协同发展思路研究 [J]. 科学发展, 2018 (11): 58-63, 112.

[223] 章强, 殷明. 基于府际合作的长三角港口群整体性治理研究 [J]. 北京交通大学学报 (社会科学版), 2021, 20 (3): 80-88.

[224] 章强, 殷明. 中国区域港口一体化的由来、起点、内涵和展望 [J]. 大连海事大学学报 (社会科学版), 2018 (12): 43-49.

[225] 赵冰. 基于BP神经网络的港口竞争力评价研究 [D]. 大连: 大连海事大学, 2008.

[226] 赵春芳, 匡桂华. 基于耗散结构论的区域集装箱港口群体系结构演化模型研究 [J]. 物流工程与管理, 2016, 38 (10): 8-10, 16.

[227] 赵泉午, 张钦红, 卜祥智. 不对称信息下基于物流服务质量的供应链协调运作研究 [J]. 管理工程学报, 2008 (1): 58-61.

[228] 赵旭, 高苏红, 周巧琳, 刘进平. 21世纪海上丝绸之路沿线港口体系演化研究——基于 Logistics、Lotka-Volterra 模型 [J]. 运筹与管理, 2018, 27 (8): 172-181.

[229] 赵旭, 王晓伟, 周巧琳. 海上丝绸之路战略背景下的港口合作机制研究 [J]. 中国软科学, 2016 (12): 5-14.

[230] 赵亚芸. 2020年我国货物贸易进出口总值32.16万亿元 外贸规模再创历史新高 [EB/OL]. 央广网, 2021-01-14.

[231] 赵亚洲, 覃凤练. 基于相对集中指数的北部湾港城关系发展研究

[J]. 对外经贸，2020 (8)：56-59，153.

[232] 赵媛. 基于自组织理论的港口群系统演化机理研究 [D]. 大连：大连海事大学，2011.

[233] 浙江省强力推进区域港口一体化改革经验 [J]. 集装箱化，2017，28 (9)：23-26.

[234] 郑士源. 转型期中国港口多层级治理模式的构建及路径研究 [M]. 上海：上海交通大学出版社，2017.

[235] 郑文儒. 港口服务供应链优化研究——以厦门港为例 [D]. 厦门：集美大学，2017.

[236] 周利鋆，陈广俊，郭丽彬. 基于三港口竞合的定价策略研究 [J]. 物流工程与管理，2017，39 (1)：37-41.

[237] 周巧琳. 海上丝绸之路沿线港口体系演化研究 [D]. 大连：大连海事大学，2017.

[238] 周杏，杨家其. 基于耦合理论的港口群耦合协调发展评价研究 [J]. 武汉理工大学学报（交通科学与工程版），2020，44 (3)：553-557.

[239] 朱传耿，刘波，李志江. 港口—腹地关联性测度及驱动要素研究——以连云港港口—淮海经济区为例 [J]. 地理研究，2009 (3)：716-725.

[240] 朱敏茹，汪贤裕. 公平熵下制造商占主导地位的利润分配研究 [J]. 统计与决策，2008 (13)：46-47.

[241] 朱夏雨. 基于合作博弈的港口服务供应链利润分配研究 [D]. 大连：大连海事大学，2019.

[242] 祝井亮，郭蕾. 港口物流共同体下城市区域治理机制研究——以山东烟台港为例 [J]. 改革与战略，2016 (12)：34-36，86.

[243] Aminia M, Donna R R, Bienstoek C. Designing a reverse logistics operation for short cycle time repairs services [J]. International Journal of Production Economics, 2005, 96 (3)：367-380.

[244] Anderson E G, Morrice D J. A simulation game for service-oriented supply chain management：does information sharing help managers with service capacity decisions? [J]. Production and Operations Management, 2000, 9 (1)：

40 - 55.

[245] Baltacioglu, Erhan Ada, Kaplan M D, et al. A new framework for service supplychains [J]. The Service Industries Journal, 2007, 3 (27): 105 - 124.

[246] Baltazar R, Brooks M R. The governance of port devolution: a tale of two countries [C]. World Conference on Transport Research, 2001.

[247] Banker R D, Chames A, Cooper W W. Some models for estimating technical and scale inefficiencies in data envelopment analysis [J]. Management Science, 1984, 30 (9): 1078 - 1092.

[248] Barros C P. Incentive regulation and efficiency of portuguese port authorities [J]. Maritime Economics & Logistics, 2003, 5 (1): 55 - 69.

[249] Bird J H. Seaports and Seaportterminals [M]. London: Hutchinson, 1971.

[250] Bird J. The Major Seaports of the United Kingdom [M]. London: The Geographical Journal, 1963: 21 - 22.

[251] Brooks M R, Baltazar R. The research network for corporate governance in the ports sector [C]. Annual Conference of the International Association of Maritime Economists (IAME), 2002.

[252] Brooks M R, Cullinane K. Governance models defined [J]. Devolution Port Governance & Port Performance, 2007 (17): 405 - 436.

[253] Caves D W, Christensen L R, Diewert W E. The economic theory of index numbers of the measurement of input, output and productivity [J]. Econometric, 1982, 50 (6): 1393 - 1414.

[254] Charnes A, Cooper W W, Rhodes E. Measuring the efficiency of decision making units [J]. European Journal of Operational Research, 1978, 2 (6): 429 - 444.

[255] Christopher Clott, Bruce C Hartman. Supply chain integration, landside operations and port accessibility in metropolitan Chicago [J]. Journal of Transport Geography, 2016 (51): 1 - 5.

[256] Colo-Millan P, Banos-Pino J, Rodriguez-Alvarez A. Economic effi-

ciency in Spanishports: some empirical evidence [J]. Maritime Policy & Management, 2000, 27 (2): 169 –174.

[257] Cullinane K, Song D, Gray R. A stochastic frontier model of the efficiency of major container terminals in Asia: assessing the influence of administrative and ownership structures [J]. Transportation Research Part A, 2002 (36): 743 –762.

[258] Cullinane K, Song D W. A stochastic frontier model of the productive efficiency of Korean container terminals [J]. Applied Economics, 2003 (35): 251 –267.

[259] Davis H C. Regional port impact studies: a critique and suggested methodology [J]. Transportation Journal, 1983 (23): 61 –71.

[260] Demirkan H, Cheng H K. The risk and information sharing of application services supply chain [J]. European Journal of Operational Research, 2008: 765 –784.

[261] Dirk de Waart, Steve Kremper. 5 Steps to service supply chain excellence [J]. Supply Chain Management Review, 2004 (1): 28 –36.

[262] Ellram L, Wendy L T, Corey B. Understanding and managing the service supply chain [J]. Journal of Supply Chain Management, 2004, 40 (4): 17 –32.

[263] Färe Rolf, Grosskoff Shawna, Lindgren Bjorn, etc. Productivity changes in swedish pharmacies 1980 – 1989: a nonparametric malmquist approach [J]. Journal of Productivity Analysis, 1992, 3 (3): 85 –101.

[264] Farrell M J. The measurement of productive efficiency [J]. Journal of the Royal Statistic Society, 1957 (120): 252 –259.

[265] Farrell M J. The measurement of productive efficiency [J]. Journal of the Royal Statistical Society, Series A, 1957, 120 (3): 253 –281.

[266] Ferrari C, Parola F, Tei A. Governance models and port concessions in Europe: commonalities, critical issues and policy perspectives [J]. Transport Policy, 2015 (41): 60 –67.

[267] Gul Denktas-Sakar, Cimen Karatas-Cetin. Port sustainability and

stakeholder management in supply chains: a framework on resource dependence theory [J]. The Asian Journal of Shipping and Logistics, 2012, 28 (3): 1.

[268] Hayuth Y. Rationalization and concentrati on of the U. S. container port system [J]. The Professional Geographer, 1988, 40 (3): 279 – 288.

[269] Hoyle B S, Hilling D. Seaport system and spatial change: fechnology, industry and development strategies [J]. The Ceographical Journal, 1985 (115): 116.

[270] Hoyle B S. Transport and Development [M]. London: The MacMillian Press, 1983.

[271] Jean D, Valerie L L, Francesco P. Shaping port governance: the territorial trajectories of reform [J]. Journal of Transport Geography, 2013 (27): 56 – 65.

[272] Lee P D. Port supply chains as social networks [J]. Service Operation and Logistics, and Informatics, 2006, 18 (3): 1064 – 1069.

[273] Li X M, Liao X W, Zhang Z M. Application service supply chain coordination with free trial [J]. The 8th International Conference on Service Systems and Service Management, 2011.

[274] Liu Z. The comparative performance of public and private enterprises: the case of British ports [J]. Journal of Transport Economics and Policy, 1995: 263 – 274.

[275] Liu Z. The comparative performance of public and private enterprises [J]. Journal of Transportation Economies and Policy, 1995 (September): 263 – 274.

[276] Malmquist S. Index numbers and indifference curves [J]. Trabajos de Estatistica, 1953 (4): 209 – 242.

[277] Malmquist S. Index numbers and indifference surfaces [J]. Trabajos de Estatistica, 1953 (4): 209 – 242.

[278] Morgan F W. Port and Harbours [M]. London: Hatchinson's University Library, 1978.

[279] Notteboom T, Coeck C, Van Den Broeck J. Measuring and explai-

ning the relative efficiency of container terminals by means of Bayesian stochastic frontier models [J]. Maritime Economics & Logistics, 2000, 2 (2): 83 – 106.

[280] Hoyle B S, Pinder D. Cityport industrialization and regional development: spatial analysis and planning strategies [M]. London: Belhaver, 1980.

[281] Pollock E E. Ports, Port Hinterland and Regional Development [M]. Tokyo: The Bulletin, Japan Maritime Research Institute, 1973.

[282] R Y, Hayuth Y. Port performance comparison applying data envelopment (DEA) [J]. Maritime Poliey and Management, 1993 (20): 153 – 161.

[283] Rimmer P J. The search for spatial regularities in the development of Australian seaports [J]. Human Geograph, 1967, 49 (1): 42 – 55.

[284] Robinson R. Ports as elements in value-driven chain systems: the new paradigin [J]. Maritime Policy & Management, 2002 (3): 241 – 255.

[285] Sargent A J. Seaport and Hinterlands [M]. London: Aadam and Charrles Black, 1938.

[286] Silkman R H. Measuring efficiency: an assessment of data envelopment analysis [J]. Jossey-Bass, 1986.

[287] Sexton T R, Silkman R H, Hogan A J. Data envelopment analysis: critique and extensions [J]. New Directions for Program Evaluation, 1986 (32): 73 – 105.

[288] Spinler S, Huch Zermeier A. The valuation of options on capacity with cost and demand uncertainty [J]. European Journal of Operation Research, 2006, 171 (3): 915 – 934.

[289] Taaffe E J, Morrill R L, Gould P R. Transport expansion in underdeveloped countries: a comparative analysis [J]. Geographical Review, 1963, 53 (4): 503 – 529.

[290] Tongzon J, Heng W. Port privatization, efficiency and competitiveness: some empirical evidence from container ports (terminals) [J]. Transportation Research Part A: Policy and Practice, 2005, 39 (5): 405 – 424.

[291] Tongzon J. Efficiency measurement of selected Australian and other international ports using data envelopment alyses [J]. Transportation Research

Part A, 2001 (35): 113 - 128.

[292] Trujillo L. Market power: ports-a case study of post privatization mergers [J]. Public Policy for the Private Sector, 2003 (3): 260.

[293] Turner J, Windle R, Dresner M. North American container port productivity [J]. Transportation Research Part E, 2004 (40): 339 - 356.

[294] Ullman E L. Mobile: Industrial seaport and trade Canter [J]. Economic Geography, 1945 (21): 154.

[295] UNCTAD. Port Performance Indicators [R]. New York: United Nations Conference on Trade and Development, 1976.

[296] Vaart, Taco van der and Dirk Pieter van Donk. A critical review of survey-based research in supply chain integration [J]. International Journal of Production Economics, 2008, 111 (1): 42 - 55.

[297] Wen-Yao Wang, Knox K J. The impact of private operation on profitability of port authorities: the case of the United States [J]. IAME, 2011.

[298] World Bank Port Reform Toolkit [EB/OL]. http://siteresources. worldbank. org/INTPRAL/Resources/338897 - 1117197012403/overview _ bookmarks. pdf.

[299] Wu J, Yan H, Liu J J. DEA models for identifying sensitive performance measures in container port evaluation [J]. Maritime Economics and Logistics, 2010 (12): 215 - 236.

[300] Wu Y C J, Goh M. Container port efficiency in emerging and more advanced markets [J]. Transportation Research Part E, 2010, 46 (6): 1030 - 1042.

[301] Wu J, Yan H, Liu J J. Groups in DEA based cross-evaluation: an application to Asian container ports [J]. Maritime Policy and Management, 2009 (36): 545 - 558.